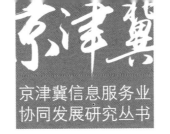

京津冀信息服务业
协同发展研究丛书

U0577559

京津冀协同发展中
天津环境规制与经济增长的
关系研究

——基于作用机制与天津实证的分析

张婷婷◎著

基金项目:

本研究为 2017 年天津哲学社会科学一般项目"京津冀协同发展中天津环境规制与经济增长的关系研究——基于作用机制与天津实证的分析"(编号:TJYY17-022;项目负责人:张婷婷)的研究成果

天津外国语大学"十三五"综合投资规划项目资助(项目名称:"一带一路"战略与新时代中国特色开放型经济体系建设)

经济管理出版社
ECONOMY & MANAGEMENT PUBLISHING HOUSE

图书在版编目（CIP）数据

京津冀协同发展中天津环境规制与经济增长的关系研究：基于作用机制与天津实证的分析 / 张婷婷著. —北京：经济管理出版社，2019.3

ISBN 978-7-5096-6401-8

Ⅰ. ①京…　Ⅱ. ①张…　Ⅲ. ①环境规划—作用—区域—经济—经济增长—研究—天津　Ⅳ. ①F127.21

中国版本图书馆 CIP 数据核字（2019）第 027935 号

组稿编辑：李红贤
责任编辑：李红贤
责任印制：黄章平
责任校对：赵天宇

出版发行：经济管理出版社
　　　　　（北京市海淀区北蜂窝 8 号中雅大厦 A 座 11 层　100038）
网　　址：www. E-mp. com. cn
电　　话：（010）51915602
印　　刷：北京玺诚印务有限公司
经　　销：新华书店
开　　本：720mm×1000mm /16
印　　张：14.5
字　　数：253 千字
版　　次：2019 年 4 月第 1 版　　2019 年 4 月第 1 次印刷
书　　号：ISBN 978-7-5096-6401-8
定　　价：58.00 元

序

　　经济增长，尤其是区域经济增长，对中国经济发展的作用十分重要。京津冀作为区域经济发展的新热点之一，其协同发展中的环境规制问题对经济发展的影响十分具有研究价值。近年来，天津市"雾霾"和"8·12天津爆炸案"等环境事件对经济增长的影响尤为明显，环境规制在一种既定战略的背景下，可能会对经济发展的"约束"越来越大。本书的研究需要解决的问题是，京津冀协同发展的背景下环境规制对天津的经济增长究竟产生什么影响？随着环境规制强度的不断提高，天津的经济发展将受到怎样的影响？

　　现有研究认为，环境污染是一种"有害"的公共产品，且有很强的外部负效应。本书以外部性理论和经济增长理论为基础，分析环境规制的作用机制。环境规制分析涉及环境经济学、公共经济学、政治学、管理学等多个学科，而且与经济发达国家相比，中国的环境规制起步比较晚，环境立法和环境监控体系建设处于探索与完善的过程中，因而，环境规制对经济的影响具有十分重要的理论研究价值。

　　本书主要研究以下三个主题：

　　第一，环境规制对天津经济增长的作用机制。很多学者认为，短期来看，环境规制对于大量产业发展的限制，尤其是第二产业的限制，在一定机制的影响下，会对经济增长造成消极作用；长期来看，由于经济结构的调整和环保产业的兴起，环境规制会对经济增长有积极作用。在某些机制下，本书针对天津市，以京津冀协同发展为背景，分析环境规制有可能对经济绩效产生的综合作用。这些环境规制对经济增长作用的具体机制，是本书研究的第一个主题。

　　第二，环境规制对天津经济增长的影响。对环境污染的严格管控，会提高规制企业的成本支出，使其在市场竞争中处于不利地位，正是这一原因，导致各级地方政府对于环境规制的力度斟酌再三，甚至在经济利益的驱动下，以及在企业的"俘房"下，环境规制的措施长期得不到落实。从理论和实证研究来看，还没有研究得出环境规制对于经济发展的影响一定是消极的。那么，京津冀协同发展的背景下，环境规制对天津的经济增长有什么样的影响？这是本书将要探讨的第二个主题。

第三，为环境规制政策调整提供依据。诸多学者认为，环境规制政策执行强度和实施工具等因素都会对经济产生不同的影响。在京津冀协同发展的背景下，天津完全可以利用不同的环境规制体制和政策工具的完善来实现环境规制在经济增长中的积极作用。为政策实施提供理论依据是本书探讨的第三个主题。

本书框架安排如下：除序言外，第 1~2 章是理论部分，回顾并评述已有的环境规制与经济关系的主要文献，进而考察环境规制对经济的作用机制，即揭示环境规制如何对经济体发生作用，为之后的实证分析奠定理论依据。第 3 章是京津冀协同发展的背景下天津环境规制的现实分析，介绍天津环境规制的演变历程及其效果，为实证分析提供现实基础。第 4~7 章是实证分析部分，其中，第 4 章和第 5 章以天津市区为考察对象，从生产率和技术创新两个层面系统检验环境规制对天津经济增长的影响结果；第 6 章在京津冀协同发展的背景下，探讨大气环境规制与经济增长的关系；第 7 章将实证研究扩展至全国，研究中国环境规制与经济增长的关系。第 8 章是为在实现环境与经济均衡发展的模式中发挥环境规制的积极作用提出相应的政策建议。

本书主要以外部性理论和经济增长理论为基础，在有关文献梳理的基础上，考察环境规制的作用机制问题；简要介绍了天津的环境规制实践以及效果；以天津市为研究对象，从生产率和技术创新两个层面系统检验环境规制对天津经济增长究竟造成了怎样的影响；研究了京津冀地区大气环境规制与经济增长的关系；分析了中国环境规制与经济增长的关系；在上述理论和实证分析的基础上，结合天津环境规制的现状，为了充分发挥环境规制在促进经济与环境相容的均衡发展过程中的积极作用而提出政策建议。

本书的研究方法包括：一是系统论，环境规制系统是一个开放的大系统。本书以系统论作为指导，厘清天津环境规制中影响经济增长的各个指标以及指标之间的关系。二是信息论，环境规制系统是在环境规制控制的基础上发展起来的，其中在环境追责系统等分析和构建的过程中体现了控制论的思想。三是计量方法，利用计量经济学的相关模型、检验和数据分析结果，说明天津环境规制与经济增长的关系。

本书主要在以下两方面进行尝试和创新：

第一，系统考察了环境规制的作用机制。从全要素生产率和技术创新角度分析环境规制对经济产生影响的直接和间接传导机制，并以天津市的相关数据为基础，对其进行了实证分析。

第二，运用不同的方法构建环境规制强度的测度指标，准确反映环境规制的严厉性，避免单一测度方法的缺陷，有助于获得较为可靠的经验结果。

本书的最终成果将对现有环境规制的研究进行必要的补充，除此之外，本书也可以对国家环境保护局以及相关各级政府部门提供政策支持。

本书为 2017 年天津哲学社会科学一般项目"京津冀协同发展中天津环境规制与经济增长的关系研究——基于作用机制与天津实证的分析"（编号：TJYY17-022；项目负责人：张婷婷）的最终研究成果。

目　录

1　理论综述 ·· 1

1.1　环境外部性分析 ··· 3

1.2　绿色 Solow 增长模型 ······································ 4

1.3　考虑环境约束的技术进步模型 ·························· 4

1.4　环境规制与经济增长的实证研究 ······················ 5

1.5　环境规制与技术创新的研究 ····························· 7

1.6　环境规制与竞争力的研究 ······························· 9

　　1.6.1　新古典观点 ··· 10

　　1.6.2　Porter 假说 ··· 11

　　1.6.3　资源观点 ·· 11

1.7　相关理论评述 ·· 12

　　1.7.1　环境外部性理论评述 ···························· 12

　　1.7.2　绿色 Solow 增长模型评述 ···················· 13

　　1.7.3　考虑环境约束的技术进步模型评述 ·········· 13

　　1.7.4　环境规制对经济增长的实证研究评述 ······ 13

　　1.7.5　环境规制对技术创新影响研究评述 ·········· 14

　　1.7.6　环境规制与竞争力的研究评述 ··············· 14

2　环境规制的作用机制分析 ······························ 15

2.1　环境规制的目标与有关指标 ···························· 17

　　2.1.1　环境规制的目标 ································· 17

　　2.1.2　有关量化指标 ···································· 19

2.2 环境规制的实现机制 ┄┄┄┄┄┄┄┄┄┄┄┄┄┄┄ 22

　　2.2.1 分析框架 ┄┄┄┄┄┄┄┄┄┄┄┄┄┄┄┄┄┄ 22

　　2.2.2 环境规制的传导机制 ┄┄┄┄┄┄┄┄┄┄┄┄ 23

　　2.2.3 环境规制对经济的净影响 ┄┄┄┄┄┄┄┄┄┄ 29

2.3 环境规制的实现工具 ┄┄┄┄┄┄┄┄┄┄┄┄┄┄┄ 31

　　2.3.1 直接规制 ┄┄┄┄┄┄┄┄┄┄┄┄┄┄┄┄┄┄ 32

　　2.3.2 激励工具 ┄┄┄┄┄┄┄┄┄┄┄┄┄┄┄┄┄┄ 33

　　2.3.3 柔性工具 ┄┄┄┄┄┄┄┄┄┄┄┄┄┄┄┄┄┄ 34

2.4 环境规制对全要素生产率的作用机制 ┄┄┄┄┄┄┄ 35

　　2.4.1 相关学者观点总结 ┄┄┄┄┄┄┄┄┄┄┄┄┄ 35

　　2.4.2 环境规制对成本的作用机制 ┄┄┄┄┄┄┄┄ 37

　　2.4.3 环境规制对环境成本的作用机制 ┄┄┄┄┄┄ 39

　　2.4.4 环境规制对成本作用机制汇总 ┄┄┄┄┄┄┄ 39

　　2.4.5 环境规制对绿色全要素生产率的影响机理 ┄┄ 40

2.5 环境规制对技术创新的作用机制 ┄┄┄┄┄┄┄┄┄ 43

　　2.5.1 环境规制通过改变企业目标约束促进企业技术创新 ┄┄ 44

　　2.5.2 环境规制通过改变产业组织结构促进企业技术创新 ┄┄ 45

　　2.5.3 环境规制通过采用不同政策工具影响企业技术创新 ┄┄ 46

　　2.5.4 环境规制对技术创新作用的总结 ┄┄┄┄┄┄ 47

2.6 环境规制对经济增长的其他作用机制 ┄┄┄┄┄┄┄ 49

　　2.6.1 环境规制对产业结构的作用机制 ┄┄┄┄┄┄ 49

　　2.6.2 环境规制对产业组织的作用机制 ┄┄┄┄┄┄ 52

　　2.6.3 环境规制对国际贸易的作用机制 ┄┄┄┄┄┄ 53

3　天津市环境规制的演变与效果 ┄┄┄┄┄┄┄┄┄┄┄ 57

3.1 天津市环境规制发展历程 ┄┄┄┄┄┄┄┄┄┄┄┄ 59

　　3.1.1 探索环境管理模式阶段（1978~1988 年） ┄┄ 59

3.1.2　强化制度建设阶段（1989~1995 年） ················· 59

3.1.3　创新环境保护战略阶段（1996~2005 年） ··········· 59

3.1.4　落实科学发展阶段（2006 年至今） ················· 60

3.2　天津市环境规制目标和战略 ···························· 61

3.2.1　"八五"期间天津市环境规制目标和战略 ········· 61

3.2.2　"九五"期间天津市环境规制目标和战略 ········· 61

3.2.3　"十五"期间天津市环境规制目标和战略 ········· 62

3.2.4　"十一五"期间天津市环境规制目标和战略 ······· 62

3.2.5　"十二五"期间天津市环境规制目标和战略 ······· 63

3.2.6　"十三五"期间天津市环境规制目标和战略 ······· 64

3.3　天津市环境规制措施分析 ······························ 65

3.3.1　健全机构设置，完善法制建设 ··················· 65

3.3.2　加大环保投入，加强基础设施建设 ··············· 65

3.3.3　开展环境保护模范市建设活动，提升天津环境质量和
管理水平 ···································· 66

3.3.4　严格环境准入标准，优化产业结构与布局 ········· 66

3.3.5　实行税收行政优惠并行，提升引资质量 ··········· 66

3.3.6　发展循环经济，加快转变增长方式 ··············· 67

3.3.7　强化污染防治，高标准完成减排任务 ············· 67

3.3.8　加强执法监督，解决关系民生的环境问题 ········· 68

3.4　天津市环境规制绩效分析 ······························ 68

3.4.1　天津市环境规制指标体系的构建 ················· 68

3.4.2　数据分析 ···································· 70

3.4.3　结果分析 ···································· 71

4　基于生产率层面的环境规制对天津市经济增长作用的
实证分析 ·· 73

4.1　环境规制与全要素生产率的关系 ······················ 76

    4.1.1　对于生产率的界定 ·· 76

    4.1.2　全要素生产率的研究意义 ·· 77

    4.1.3　环境规制的主要指标 ·· 78

  4.2　全要素生产率的估计方法 ·· 79

    4.2.1　增长会计法 ··· 79

    4.2.2　经济计量法 ··· 81

  4.3　全要素生产率的计算方法 ·· 81

    4.3.1　最小二乘法 ··· 81

    4.3.2　Olley—Pakes 法（简称 OP 法）····························· 82

    4.3.3　Levinsohn—Petrin 方法（简称 LP 法）··················· 82

    4.3.4　广义矩方法（GMM 方法）··································· 83

  4.4　环境规制对天津市经济增长的作用分析——基于全要素生产率 ··· 83

    4.4.1　环境规制对天津市经济增长影响模型 ················· 83

    4.4.2　全要素生产率对环境规制影响的回归分析 ········· 100

    4.4.3　环境规制对全要素生产率作用的结论 ·············· 105

5　环境规制对天津市经济增长作用的实证分析
  ——基于技术创新层面 ·· 109

  5.1　模型构建 ·· 111

    5.1.1　被解释变量 ··· 111

    5.1.2　解释变量 ·· 119

  5.2　回归分析 ·· 120

    5.2.1　技术创新指标、环境规制强度和对外贸易依存度的
        回归分析 ··· 121

    5.2.2　财政分权、产业结构、人口密度的自然对数和就业
        人口水平的回归分析 ·· 121

    5.2.3　回归分析结论 ·· 121

5.3 向量误差修正模型研究 ···················· 122

5.3.1 环境规制对天津市经济发展有着显著影响

··· 122

5.3.2 模型确定 ····························· 122

5.3.3 长期均衡关系分析 ····················· 123

6 京津冀地区大气环境规制与经济增长关系的实证研究 ········ 127

6.1 京津冀地区大气环境及经济增长现状 ············· 129

6.1.1 京津冀地区大气环境现状 ··············· 129

6.1.2 京津冀地区经济增长现状 ··············· 133

6.2 京津冀地区大气环境规制与经济增长关系的实证分析 ···· 136

6.2.1 模型的建立 ·························· 136

6.2.2 实证检验 ····························· 138

6.2.3 计量结果分析 ························· 140

6.3 大气环境污染与经济变量关系总结 ·············· 141

6.4 京津冀地区大气环境规制政策建议 ·············· 142

6.4.1 对北京市的政策建议 ··················· 142

6.4.2 对天津市的政策建议 ··················· 142

6.4.3 对河北省的政策建议 ··················· 143

6.4.4 京津冀地区总体政策建议 ··············· 143

7. 中国环境规制与经济增长关系的实证研究 ·············· 145

7.1 中国环境规制与经济增长现状 ················· 147

7.1.1 中国环境规制现状 ····················· 147

7.1.2 中国经济增长现状 ····················· 149

7.2 中国环境规制与经济增长关系的实证分析 ········· 152

7.2.1 模型的建立 ·· 152

7.2.2 实证检验 ·· 153

7.2.3 计量结果分析 ·· 158

7.3 政策含义 ·· 160

7.3.1 中国环境规制与经济增长关系总结 ············· 160

7.3.2 完善我国环境规制的对策建议 ················· 161

8 结论、政策设计及研究展望 ······················· 163

8.1 总结论 ·· 165

8.1.1 环保标准的不断提高才能实现长期均衡增长 ·········· 166

8.1.2 环境规制提高了地区全要素生产率和技术水平 ·········· 166

8.1.3 环境规制制度的有效性依赖诸多因素 ············· 166

8.2 提高环境规制经济激励效应的政策设计 ············· 167

8.2.1 形成和完善和谐发展理念 ······················ 167

8.2.2 完善环境与发展综合决策机制 ·················· 176

8.2.3 提高环境规制政策实施的有效性和效率 ·········· 177

8.2.4 切实贯彻污染者付费原则 ······················ 178

8.2.5 明确中央政策和地方政府环保事权和责任 ········ 179

8.2.6 完善跨部门、跨区域的利益协调机制 ············ 180

8.2.7 完善地方政府环境保护责任机制 ················ 180

8.2.8 "绿色 GDP"：中国特色的地方政府政绩考核机制 ········ 187

8.2.9 完善地方政府跨区域环境合作机制 ·············· 197

8.2.10 合作的治理：公众环境参与机制 ············· 204

8.3 研究展望 ·· 213

参考文献 ··· 215

01

理论综述

总结国内外有关环境规制与经济增长的关系研究的相关理论，主要包含环境外部性分析、绿色 Solow 增长模型、考虑环境约束的技术进步模型、环境规制对经济增长的实证研究、环境规制对技术创新和产业竞争力的影响研究六个方面。

1.1　环境外部性分析

环境规制存在外部性问题。1883 年，Sidgwick 首先发现外部性问题。许多学者从不同角度研究了环境外部性问题。Marshall 认为，任何个人都不可能排他地消费和使用环境资源以及废弃物，从而揭示了环境资源具有某种不可分割性，环境资源属于"公共产品"。Pigou 明确指出，环境的污染者私人成本小于社会成本，其不足部分由社会承担，最终给社会带来危害。Coase 从"外部侵害"的角度指出环境的公共资源属性，在现实情形中，环境资源问题可以在经济主体之间通过某些行动实现一定程度的均衡。Olson 基于"集体行为"，指出环境问题体现了个人行动与集体行动的"冲突"。沈满洪（1997）则认为，环境污染的负外部性使个体按利润最大化原则确定的产量与按社会福利最大原则确定的产量出现严重偏离，这种偏离既不符合效率最优原则，也不符合社会公平原则。环境公共产品的特征使环境外部性的转移成为可能；也正是存在环境外部性问题，导致市场在进行环境资源配置过程中无效率，因而需要政府对其进行规制。Clawson 则强调社会规制对公共资源利用的重要性：从环境耗竭上看，作为公共财产的自然资源本身并不比私人财产更像是一个悲剧，它总体上取决于引导公共资源利用的社会规范程度。North 基于"搭便车"的角度，认为环境问题的解决有赖于成功的制度变革。

环境问题的存在，意味着个体理性与集体理性、个体最优与集体最优不一致，成为政府介入环境领域的一个基本理由。政府的环境规制，尽可能使这种不一致逐渐变为一致（Sterner，2005）。

此外，还有其他纠正环境外部性的"直接规制"工具，如市场化工具有明显的信息节约优势（马士国，2008）。直接规制类工具典型做法是对所有污染者实行统一管理。当不同污染物的削减成本有很大差异时，直接规制会给污染者造成很大负担，并且不能激励污染者主动寻找更好的减污方法。

1.2　绿色 Solow 增长模型

增长理论为将环境问题与经济发展相关联提供了一种有益的思路。由于传统 Solow 增长模型没有考虑环境因素，因而不能很好地解释经济持续增长机制。为了探究持续增长机制，Brock 和 Taylor（2004）将环境约束引入 Solow 增长模型而构建绿色 Solow 增长模型。与基本 Solow 模型一样，他们采用一个具有固定储蓄率的标准单部门模型和柯布—道格拉斯型生产函数，为了引入减污活动，他们将污染视作经济活动的副产品，即每单位经济活动将产生单位污染。如果经济中存在减污活动，则实际污染排放量将不同于污染物的产生量。

绿色 Solow 增长模型有几个重要含义。首先，减污强度的变化对经济长期增长率没有影响；其次，绿色 Solow 模型清楚地显示，产品生产中的技术进步与减排中的技术进步具有不同的环境效应；最后，绿色 Solow 模型提供了一种相对简单的、新颖的和更一般的解释，因为它仅依赖于增长函数的基本特征（Brock & Taylor，2004）。尽管绿色 Solow 增长模型存在忽略结构效应、不变的减排强度和外生技术进步假设等缺陷，但这并不妨碍它解释污染排放量与收入关系的能力。

1.3　考虑环境约束的技术进步模型

由于增长是内生决定的，并可能受政策影响，因此以下学者在内生增长模型中探讨了环境问题与增长的联系。

彭水军和包群（2006）将环境约束引入 Grossman 和 Helpman（1991）、Romer（1990）的内生增长模型，利用 Lucas（1988）对人力资本内生化处理方法，以及 Jone（1995）对 Romer（1990）内生化研发生产函数的改进，避免了传统内生增长模型的缺陷，消除规模效应对长期经济增长率的影响。

在内生化人力资本积累和技术进步的创新经济中，人力资本被用于三种用途，即直接从事最终产品的生产、用于人力资本部门进行人力资本积累、进入研发部门从事技术创新，且在稳态下，消费增长率可能为正，因为方程中以相同速度增长。只要人力资本和知识资本的增长速度快于物质资本，并足以抵消下降，那么物质资本的社会边际生产率就能够保持不变，从而保证可持续增长目标的实现。

内生增长模型表明，一是当人力资本部门的生产率大于时间偏好率、替代弹性和环境再生能力充分大时，可以实现可持续的经济增长。二是在最优增长路径上，消费者越偏好于平滑消费模式，环境标准越严厉，对环境质量的偏好程度越高，可持续发展意识越强，则稳态长期增长率越高。因此，政府可通过制定严格的环境标准、普及与加强公众的环保意识和可持续发展意识，促进可持续发展目标的实现。

1.4 环境规制与经济增长的实证研究

不同学者针对不同国家或地区、产业和企业等层次进行了相关研究，实证的检验结果有很大不同，有时甚至相反。

总要素生产率增长是检验环境对经济增长的影响、分析环境与经济关系的重要因素。当环境资源因外部性成为没有付费的要素时，如果增长分析没有考虑经济增长的环境成本，其结果将是有偏差的。Tzouvelekas 等（2007）在增长核算框架内解释了环境贡献，他们将环境因素视作生产中一种不付费的投入要素。他们利用 1960~1995 年 23 个 OECD 国家水平数据，发现环境对产出增长和技术进步均有贡献。同样，Kalaitzidakis 等（2007）也使用 CO_2 排放量来衡量环境污染的影响。他们利用半参数平滑系数模型分析了 18 个 OECD 国家的总要素生产率增长与环境污染之间的关系。

环境污染也可构建为产出的一种副产品。近年来，许多经验文献将环境污染视为一种"坏"产出，利用非参数方法测度环境污染的影响。Barla 和 Perelman（2005）将 SO_2 排放量视作"坏"产出，使用投入型方向距离函数测算了 12 个 OECD 国家的 Malmquist 生产率指数及其构成，估计环境污染（以 SO_2 排放量变化来表示）对生产率增长、效率变化和技术变化的影响。他们发现，降低 SO_2 排放量对生产率增长没有造成显著的不利影响。类似地，Maradan 和 Vassiliev（2005）将 CO_2 排放视为"坏"产出，从减排成本的角度分析 CO_2 减排机会成本如何随收入的变化而变化。他们利用 1985 年 46 个发达国家和 30 个发展中国家的截面数据，通过方向距离函数估计 CO_2 排放的影子价格。结果表明，CO_2 减排的边际成本随人均收入的增加而下降。与 Maradan 和 Vassilier 的方法类似，Ray 和 Mukherjee（2007）考察了收入与污染的权衡问题。他们通过 2005 年 110 个国家的截面数据，使用化石燃料和非化石燃料作为投入，分别视 GDP 和 CO_2 排放为"好"产出与"坏"产出，估计结果发现，70 个国家至少能以 33% 的比例增加人均产出，同时减少 CO_2 排放量；如果能够改善技术效率，多数国家能够实现较高水平的产出和较低水平的污染排放量，表明减排与产出之间似乎不是相互冲突的，而是相互促进的。

国内学者对我国的环境规制是否影响经济增长效率这一问题进行了考察。胡鞍钢等（2008）利用 1999~2005 年中国 30 个省级面板数据和方向距离函数估计省级水平的环境生产率，发现东部的环境生产率最高、中部次之、西部最低。李静和程丹润（2008）考察了污染减排对生产率的影响。他们利用 SBM 模型考察 1990~2006 年中国三大经济区域的环境污染与经济效率的关系，比较以工业"三废"作为"坏"产出的经济效率和常规投入（资本和劳动力）的经济效率。结果发现，污染减排对东部经济效率的影响最小，对中西部经济效率的影响较大。

由于数据加总问题，在国家或地区水平上可能不利于揭示环境规制与经济增长效率之间的真实联系。为了克服这一问题，人们将研究视角延伸至产业部门。Bmvoll 等（2003）利用数据包络法分析了挪威造纸产业生产率。他们计算三种污染排放量（化学需氧量 COD、温室气体和酸雨）的 Malmquist 生产率和常规投入（资本和劳动力）的 Malmquist 生产率。比较结果显示，包含 COD 的生产率指数大于常规投入的生产率指数，意味着减少 COD 排放将会提高生产率。包含温室气体和酸雨排放量的生产率小于常规投入的生产率，表明环境规制对不同污染物排放产生了不同的生产率效应。生产率指数分解估计发现，技术进步变化约为 20%，特别是包含 COD 的技术进步变化高于常规投入的技术进步变化，说明对 COD 排放的规制促进了技术进步。Shadbegian 和 Gray（2006）在 Shadbegian 等（2005）研究的基础上，解释不同污染物减排对生产率的影响。他们使用 1990~2000 年美国 3 个产业和 5 种污染物排放（生物需氧量 BOD、二氧化硫 SO_2、总悬浮颗粒物 TSS、PM2.5 和有毒物质）的数据，分产业估计发现，那些使用较高污染技术的企业、资本劳动力比率较高的企业和新建企业，有较高的生产率；只有钢铁产业的污染减排支出有较低的生产率。为了处理不同回归方程的残差相关性，他们的 SUR 分析显示，污染减排做得好的企业也有较高的生产率。

Chintrakam（2008）利用美国 1982~1994 年 48 个州的数据，使用 SFA 模型评价环境规制对其制造业部门技术无效率的影响，结果显示，严格的环境规制与美国制造业的技术无效率有显著的正相关性。

与国家和产业水平的数据相比，企业的环境数据能更精确地说明企业对环境规制的反应，因而企业水平研究能更好地揭示环境规制与经济效率之间的关系。Berman 和 Bui（2001）考察了美国洛杉矶地区的环境规制严厉性对石油企业生产率的影响。他们发现，在样本期内，随着环境规制严厉性的提高，企业的遵规成本也随之增加，然而石油企业的生产率不仅没有下降反而有显著上升，表明环境规制以及相应的减排支出促进了生产率增长。由于减排支出是生产性投入，他们进一步指出，如果减排支出是生产性的，那么环境规制成本有可能被高估。Commins 等（2009）利用 1996~2007 年欧洲的公司水平数据，发现能源税既能促进总要素生产率，也能增加资本回报，并且总要素生产率随碳税的增加而加速增长。Martin 等（2009）利用英国制造企业数据考察能源税的影响，并没有发现能源税对就业和总产出有显著影响的证据。

1.5　环境规制与技术创新的研究

理论分析表明，技术进步与创新能够降低环境规制成本。在实现环境规制目标的过程中，理解环境规制与技术创新的关系也是非常重要的。Porter 假说指出，设计适当的环境政策将会促使企业创新和新技术的应用，从而提高生产效率。根据这个假说，环境规制为创新活动提供内在动力。Jaffe 和 Palmer（1997）利用 1977~1989 年美国制造业面板数据，估计了创新活动（用私人部门的 R&D 支出来表示）与环境规制严厉性的关系。他们发现，当控制产业具体效应时，滞后的环境遵规支出与 R&D 支出之间有显著的正向联系。如果用国内企业成功专利申请来衡量创新活动时，滞后的遵规成本对专利的影响在统计上却不显著。与 Jaffe 等（1997）的研究结果相反，Lanjouw 和 Mody（1996）的统计分析表明，1971~1988 年，环境规制严厉性的提高使环境专利数有大幅度的上升。Ratanyaka

（1999）分析 1982~1992 年美国 8 个产业的数据，发现环境规制严厉性（用污染减排支出来衡量）对 R&D 支出并没有显著的影响。

Bhatnagar 等（1999）对 Jaffe 等（1997）的分析进行了扩展。他们也考察环境专利，并增加环境规制的另一种测度变量，即政府执法检查数。结果显示，滞后的污染控制支出对环境专利有显著影响，而政府执法检查数总体上对环境专利没有影响。然而，在化学和汽车行业中，政府监控变量对环境创新的确有影响。同样，Brunermeier 和 Cohen（2003）分析了 1983~2002 年美国制造产业的环境数与环境规制之间的关系。他们发现，污染控制支出上升与环境创新活动之间虽有联系，但污染控制支出的影响比较小；政府环境监控活动对环境创新也没有明显影响。de Vries 和 Withagen（2005）利用 1970~2000 年 14 个 OECD 国家水平数据，对环境规制严厉性的三种不同测度指标进行分析。结果发现，当环境严厉性构建为不可观测的潜变量时，严格的环境规制导致更多的技术创新；而其他两种构建环境严厉性方法并没有发现规制严厉性对创新有显著的正影响。

理论上讲，环境规制对技术创新活动可能通过三种机制发生作用。第一种是减排成本效应。这表明创新可能降低污染控制成本。第二种是模仿效应。由于创新收益不能被创新者所独占，这将削弱创新激励。第三种是排放支付机制。如果创新降低了企业对"剩余"排放量的支付，那么也可能会削弱创新激励（Popp 等，2009）。

白雪洁和宋莹（2009）利用三阶段 DEA 模型，分析了 2004 年中国 30 个省份火电行业的环境规制对火电行业效率（技术效率、规模效率）的影响，从非规制（即不进行污染排放限制）、弱规制（即控制污染物排放量不变）和强规制（即减少污染物排放）三个层次分析环境规制与火电行业效率的关系。结果显示，环境规制提升了火电行业的效率水平，总体上存在技术创新激励效应，但并不适合于每个地区。

如果一项新的技术创新不能被社会广泛使用，那么技术创新可能就没有多大的实际意义了。环境规制作为一种外在压力，能否对技术扩散产生积极影响？Synder 等（2003）利用美国 1976~2000 年氯生产企业数据，通过风险模型估计了环境规制对氯生产新技术扩散的影响。他们发现，对氯生产的直接规制虽然在统计上没有显著影响，然而它改变了氯使用者的氯需求，进而迫使那些仍使用原有生产技术的企业关闭。环境规制增加了使用氯生产新技术的企业的市场份额。他们认为，环境规制对新技术扩散的影响是通过企业退出机制，不是通过现有企业的新技术应用而发挥作用，表明环境规制间接地推动了技术扩散。然而，Kerr 和 Newdl（2003）对美国石油企业的分析发现了环境规制对新技术应用影响的证据：不断上升的环境标准促使石油企业的铅减排技术的应用，特别是那些规模较大的石油企业因有较低的新技术使用成本，可能率先采用新技术。此外，交易许可证制度促进了更有效率新技术的应用。

解决环境问题，不仅需要在一国范围内推动技术扩散，也需要环境技术在国家间扩散，特别向发展中国家提供环境技术是当前最迫切的问题之一（Popp 等，2009）。环境技术在国家间扩散主要通过国际贸易和 FDI 两种形式。Lovely 等（2008）研究了 39 个国家（包括发达国家和发展中国家）限制燃煤电厂的 SO_2 与 NO_x 排放的规制，并将环境技术可得性作为环境规制的一个重要因素。因为当污染控制技术得以改进时，减排成本，进而环境技术的使用成本也随之降低。

一些学者关注于不同政策工具（如技术标准、绩效标准、排污税和交易许可证）的相对重要性及其影响。市场化工具通常比命令—控制工具的效果更好（Jaffe 等，2002；Requate，2005）。Hsher 等（2003）依据创新激励程度对环境政策工具进行排序。他们刻画了创新过程，假设减排成本是减污水平和技术水平的函数，技术水平产生于 R&D 支出。因为新技术被模仿可能会出现技术溢出和技术扩散，使所考察的不同政策工具对创新激励的影响几乎没有差异，所以他们认为，对政策工具进行准确排序是不可能的。以再生能源为例，Johnstone 等（2008）检验了六种环境规制工具对能源技术创新的影响，包括公共能源 R&D 支出、投资资助、关税、自愿计划、责任和交易许可证。他们利用 1978~2003 年 25 个国家的再生能源的专利数据进行研究，结果表明，公共能源 R&D 支出与能源技术创新之间有显著关系。然而，不同规制工具在不同技术领域中存在不同的影响：数量型工具（如责任、交易许可证）对推动风力发电技术创新最为有效，这也支持命令—控制工具促进了低成本替代能源创新的观点；价格型工具（如环境税）对太阳能和生物质能的技术创新更为有效。Walz 等（2011）利用 1991~2007 年 12 个 OECD 国家数据，用风力发电技术的国际专利作为中间创新指数，用出口来表示国外规制影响。结果发现，政策工具包括来料进口关税（feed-intariffs）、配额、环境税和投资激励对创新的影响在统计上均不显著。

1.6 环境规制与竞争力的研究

竞争力强弱是一个国家或地区整体经济实力的重要表现，并在很大程度上影响一个国家或地区的综合竞争力。环境规制如何影响竞争力？除了上述环境规制对生产率和技术创新性的影响外，文献中还关注环境规制成本对受规制部门的营利性、价格、需求动态和投资决策等方面的影响。对于环境规制的这些影响的解释，大致有以下三种。

1.6.1 新古典观点

第一种解释是新古典观点。它强调环境规制通过部门的成本结构和市场结构特征引起了对市场势力的影响。环境规制在将环境负外部性内部化的同时，也给企业造成了额外负担。与没有环境规制相比，受规制的企业或部门将面临较高的生产成本，进而对企业、部门和国家的竞争力产生不利影响，特别对那些环境成本占生产成本比例高于部门平均水平的产业来说，这种不利影响可能更显著（Clift & Wright，2000）。然而，经验研究并没有获得一致结论。例如，Hitchens等（2000）通过案例研究发现，在很多国家和 EU 的许多部门中，环境规制对中小公司的竞争力有显著的负面影响。然而，Alpay 等（2002）发现，在环境规制的情形下，墨西哥食品加工业部门的生产率有所提高。他们认为，更严厉的环境规制不总是有害于部门的竞争力。Chintrakam（2008）利用美国 48 个州的数据和SFA 模型评价了环境规制对美国制造业部门技术无效率的影响，结果显示，严格的环境规制与制造业的技术无效率之间存在显著的正向关系，表明严格的规制不利于制造业技术效率的改善，进而有损于制造部门的竞争力。相反，Aldy 和 Pizer（2009）使用能源价格作为竞争力衡量指标，分析能源价格对就业、产出和消费的影响。他们利用美国 400 多个制造产业部门的数据，并将温室气体的限额交易制度对制造产出部门竞争力的影响数量化。统计分析显示，总体上看，每吨 15 美元CO_2 排放并没有对制造部门竞争力有明显影响。然而，由于征收碳税，能源密集产业可能将面临国外竞争压力。Costantini 和 Mazzanti（2010）利用引力模型检验14 个 EU 国家的出口竞争力（用出口动态来表示）是否受环境规制的影响。他们发现，环境税、能源税、污染控制支出、公共 R&D 支出都对制造部门绿色竞争力的形成有一定的影响，但制造部门出口竞争力并没有与环境规制相冲突，在某些情形下发现二者有正向关系；而在另一些情形中，环境税对出口绩效的影响可忽略不计。

1.6.2　Porter 假说

第二种解释是 Porter 假说。与新古典观点不同，该假说认为，环境规制引起的竞争力损失（用减少的产出来表示）可能是短期的，但在较长时期内，环境规制可能通过技术创新来提高生产率，进而增加产出。因为环境规制作为外在压力，有可能激励企业改变常规生产方式，通过减少资源投入或提高资源使用效率来降低成本，甚至创造新的产品。这类创新有助于提高生产率，甚至创新收益超过遵规成本。根据这个假说，至少从动态和长期来看，与竞争优势的传统因素相比，开发新的技术、新的生产工艺和产品能力对于提升竞争力与获得经济成功来说更具有决定性的作用（Iraldo 等，2009）。文献从多个角度来检验 Porter 假说。例如，Lanoie 等（2007）利用 2003 年 7 个 OECD 国家近 4000 多个企业数据检验 Jaffe 等（1997）所描述的 Porter 假说的 3 种含义，假定因果关系的 4 个主要因素，即环境规制、R&D、环境绩效和经济绩效，对弱式 Porter 假说提供了很强的证据，对狭义 Porter 假说和强式 Porter 假说有一定的支持。

1.6.3　资源观点

第三种解释是资源观点。它以企业内部竞争力为核心，是对 Porter 解释的扩展。资源观点认为，企业竞争力的形成及其经济上的成功取决于企业可获得资源的质量与数量，以及有效利用这些资源的能力（Fouts 等，1997）。根据这个观点，将企业取得竞争优势的需求与企业的社会责任（包括环境责任）有机整合于企业决策之中。企业主动承担社会责任有助于将企业与利益相关者（如消费者、政府环境管理部门）和环境之间的冲突最小化。例如，企业主动减少污染排放降低了政府环境部门对企业的检查次数，从而避免政府环境检查对企业生产的干扰。从避免或减少冲突的意义上看，降低风险成本可能给企业带来一种重要收益。例如，Walsh（2003）归纳了 1972～2002 年的 109 个数量研究，发现 54 项研究报告了正向关系，7 项研究报告了负向关系，28 项研究发现了非显著关系，20 项研究得出混合结论。他们认为，这些结果可视为一种明确信号，即环境责任与经济绩效之间存在正向联系，但很少有负向关系的证据。Orlitzky 等（2003）不赞同对不同结论进行简单投票的计数方法，代之文献统计 raeta 分析法。他们的 meta 分析包括 1972～1997 年 52 个定量研究，结果显示，公司社会责任，至少环境责任很可能是有回报的。因此，他们抛弃了不确定结论的主流观点，明确指出公司责任（包括环境责任）与滞后的公司财务绩效之间的关系并不是负的。King 等（2005）考察了 1995～2001 年美国 7899 个生产设施样本，发现 EMS（环境管理体系）的采用导致环境绩效的改善（用所有有毒排放清单的毒性加权的对数来表示）。另一项研究使用来自 OECD 调查中日本设施水平自报数据，Arimura 等（2008）发现 ISO14001 对 3 个环境改善指标均有正向作用。然而，Balra（2007）利用 1997～2003 年德国魁北地区 37 个纸装与造纸厂的面板数据进行计量的结果显示，在获得 ISO14001 认证后，并没有发现污染减排有意义的证据。

　　基于 7 个欧洲国家的案例研究，Mandl 等（2007）发现，较高的顾客满意度和较大的宣传力度极大地推动了公司社会责任（包括环境保护）活动，并且取得了有益结果（用顾客忠诚度来表示）。Triebswettei 等（2008）的一项研究也发现，如果环境规制能与公司环境策略（如实施环境管理战略）有机结合，那么环境规制将推动企业的创新活动，从而对竞争力产生积极影响。Grolleau 等（2009）证明，提高人力资源管理是取得 ISO14001 认证决策背后的重要动机。他们利用 2003 年法国 1000 家农产食品公司调查数据和离散选择模型进行估计，发现管理因素比经济因素更能推动企业的环境管理认证。Testa（2010）以建筑部门为例，检验环境管理体系（EMS）对企业竞争力的影响。他通过 2009 年的意大利、法国和荷兰 3 个国家的设施调查数据，用无形资产（如声誉、技术和人力资源）作为衡量竞争力的指标，发现尽管这些无形资产本身不具有生产性，但企业 EMS 的选择在环境规制与技术创新的关系中起着积极作用。

1.7　相关理论评述

1.7.1　环境外部性理论评述

　　无论哪种类型的环境规制工具，一个基本目标是将污染者造成的环境成本内部化，以实现社会福利最大化。然而，每种政策工具都有其固有的缺陷，在实施效果上存在一定的差别，特别在成本有效性、灵活性以及对减污技术创新与扩散的激励方面，市场化工具比直接规制有明显的优势。环境外部性分析表明，在实施环境外部性内在化的过程中，政府应寻找一种扬长避短的各种政策工具的"组合"，以更好地满足效率、可行性和公平性的要求。

1.7.2 绿色 Solow 增长模型评述

绿色 Solow 增长模型不仅揭示经济持续增长的条件，而且表明技术进步（包括减污技术进步）的作用，特别是技术进步有助于实现在较低的收入水平上改善环境的可能。可见，环境规制并非是经济增长的阻碍因素，反而有可能成为经济持续增长的驱动因素，特别是环境规制在技术进步中的作用。

1.7.3 考虑环境约束的技术进步模型评述

上述理论分析表明：其一，环境外部性造成私人成本与社会成本的严重偏离，这种偏离可以通过各种政策手段加以纠正，以实现社会福利最大化。其二，增长与环境之间可能存在多种可能关系。一方面，如果不考虑环境污染的负效用，环境污染可能随收入增长而增加。另一方面，假若环境污染以不利方式影响社会福利，生产和减污中的资本生产率随资本积累而趋于零，那么环境问题可能使经济增长速度下降。然而，当产品生产或减污过程中存在非递减报酬时，持续的经济增长可能与环境质量改善是相容的。换言之，可持续发展并不是否定经济增长。其三，环境规制政策可能对经济增长和污染排放水平的路径产生影响。只要政府通过恰当的环境规制政策设计，环境规制与可持续发展目标就不矛盾。特别在环境规制的背景下，使人力资本开发和技术创新成为促进经济可持续发展的重要途径。

1.7.4 环境规制对经济增长的实证研究评述

增长与环境的文献隐含着一种看待生产率增长测度的新视角。上述经验研究从不同层次检验环境规制与经济增长效率之间的关系，并都明确考虑环境因素对经济增长的影响。尽管因考察期间、数据、估计方法等因素导致结论不尽一致，但同时也表明环境规制与经济增长关系的复杂性。此外，在环境规制情形下，传统生产率核算将会高估生产率的增长，因为环境因素对产出增长和技术进步也有贡献。因而，在实际分析中需要对现有的经济增长效率测度进行必要的调整。

1.7.5　环境规制对技术创新影响研究评述

环境规制对技术创新、新技术引进与扩散重要性的观点不再存有争议，然而环境规制在多大程度上刺激技术创新（如清洁技术）的经验结论是混合的。如果人们根据污染排放限制来预期规制严厉性，而不通过产出减少或要素替代来预测环境规制严厉程度，也是通过增加减污技术投资使新专利申请上升以减少污染排放的一种基本动力。此外，环境规制，无论是污染排放限制，还是税收、补贴甚至交易许可证价格的变化，通常被视为私人部门开发并采用与环境友好型有关的新设备或技术的一个必要条件。文献中一般认为，市场化工具可能比直接规制对采用更为便宜的、有效的污染控制技术有更强的激励作用。

1.7.6　环境规制与竞争力的研究评述

环境规制是否会增加私人部门的生产成本，从而影响产品在市场上竞争力？在这个问题上，政府的政策重点都致力于协调环境保护与竞争力的关系上。一些研究发现，严格的环境标准不仅不会使企业失去竞争力，而且会促进企业技术创新，提高生产效率，从而抵消环境规制成本；与不受规制的同类企业相比，率先实施环保措施的企业有可能获得"先行优势"，使企业在市场上更具竞争力，因为竞争力的形成既不是建立在静态效率的基础上，也不是建立在固定约束范围内的最大化上，而是突破约束条件进行创新和改进的能力，包括开发和采用新产品、新工艺和新服务的能力（曲如晓，2001）。此外，环境规制还可能加快企业"软"实力的形成。根据资源观点的解释，环境规制有可能促使私人部门开辟新的绿色市场，加速环境技术成果的转化，注重私人部门内部机制创新和生产组织方式、经营管理模式、营销服务方式等多方面创新的结合，进而使私人部门经济效益和环境绩效协调一致，获得绿色竞争优势，实现可持续发展（戴鸿铁等，2009）。

综上所述，对环境与经济关系的实证检验，尽管文献众多，但现有的实证研究并没有获得一致结论。造成这一结果的原因可能是多方面的：一是环境规制的成本与收益都难以精确测度，造成研究结果相差很大；二是分析指标选择问题。

02

环境规制的作用机制分析

环境规制不是消除污染，遏制经济增长，而是将污染控制在环境系统可承载的范围内，实现环境与经济相容的均衡发展模式。因而，环境规制目标的实现有必要考察环境规制对经济的作用机制问题。本章从环境规制的目标入手，进而考察环境规制的作用机制，从企业角度分析了环境规制的直接和间接传导机制，并扩展至部门和国家或地区层面来探讨环境规制所产生的净影响结果，最后介绍环境规制的实现工具。

2.1　环境规制的目标与有关指标

2.1.1　环境规制的目标

基于规制的界定，环境规制可理解为政府为了保护环境而采取的对经济活动施加影响的所有措施。它是以政府为主体的公共经济活动和政府的公共管理活动，同时体现了各级政府间、地区间、部门间和企业间在环境保护方面的管理范围、权限职责、利益及其相互关系。

政府介入环境领域的基本依据是环境外部性。外部性可由多种方式来定义，但它一般是指一个经济主体对另一方造成无意的、不需补偿的副作用。就是说，一个行为主体的活动对其他人产生的影响并不能反映在市场交易价格体系之中。

庇古认为，由于污染者未对其所引起的环境污染付出相应的成本，导致私人成本低于社会成本，差额部分由社会承担，最终导致社会损害加剧。科斯则认为，环境外部性问题之所以存在，是因为环境的公共品属性不仅使得环境外部性转移成为可能，而且导致市场机制在环境资源配置过程中存在"失灵"，因此需要政府对其进行规制。

此外，环境保护的特殊性也要求存在以政府为主体的环境规制（CCICED，

2008）。首先，环境保护最具广泛的代表性。环境保护与人们的生产和生活息息相关。环境不仅为人们提供了诸如呼吸的空气、赏心悦目的风景等消费型公共品，而且提供了作为生产活动投入要素被使用的资源，如水、阳光、矿物、氧气等。这些环境服务能被所有人享受或消费。其次，环境保护利益的公共性。环境和自然资源属于混合公共品，当这些公共品的供给变得稀缺时，将会对整体利益和个体利益造成损害。如果取自环境的原材料是不可再生的，如化石燃料、矿物质等，这些资源一旦被过度开采与使用，就会造成资源供给紧张和生态恶化，这必将成为经济社会发展的重要制约因素。最后，环境保护利益的长期性。人口增加、经济增长和福利的提高需要消耗资源和排放废弃物，而资源与环境又受容量限制，需要人类对资源与环境进行有理性、有节制的和有远见的管理，使资源的消耗和污染物的排放控制在生态系统可承载的限度内，否则，生态系统无疑将走向崩溃、混乱，甚至发展停滞或倒退。因此，环境保护不仅要考虑当代人的生存、发展和福祉，还要顾及后代人的生存、发展与福祉。从环境问题的公共性、广泛性和长远性来看，也需要政府对环境的使用加以规制。

基于上述认识，政府环境规制的目标至少有两个：一种是将污染控制在生态系统可承受的限度内，即取得一定的环境绩效；因为生态系统作为废弃池的功能是有限的；另一种则是环境规制应兼顾对经济的影响，进而维护有效的、公平的竞争秩序（金培，2009）。在政府的环境规制过程中，规制也不能干扰市场机制的基本作用，给经济造成严重的不良影响。因为推动经济发展的根本经济机制是市场机制，而环境保护也离不开市场，因此，环境规制目标绝非是零污染，遏制经济增长。要消灭污染只有消灭生产，将产量降至零；没有污染的产品是不存在的。

从中长期来看，环境规制的两个基本目标也并不彼此冲突，而是相互一致的。为了确保规制目标的实现，环境规制的一个基本问题是要确定一个合理的或最佳的污染水平问题，为制定合理的环境标准提供依据。一般地，确定最优污染水平有两种思路：一种是从社会净收益最大化入手，另一种是从污染控制成本最小化入手。

由此可见，环境规制本质上是处理好环境与经济的关系这一主线。经济增长带来经济产出的增加，也产生了污染物，造成环境质量的下降，但环境资源也是经济活动的一种重要投入，贡献于经济增长过程。因此，经济发展与环境保护的关系并不是非此即彼的对立选择，从而最终催生出可持续发展的理念。可持续发展要求既能达到发展经济的目的，同时又保护好人类赖以生存的环境，使人类能够永续发展。造成环境压力的决定因素，不是经济增长，而是所采用的技术以及经济增长的方式（Sterner，2005）。污染密集型产品的消费增加将给可持续发展带来问题，但增加对生态旅游、绿色食品的消费不会产生类似的问题。

需要注意的是，实现环境规制的目标，对不同国家和地区来说，面临的约束条件有巨大差异。经济发达国家因收入水平高、技术先进、环保意识强等先决条件，解决经济发展中的环境问题相对容易些。然而，对于发展中国家而言，在发展经济的同时解决环境问题，面临着极大挑战。我国作为一个发展中国家，经济发展不平衡、地区差距和城乡差距明显、技术水平特别是环境技术水平相对落后，解决好经济发展中的环境问题将面临严峻的挑战。

2.1.2　有关量化指标

考察了环境规制目标之后，有必要对环境规制的效果加以量化，以便对环境规制的有效性进行评价和判断。对此，很多学者进行了相关研究。早期研究主要侧重于环境效果的评价，不太重视环境规制对经济的影响评估。近年来，环境规制对经济的影响受到极大关注。从环境规制的目标来看，环境效果只是环境规制所要达到的目标之一，并非环境规制的全部。为了全面评估环境规制目标的实现程度，需要从环境和经济两方面来审视环境规制的影响。

首先，环境效果。环境效果的衡量通常从多个角度来进行。薛伟贤等（2010）对此进行了评述，但本书认为中科院可持续发展战略研究组（2007）提供的环境效果评价指标是目前国内比较权威的，也是适合中国特殊国情的。这些指标包括：从污染物排放量来表征，如人均污染排放量、污染排放密度（污染排放量/地区面积）、污染排放水平下降率等；从气候变异指数来表示，如干燥度、受灾率等；从土壤侵蚀指数来表示，如水土流失率、荒漠化率等；从生态保护指数来衡量，如森林覆盖率、自然保护区面积比率、水土流失治理增长速度、人均造林面积、生态建设投资占基本建设投资比例等；从环境治理强度来衡量，如污染治理投资占 GDP 的比例、污染排放达标率、工业固体废弃物综合利用率、城市生活垃圾无害化处理率、工业用水重复利用率、环保产业产值占 GDP 的比例等；从环境管理角度来衡量，如环境问题来访处理率、许可排放发放率等。

其次，经济效果。正如下面所揭示的，环境规制通过直接传导机制和间接传导机制对经济发生作用。无论直接机制还是间接机制，它们在产生成本的同时，也创造了潜在经济利益，因此，环境规制对经济的影响，既存在有利影响，也存在不利影响，这些影响综合作用的结果形成了环境规制对经济的净影响结果。只有综合考察这些影响，才能对环境规制的最终影响结果作出正确的评价与推断。这一最终影响结果可以从不同层面来理解和衡量，使用不同指标来反映。常见的衡量指标包括产出水平、生产率、技术进步与创新、竞争力等。考虑到本书探讨的第二个主题的需要，将从生产率、技术创新和竞争力三个层面来论证环境规制对中国经济增长的影响，因为生产率、技术创新和竞争力指标是各种经济指标中最为重要的指标，它们直接关系到经济增长的质量和效率。

上述指标也可根据研究需要进一步细分，如生产率指标可分为劳动生产率、资本生产率和总要素生产率等；技术进步与创新指标包括万人科技人员数、科学家工程师人数占科技人员比例、R&D 支出占 GDP 比例、政府科技支出占财政支出比例、科技人员平均经费、企业 R&D 支出与政府 R&D 经费的比例、技术引进支出与消化吸收支出的比例、万人专利授权数等（研究组，2007）。

环境规制对经济的影响，其微观基础是企业。环境规制对所有企业的净影响结果总和构成了其对部门的净影响结果，所有部门的净影响结果形成了一个地区或国家经济的最终影响结果。这种净影响结果可能为正，也可能为负。考虑到这种净影响结果衡量的复杂性，为避免单一指标的缺陷，将采用不同方法，从不同层面来测度这种净影响，即可以通过生产率、技术创新和竞争力等不同指标来审视这种净影响。从一个国家内部来看，环境规制对经济的影响不是孤立的，而是彼此联系的。

由于本书以天津市为对象，系统检验环境规制对天津经济增长造成了什么样的影响，因此，后文将从生产率和技术创新两个层面来估计环境规制对经济的净影响。例如，世界经济论坛（WEF）将生产力水平视为决定一个地区或国家经济实力的关键性要素（Iraldo 等，2009），而生产率、技术进步与创新、产业竞争力等指标则是一个地区或国家生产力水平的具体表现。

最后，环境规制的量化。环境规制目标确立之后，政府可以利用规制政策工具来影响经济发展的路径，协调环境与经济的关系。环境规制政策工具的有效实施是将环境规制目标转化为个体具体行动的关键。在实现环境规制目标的过程中，一个关键要素是环境规制强度，即环境规制的严厉程度。环境规制不仅可以通过多种途径对经济体产生正的或负的影响，而且在具体情形中，不同政策工具的影响存在极大的差异。后文实证分析是检验环境规制对经济的净影响，其中涉及一个重要问题是如何测度环境规制的强度。这里仅对环境规制的测度问题进行概括性说明，具体测算方法将在实证部分中结合具体问题来提出。

衡量环境规制是个极为复杂的问题。环境规制的度量既涉及政策工具本身的性质，又涉及政策工具的执行。从现有文献来看，除了使用较为宽泛的政策类型（如直接规制、市场化工具和柔性工具）来评估环境规制的经济影响外，人们还根据环境规制的具体特征来考察理解环境规制的具体特征对经济的影响。在环境规制的各种特征中，环境规制强度（严厉性）是个重要的属性，严厉性在一定程度上反映了实现环境目标的决心。经验证据表明，规制的严厉性在实现环境目标上，及其对经济特别是对创新的影响上有显著作用。

使用什么样的指标适合测度环境规制的严厉性？由于有关数据难以取得且数据质量比较粗糙，限制了测度规制强度的精确测度，根据 van Beers 和 van den Bergh（1997）的研究，可以从投入和产出两个方面来测度规制强度。投入指标通常包括污染减排与控制支出（如 Lanjouw & Mody，1996；Jaffe & Palmer，1997；Vollbergh，2007；张成等，2010）、环境 R&D 支出（Costantini，2010）、能源税与环境税（Dean 等，2005；He，2006；Costantini & Crespi，2007；Costantini 等，2010）、自愿的环境行为，如企业的环境管理体系 EMS（Costantini 等，2010）、政府环境执法检查数（Gray & Shadbegian，1995；Bhatnagar 等，1999；Brunnermeier & Choen，2003；Telle 等，2004）等。这类指标与企业和政府的环境努力有关，但因数据问题并不常用，特别是在国内的经验研究中。

产出指标是较为常用的使用指标。它主要基于具体污染物排放量（如 Xing 等，2002；Ansuategi，2003；de Vries 等，2005；Telle，2006；Costantini 等，2007；Quiroga 等，2007），一般使用排放强度、污染物排放水平下降率、排放密度等。这类指标反映了环境规制的环境效果，且比较容易获取数据，因而在经验分析中经常被使用，尽管产出指标存在某些缺陷（如受监测技术约束、平均数据）。

与投入指标相比，Quroga 等（2007）认为，产出指标具有以下优点：一是它是生产活动结果而导致的污染排放；二是因污染物对人类或环境具有直接影响而受到限制；三是人们知道并能够取得减污技术；四是这些数据比较容易获得。此外，产出指标不仅考虑了规制强度，也考虑了规制的执行力度、各种补贴或抵消了规制严厉性的某些政策的影响。

少数研究还使用专家判断（Gray & Shadbegian，1998）、企业调查数据（Hasic 等，2008；Johnstone 等，2010）来衡量环境规制的严厉性。

当然，严厉性只不过是环境规制的一个方面而并非全部，环境规制的其他特征（如稳定性、灵活性）也很重要（Johnstone 等，2010）。不过，囿于数据的限制，在经验分析中，环境规制严厉性受到极大青睐。

2.2 环境规制的实现机制

环境规制最直接的影响是导致环境支出的增加。高速增长的规制成本引起人们对环境控制费用给经济业绩带来的潜在影响产生极大关注。例如，中国的环境污染治理投资支出从 2000 年的 1010.3 亿元（占当年 GDP 的比重为 1.01%）快速升至 2009 年的 4525.3 亿元（占当年 GDP 的比重为 1.33%），增长近448%。污染控制的年度支出是一个数以亿计的庞大数字，它对经济将产生什么影响？这些影响又是通过哪些途径传导到经济体的？在有关研究的基础上，本书探讨环境规制对经济产生作用的内在机制。

2.2.1 分析框架

为了清楚说明环境规制对经济的作用机制，本书将从企业的角度来考察环境规制对经济的潜在机制，实际上这也是理解环境规制对部门和地区/国家经济影响的基础。由于环境规制与经济间的关系极为复杂、很难精确量化，这种自下而上的方法可能比较有用，特别当详细考察异质性企业情形时，自下而上的方法便于厘清环境规制与经济间所有可能的联系。

基于 Lankoski（2010）的研究，图 2-1 刻画了环境规制作用机制的几个基本环节。总体上看，本书的研究在两个层次上处理环境规制与经济间的联系：第一个层次是环境规制对企业的影响，这又包括 2 个基本环节，一个是环境规制对企业产生直接影响，另一个是环境规制间接（通过环境效果）对企业发生作用。第二个层次是环境规制对所有企业的净影响总和构成了对部门经济的净影响，所有部门经济的净结果形成了地区或国家经济的最终影响。

从企业来看，环境规制对企业的影响有两个基本机制。一个是间接传导机制。对企业来说，实现某种水平的环境效果本身就承载着某种经济利益。例如，尽管降低资源消耗需要一定的设备投资，但这不仅节约了企业的可变成本，而且使企业在市场竞争中建立良好的社会声誉，增强顾客对企业产品的忠诚度。环境规制促使企业提高环境效果，从而获得与这些改善有关的经济利益。正如 Ambec 等（2007）指出，企业维持良好的企业形象可以获得绿色基金、更容易从银行获

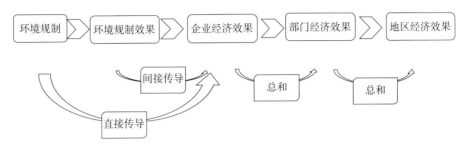

图 2-1　环境规制的作用机制示意图

得贷款和提高企业股票价格，从而降低企业的资本成本。另一个是直接传导机制。环境规制对经济的影响直接来自规制本身，而不是企业环境效果的改善。当遵从规制并没有提高企业的实际环境效果时，这种情形就会出现。例如，在交易许可证制度下，企业购买了足够的排放许可证，继续排放与以前相同的污染排放水平。或者这种影响在以下情形也可能出现：企业环境绩效已有所改善，但其所发生的经济影响不同于未受规制下企业进行相应水平的环境改善时的经济影响。例如，如果企业能以自己的方式和方法而不是以某种环境技术标准的强制方式来降低企业的污染排放，那么企业有可能采取更有效的方式实现一个给定水平的环境改善。

　　尽管人们通常关注的是环境规制对经济的直接影响，但也应考虑环境效果与经济效果之间的关系，因为某些环境规制工具可能同时通过上述两种机制产生作用。从这两种机制来看，对企业可能产生正的影响，也可能产生负的影响。这些影响综合作用的结果决定了对企业经济的净结果。所有企业的净结果总和构成了对部门经济的净影响，不同部门的净影响形成对地区或国家经济的最终影响。因此，在企业水平上，识别这些不同的传导机制有助于比较清晰地理解环境规制对经济的作用机制（Lankoski，2010）。接下来，本书将具体考察环境规制如何通过这些机制对经济产生作用。

2.2.2　环境规制的传导机制

　　不同的政策工具具有不同的影响，这种影响不仅包含政府期望实现的目标（如更好的环境质量），而且包含对企业在竞争市场中成功努力的影响（Brannlund 等，2008）。环境规制不仅与"成本"有关，而且与"收益"有关。

本书从环境规制的收益与成本效应两个方面来考察环境规制作用机制的具体途径，以全面理解环境对经济的影响。

2.2.2.1 直接传导机制

图 2-1 描述了环境规制使企业所产生的成本与收益的直接联系，此图只反映二者之间的直接作用机制，并不包括因环境效果的变化所引起的间接联系。

环境规制的直接影响至少通过两种途径给企业带来潜在利益。第一个途径是创造新的需求。环境规制使企业产品需求增加，特别是污染监测与控制设备产品的需求。这种情形特别适合于环境产品与服务部门，也适应于生产中间产品或服务的其他企业，这些产品或服务是其他企业因遵从规制所需要的投入。Sengupta（2008）在一个两期模型中证明，在一个竞争性部门中，如果环境规制引起了原先相同的企业进行未来遵规的投资，那么企业为了生存将选择更清洁的技术、更大规模的投资，从而增加"先行企业"的产品或服务的需求。第二个途径是引起竞争对手的成本上升。环境规制有可能抬高竞争对手的成本，从而降低该企业的相对成本。特别在那些受限制的高污染行业中，环境规制提高了市场准入"门槛"，使那些想要进入该行业的企业造成额外成本。然而，环境规制并没有给那些非污染生产企业（如服务性企业、科技型企业）造成任何成本。此外，在某些情形中，企业及其竞争对手因遵从环境规制需要付出成本，但由于成本的非对称性（如规模经济或投入资金取得），特别当减污成本有很大差异时，减污成本低的企业将比减污成本高的竞争对手付出的代价要小。

环境规制在给企业带来直接利益的同时，也可能造成直接成本。它可能通过四种方式对企业造成不利影响。第一，需求减少。环境规制使企业的产品需求下降。一种情形是直接禁止销售污染型产品，但即使对下游实施规制也会影响到产品需求。例如，挪威自 2000 年对三氯乙稀和全氯乙稀征收高额税收，当年三氯乙稀的使用迅速下降了 80% 以上。第二，投入品价格的上升。环境规制提高了要素投入品的价格（如燃油税）。例如，在拉丁美洲，墨西哥等国为了解决城市污染问题，运用更新发动机、检测、保养和报废，以及在特定地区使用清洁、改良或替代燃油等策略来增加污染者的车辆使用费，导致投入品价格的上涨。与没有环境规制相比，环境规制的确会给企业带来"额外"负担。第三，交易和决策成本的增加。环境规制可能使企业的交易成本和决策成本上升。交易成本的产生一般与污染监控、污染测量与污染报告等活动有关。监控排污是相当昂贵的。在可交易排污许可证制度下，企业的交易成本将会增加。环境规制也可能成为一种市场进入壁垒，导致资本的"锁定"效应。因为当企业面临未来环境规制不确定时，它们可能延迟投资或推迟新产品和新技术的研发，从而影响到企业的生产率。第四，遵规成本。环境规制直接给企业造成新的成本因素，这种成本直接表现为排污税/费、支付排污许可证等形式。企业的减污支出受多种因素影响，如某个行业处于不同成长阶段的企业或几个部门排放相同的污染物，都会引起减污成本的异质性；企业规模、技术类型及其在不同领域中的成本章约程度，也受政策工具选择的影响。此外，企业的减污成本也取决于减污设备的使用能力。如果很多企业进行类似投资，那么减污成本会被暂时抬高；如果减污投资与其他投资是互补的，或将减污投资融入其他投资之中，那么减污投资就可以在时间上与其他投资相协调，从而降低减污费用。

上述四种途径都可能对企业造成不利影响。从环境规制的直接作用机制来看，环境规制的潜在收益将会增加企业的产出和利润水平，可能促进企业的新设备和研发投资，从而提高企业的生产效率和技术创新能力，进而增强企业竞争力。至少在短期内，环境规制的成本效应会直接影响企业的产出和利润水平，使企业在市场竞争中处于不利地位。

2.2.2.2 环境规制到环境效果的联系机制

在说明环境规制的间接传导机制之前，有必要了解环境规制如何影响环境效果（见图2-1），因为它是间接传导机制发生作用的前提。企业改善环境质量的动机，或者说环境规制所引起的环境效果，可从不同角度来认识（Hilliard，2004）。对此，文献中有两个主要观点：

一种是"动机说"，它认为企业改善环境质量的市场动机比环境规制本身更重要。持有"资源观点"的学者认为，企业的经济绩效取决于企业可得资源的数量和质量，以及充分使用这些资源的能力。根据这类研究，人们清楚地意识到诸如技术诀窍、企业文化、声誉之类无形资源的重要性。Fouts等（1997）发现，环境绩效与经济绩效之间存在正向关系，尤其产业增长更有助于稳定这种联系，因为高增长产业中有较高的环境水平。他们的结论表明，企业值得为"绿色"付费，进而推动产出的增长。Johnstone（2007）的一项研究发现，减少环境影响的公司将寻求提高内部效率，可感受到的环境规制强度是公司技术创新和环境质量改善的主要驱动因素。在类似研究中，Arimura等（2008）和Annandale等（2004）也发现，发布环境报告对公司的经济绩效产生正影响，因为公司环境报告有利于增进公司与利益相关者（如股东、金融机构、政府和当地居民等）之间交易，提升公司的社会形象。

另一种是"系统性忽视说"。与"动机说"不同，该观点则认为，如果没有环境规制的外部压力，甚至改善环境质量和经济绩效的有利机会都有可能被企业所忽视，即所谓的"系统性忽视"。这种论点有各种理由，如信息不足、有限理性与经验、有限的创新能力、组织结构僵化、激励体系与惯性。当然，不是所有的环境质量改善在经济上都有利可图，至少在多数企业决策时间内。在这种观点看来，正是这些原因，需要环境规制来推动企业改善环境质量。例如，江苏省江阴市运用"绿色金融"手段促使企业不断改善环境质量。江阴市根据信贷和企业的环境行为，实施"绿、蓝、黄、红、黑"五种颜色企业信贷政策，将"红色"和"蓝色"企业列为紧缩信贷的重点。对"绿色"等级企业加大信贷支持力度，优先安排信贷资金；对"蓝色"等级企业继续安排信贷支持；对"黄色"等级企业保持现有信贷规模不变，视企业的生产经营状况适度安排新增信贷资金；对"红色"等级企业除环保设备改造和技术更新安排信贷外，不再安排新增信贷资金；对"黑色"等级企业禁止发放新增贷款，如果企业在规定期限内未达到环保要求，银行将压缩甚至收回原有贷款。

环境规制能在多大程度上使企业改善环境绩效，取决于两个主要因素：一个是环境规制的特征。环境规制的特征至少包括严厉性、灵活性和稳定性。环境规制越严厉，环境质量改善的可能性就越大。因为严厉的环境规制为污染者提供更大的激励以寻求避免环境规制造成的"额外"成本（OECD，2009），从而对创新有很强的促进作用。大量证据表明，规制严厉性在推动创新中发挥着显著作用。Johnstone 等（2010）通过 77 个国家面板数据研究发现，规制严厉性对减污技术创新有显著的正影响。然而，严厉性只是环境政策的一个方面。灵活的环境规制也能激励污染者在更大的空间寻求并识别遵从规制的新方法（Hascic 等，2009），进而产生更大的环境效果。规制的灵活性解除了企业追求新的创新活动的束缚，它通过激励潜在创新将资源用于识别并实现既定环境目标的最佳方式。Hascic 等（2009）分析了 73 个国家的环境专利申请数据，发现环境规制灵活性对环境技术创新也有显著的正影响，而且这种效应不同于严厉性，是附加于严厉性作用之外的。另一个因素是所使用的环境规制工具类型。一些规制工具，如执行标准，对环境绩效的改善程度是由规制工具本身决定的。而其他一些政策工具，如排污税，企业可以在期望的环境效果改进和愿意支付多少环境税之间选择。经验证据表明，经济工具能激励污染者主动减排，寻求更清洁的替代技术。因为环境规制给环境污染直接标明"价格"，追求利润最大化的企业就有动力去珍惜环境，就像珍惜其他生产投入物一样。与限定排放量或设定技术规定等直接规制相比，经济工具既能鼓励所有企业以最低成本去减少污染排放，又将激励污染企业内的各部门降低污染排放。此外，经济工具也是高度透明的政策措施，能使公众清楚地看出是否对部门或各污染源有厚此薄彼的做法（OECD，2009）。

2.2.2.3　间接传导机制

图 2-1 表征了环境规制的间接联系机制。从收益效应来看，环境效果对经济效果的正向影响可能有四种途径。

第一，提高资源的使用效率。改善环境质量可能引起企业资源利用效率的提高。Porter 等（1991，1995）指出，污染物是资源使用无效率的一种表现形式，它涉及资源不必要的或不完全的利用。减少污染物排放常常是与改善所使用资源的生产率相一致的，因而，不断削减污染物排放量可能引起直接成本的节约和减少资源消耗。例如，杜邦化学公司通过"减量化、再使用、再循环"的 3R 制造法，使 1994 年公司生产所产生的塑料废弃物和大气污染物比 20 世纪 80 年代末分别减少了 25% 和 70%，进而直接减少了公司的遵规支出，也降低了原料和能源消耗。卡特彼勒公司在 2006 年可持续报告中指出，再利用工业设备不仅节约了原材料和能源的消费，而且减少了生产废弃物。这对企业而言，不仅减少资源消耗，也达到了追求利润最大化的目标；对社会而言，降了污染物排放量，促进了环保目标的实现。

第二，产品差异化。差异化是企业的一个重要经营策略。提高环境绩效能极大地推动企业实行产品差异化策略。高的环境绩效能使产品在市场上更受欢迎、向消费者提供更高的价值、索取更高的价格或增加销售量，进而增加企业收入。一个典型事例是绿色食品产业，这种产业的发展潜力非常巨大。据有关估计，2004 年，绿色食品的国际市场达 231 亿欧元，比 2003 年增加 9%，这仅占国际食品市场的 4%，约占欧洲绿色食品市场份额的 7%（Ambec 等，2008）。已有的经验证据表明，如果首先产品的环境特征信息是可信的（如绿色标签），其次存在消费者支付意愿，最后存在竞争者模仿的障碍，那么这种差异化策略很可能有效。大量事例显示，很多企业因实施这种差异化战略不仅实现了更好的环境效果，还取得了更高的经济收益。

第三，新的商业机会。提高环境质量水平将给企业带来新的商机。良好的环境效果可能增强企业进入市场的能力，进而提高企业收入。首先，减少环境污染影响可能提高企业的品牌和声誉，从而提高消费者的忠诚度或支持公司产品的消费。其次，企业除了向实行严格环境标准的国家或地区提供其产品与服务，还可以向那些购买决策中考虑环境标准的购买者提供其产品或服务。例如，对7个OECD国家的4000项设施调查发现，43%的设施采购中需要评估供应商的环境绩效（Ambec 等，2007）。根据2005年加拿大旅馆协会对加拿大旅游民意的调查，60%以上的响应者认为，旅馆的环境与生态措施是其投宿决策中的一个非常重要的因素（Ambec 等，2007）。最后，改善环境质量促进新产业的产生。对于那些从事环境领域的企业来说，解决环境问题已成为一个重要的商业机会。企业在追求更好的环境效果的过程中，通过开发污染控制技术以最优化其生产过程或废物管理，这有可能使企业取得重大技术突破，最终向其他企业出售其技术产品与服务。采取这种策略的企业可能因出售排污权利而取得额外收入，从"先行优势"中获益。

第四，降低企业的风险成本。提高环境质量能降低企业的事故风险和法律制裁风险，也有助于改善与利益相关者的关系，进而节约了与各种利益相关者的交易成本。高的环境效果可能转化为争夺高素质员工的能力，以及产生较低的员工流动。高的环境质量水平所带来的较低风险也将反映在较低的资本价格与保险费之中。与当地居民和公众的良好关系能够促进企业经营的延续与扩张。与政府当局的良好关系和遵守环保法规可以减少生产延误，导致规制成本的节约，如税收、收费、许可证成本、罚金、责任成本和诉讼成本。

从成本效应来看，环境质量改善至少以两种方式对企业造成负面影响。一是对生产成本产生不利影响。提高环境质量水平导致直接生产成本上升。为了实现较高的环境质量水平，需要机器、设备和建筑物等资本投入。此外，如果新投入更昂贵或需要量巨大，那么将增加原料、能源和劳动力（包括管理时间）等营运成本，从而影响到企业的经济绩效。二是除了这些直接成本增加，提高环境质量水平能以更微妙的方式影响产品产出。例如，新的减污设备和生产工艺可能缺乏效率，在过渡期内可能涉及转换成本、报废资本和生产中断，因此，稀缺资源（如时间、资金、R&D努力）被用于改善环境质量而不是用于生产可销售的产出。与传统观点相一致，即无论是污染末端处理还是污染预防，其结果是企业的污染控制支出可能挤出其他更具生产性的投资，挤占了稀缺性资源，即产生所谓的"挤出效应"。

由上述可知，环境规制的间接传导机制中有四种途径给企业带来经济利益（即收益效应），同时可能以两种方式引起企业的成本上升（即成本效应）。至于哪种效应占主导，将取决于企业的具体特征。它们有可能同时对企业的产出和利润水平产生影响，进而对企业的生产率、技术创新能力，甚至市场竞争力产生影响。

2.2.3　环境规制对经济的净影响

2.2.3.1　对企业的净影响

上文从收益与成本两方面识别环境规制对经济产生影响的各种机制，表明环境规制对企业造成负面影响的同时，也产生了正面影响。这些机制或通过引致环境效果的变化而间接发生作用，或直接对企业的经济绩效造成影响，其中有6种可能方式对企业产生有利影响，同时也有6种途径可能对企业造成不利影响。当然，对于具体企业来说，这些作用机制可能不是同时发生作用，且这些收益和成本之间因相互抵消形成对企业的净影响。因此，所有可能的收入和成本的总和造成了环境规制对企业的净影响。这种净影响结果可能为正，也可能为负，并最终表现为企业的产出和利润变化，甚至生产率、技术创新能力和竞争力的变化。

重要的是，在不同的情形下，环境规制的收益或者成本效应可能呈现不同长度的时间维度，因此，环境规制对企业的短期影响可能不同于长期。此外，环境规制与企业的净影响结果的关系不一定是线性的。一般地，在较高环境质量水平上进一步改善环境质量，其边际成本将是上升的（在极低的环境质量水平上，边际成本甚至可能是负的），而来自消费者的边际收入则是递减的。许多学者认为，环境质量与企业的净结果之间的关系呈倒"U"形。在一定程度上，倒"U"形假设暗含着与环境规制的正的和负的净结果相一致。

需要注意以下几点：一是对每个具体企业来说，环境规制的净影响结果未必是相同的，它与企业特征、环境问题和相关的政策工具等因素密切相关。在具体情形下，不同政策工具产生不同的经济效应。政策工具的选择部分取决于企业产生环境绩效的大小，部分依赖于所引起的经济影响程度。此外，不同政策工具可能对需求影响（创造需求和减少需求）、对企业及其竞争对手的成本影响（交易成本、税收和其他支付的数量、生产与投入价格的变化、增加竞争对手成本）、对环境质量的影响等均有所不同。二是从受规制企业来看，环境规制的净结果大小也依赖于企业所处产业的产业结构，因为产业结构直接影响到企业转移成本的能力。三是环境规制与经济之间的关系也是一种动态关系。这种动态效应取决于技术发展和市场需求的变化。从规制政策方面来看，动态效应意味着政策制定者需要关注这种关系的不断变化。由于这种关系并非固定不变，因此，环境规制政策的制定者在影响这种关系的发展上能够发挥一定的积极作用。

2.2.3.2 对部门和地区/国家的净影响

环境规制对经济影响的基础是企业。将环境规制对企业经济的影响分析扩展至部门、地区或国家水平，能够获得环境规制对经济影响的全景。换言之，从部门、地区或国家水平上看，环境规制对整体经济的净影响，也是环境规制对所有企业的综合影响结果的最终体现。

从部门来看，环境规制对所有企业的净影响总和构成了部门的净影响。在同一产业中，企业在其投入、经营策略、技术和资源等方面所有差别。如果企业间差异是显著的，上述所描述的各种机制对某些企业的净结果可能是正的，而对另一些企业的净影响结果可能为负。因此，在一个部门中将会出现环境规制的受益者和受损者。除非受益者和受害者相互抵消，否则将导致该部门的经济效果变化，进而影响到该部门的规模水平，最终影响到整个经济。

从地区或国家来看，由部门的净影响到地区或国家的净影响表明，一个地区或国家经济实力的形成是极为复杂的。为了提高一个地区或国家的经济实力，的确需要经济上成功的企业。一个必要但非充分条件是适当的宏观经济条件和微观经济条件，它们为经济成功创造了机会。这个机会如何转换为地区或国家的经济实力，取决于企业的复杂性和能力（见图2-2）（Lankoski，2007）。

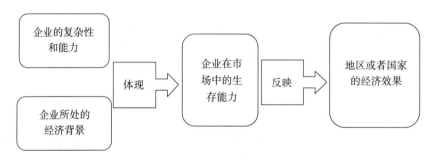

图2-2 地区或国家经济效果的形成

地区或国家的经济成功受诸多因素影响，环境规制不过是其中一种影响因素。例如，区位特征和企业行为共同决定了企业和部门的经济效果，也影响一个地区或国家的整体经济实力。也就是说，一个地区或国家的经济实力是所有部门的总和。正如环境规制的经济影响在一个部门内部存在受益企业和受损企业一样，在地区或国家中，也存在受益部门和受损部门。然而，每个部门的扩张与缩小不能简单地视为彼此相互抵消关系。由于部门间的相互作用（替代和互补）所产生的一般均衡效应是极其复杂的，需要仔细考察。可见，在地区或国家水平上，环境规制对经济的净效果并非简单的加总关系。

综上分析表明，环境规制可通过直接和间接传导机制对经济发生作用，并且在产生不利影响的同时，也可能产生积极影响。这些影响综合作用的结果构成了对地区或国家的最终影响。在一个地区或国家中，环境规制对各部门的正影响或负影响不是机械加总关系，由于部门间存在极为复杂的一般均衡效应，因此只有综合考察环境规制的各种影响因素，才有可能对地区或国家的最终影响结果做出正确推断和评判。这种净影响结果如何来评估？鉴于单一指标的缺陷，将使用不同方法，从不同角度来测度这种净影响结果。

上述从理论层面探讨了环境规制对经济的作用机制。无论是直接传导机制还是间接传导机制，其在对经济带来成本的同时，也产生了潜在的经济利益，至于对地区或国家的净影响结果究竟是正的还是负的，也就是说，环境规制究竟是产生积极影响还是消极影响，需要通过实证来检验。

2.3　环境规制的实现工具

环境规制要达到预期目标，还取决于使用何种类型的环境规制工具。环境规制是因环境问题而制定的，不是基于"双赢"（正的环境效果和正的经济效果）情形。然而，环境规制政策工具的运用不能忽视对经济造成的潜在不利影响，应尽可能地致力于"双赢"兼容（Lankoski，2010）。合理设定并使用环境规制工具以实现"双赢"兼容，尤其是对发展中国家和地区来说，意义尤为重要。

由于环境问题的复杂性，实际上存在多种类型政策工具，它们有各自的特征。根据分析问题需要，研究者可从不同角度对其进行分类。例如，有的学者将规制工具分为数量型（如排放限额和排污许可证）和价格型（如排污税）。Stemer（2005）将政策工具分为直接规制（也称命令—控制）、利用市场、市场创建和公众参与四类。金培（2009）将政策工具分为命令—控制式、经济方式（如污染税）和产权方式（如排污权交易）三类。Testa（2010）根据政策工具对经济的潜在影响，也将政策工具分为三种类型：直接规制、激励工具（或称市场化工具）和柔性工具（soft instruments）。这些工具又可进一步细分。任何单一分类法都是不完美的，然而在不同条件下都是有用的。这里根据 Testa（2010）的分类，审视这些政策工具的主要特征及其所产生的可能影响，如表 2-1 所示。

表 2-1　环境规制政策工具分类

环境规制工具类型	详细描述	特点
直接规制	政策、法规和法律等强制措施	优点：易于操作 缺点：缺乏灵活性
激励工具	环境税、排污规制、减污补贴、可交易许可证、税费减免等措施	优点：灵活性强 缺点：工具适用范围有可能较小
柔性工具	市场创建、环境标签、环境认证、自愿协议、环境信息披露等	优点：环境行为由被动变为主动 缺点：不具有法律约束力

资料来源：根据 Sterner（2005）、Sibert（2002）等整理而得。

2.3.1　直接规制

直接规制的一个明显特点是环保当局对污染行为进行某种直接控制，包括标准、命令和禁令。有时也将直接规制划分为技术规制和执行规制等。

在强制性技术标准下，污染者几乎没有选择余地，也不激励污染者去开发能够达到污染控制目标成本的有效方法。由于污染者之间不能交易污染削减量，从而得不到任何激励去开发更清洁的技术。"最可行技术"倾向于鼓励寻求末端解决方案。基于技术的途径缺乏动态灵活性，因为它将污染者锁定在特定的污染控制方法之中，剥夺了污染者随时间降低成本和提高污染控制效率的机会。然而，强制性规制或标准也并非总是不合适宜。与规定一种特殊的技术不同，执行标准是对产量或排污强制实行某种限制的一种规制。基于标准的途经强调竞争效果，并将其纳入环境法规之中。环保当局在有关法律的指导下，建立起保护健康和其他价值的标准，同时考虑成本开支和规制的不利后果（Portney & Stavins，2004）。可见，执行标准与强制性技术标准大相径庭，因为在执行标准下，企业有很大灵活性，可以自己选择达到强制目标的减污方法，也可以在减少产量与削减污染之间做出选择，这样会使企业有可能在污染和产出之间做出权衡。

直接规制所产生的成本或许是最大的，这类工具没有区分不同的污染者。尽管污染者存在不同的减污成本，但所有受规制对象被视为相同的。由于直接规制具有支持末端解决方案等缺陷，这也为激励工具的引入提供了极大的空间。

2.3.2　激励工具

除直接规制外，近来，激励工具逐渐受到人们的青睐。在激励工具的背景下，污染者拥有更多的行动选择空间。激励性工具（也称市场化工具）包括环境收费、交易许可证和环境责任（如押金返还）三种基本形式（Kuik & Osterhuis，2008）这些激励工具或为政府带来收入，如环境税/费、拍卖许可证等；或为生产者和服务提供者带来收入，如补贴、资源发权、税/费减免等；或收入中性的，如押金返还制度、追溯许可证等（Corintreau & Hornig，2003）。

排污收费或污染税是一种人们熟知的手段。其有几个明显的特征：首先，它确保选择对污染进行控制的企业能以较低成本来完成环境目标。其次，也许更重要的是，它能为企业提供降低污染控制成本的持续动力。企业需要不断支付其污染排放费用，如果企业能找到更好的办法使污染削减成本低于排污费，企业将会持续获得经济利益。最后，排污收费制度要求所有污染者采取某种行动，它们要么削减污染以避免支付排污费，要么继续为污染付费。然而，排污收费也有缺点。如何衡量每一单位污染物所造成的损害？在实践中，收多少费是通过反复试验进行调整的，而这产生的不确定性会使污染者不愿去实现其最初确定的减污目标。这一方法可能并不令人十分满意，特别是在减污投资非常昂贵的情形下，长期均衡对任何旨在影响投资而又有适当的收费措施来讲都是非常重要的（Sterner，2005）。当损失难以估计时，削减污染的成本有时仅作为一种替代方案。

与排污收费相反，补贴作为规制工具，对某些"活动"存在正向激励，这在文献中也得到一定的支持。理论上，补贴能为解决环境问题提供激励；但在实践中，补贴造成经济上的低效率和环境损害。原因在于补贴倾向于鼓励污染企业的进入或推迟其退出，从而导致企业过多和较高的生产和污染（Sterner，2005）。

可交易许可证工具的创立有助于消除隐含在财产权缺失中的外部性，或环境公共产品属性的外部性（Sterner，2005）。这种机制创立了环境资源的财产权、生态系统同化能力的份额或生态系统可持续租金产品的份额。这些将内部化外部不经济性，并创建产权保护的动力机制。在激励效应上，可交易许可证工具不同于排污收费。那些制造污染并能以低于许可证价格的成本削减污染的企业将会采取有效的污染控制措施，而另一些污染企业如果发现削减污染的费用开支太大则将购买排污许可证。因此，在市场机制的引导下，污染削减将能在以最低成本完成的企业中进行。如果在既定的污染削减水平下，就能使总成本最小。同样，那些购买排污许可证的企业也存在持续的激励来减少污染控制成本，只要它们能做到这一点（Portney & Stavins，2004）。

押金—退款工具是排污收费的一个特例，其突出的特点是有一个灵敏的显示机制。押金—返还工具一直被主要用于废弃物管理和再利用，消除环境污染已远非唯一的动机。其局限性是通常被用于某些最终产品，如饮料瓶、废旧汽车、冰箱、电池等。

总体上看，激励工具通常被视为优于直接规制，因为如果激励工具被合理设计，它们就对寻求更清洁的解决方案提供了额外的、持久的经济激励。现有文献对此提供了某些经验证据。Jaffe 等（2002）分析的结论是，经验证据通常是与理论结论一致的，即环境保护的激励工具很可能比命令—控制方法对环境友好型技术的发明、创新与扩散有更大的正向激励。

2.3.3　柔性工具

除上述两类政策工具之外，在一些情形下，环境保护可以通过非强制的或自愿途径来实现，这类政策工具将环境规制的外部压力转化为污染者的内在动力。这类工具包括环境协议或自愿协议、信息披露等，有时也被称为柔性工具（soft instruments）。它们的一个共同特点是不具有法律约束力。

环境协议是主要被用于环境当局与污染企业间谈判合同的一种形式（Sterner，2005）。企业愿意投资、清理污染或进行变革以减少环境的负效应。作为交换，企业可能会得到一些补贴或者其他好处，如积极的宣传效果和与环保部门良好的关系，还可能受到环境管理部门更少的纠缠。企业采取环保行动的一个主要动因是改善企业的公众形象。

信息披露是向公众提供环境信息，这本身已被视作一种工具。理论上讲，信息披露能够促进市场导向型规制工具的形成。信息披露有若干形式。政府向消费者提高信息的一个方法是要求产品加贴标签，或环境标志（或生态标签）。例如，德国的蓝色天使始于 1978 年，是第一个国家性的环境标签计划。加拿大、日本和美国于 1988 年开始实行产品标签。中国于 1993 年开展实施环境标签；到

2009 年底，中国的环境标签产品种类达 7 个大类，通过环境标签产品认证的企业累计约 1600 多家，产品规格型号约有 1 万个，年产值超过 1000 亿元。

信息披露的另一种形式是通过 ISO14001 或环境管理体系（EMS）标准对企业进行环境认证。作为回报，获得认证的企业通过提高企业的声誉来增加企业的价值。认证不仅是一种标签计划，还是企业内部管理的一种工具。根据新制度组织理论的解释，认证是一种象征性姿态，对环境创新没有太大影响；认证是出于制度同构和模仿行为的动机。然而，资源观点则认为，环境管理体系的实施使得企业开发战略资源从而形成竞争优势成为可能，它对企业创新能力和创新程度有正作用（Wagner，2007）。在资源观点看来，环境管理体系认证可解释为企业竞争能力的一种信息。

上述各种规制工具都有其优点与不足，但是它们在不同阶段解决环境问题都发挥了一定的功效。若从演变趋势来看，政策工具表现出从强制性向市场化再向"自愿性"转变的趋势，表明环境保护行为由外部推动的被动式逐渐转向主动式和自觉行动，以求更好地解决环境与经济间的冲突。

2.4 环境规制对全要素生产率的作用机制

2.4.1 相关学者观点总结

目前，关于环境规制对全要素生产率的作用主要持有两种主要的观点：新古典经济学观点和"波特假说"观点。新古典经济学观点认为，环境规制会通过影响企业的生产成本，从而阻碍企业的全要素生产率的提高。新古典经济学假定企业完全理性，当企业在面对环境规制时，不得不投入有限的资源用于治理环境污染，使外部成本变成了内部成本，导致企业生产成本的增加，加重企业的经济负担，降低企业的全要素生产率，阻碍企业的技术创新。环境规制对企业 TFP 的影响主要有以下几个方面：环境规制导致企业将资源转移到环境治理领域，增加了企业的生产成本，从而降低了企业的生产效率和竞争力；环境规制加重了企业的管理费用，企业的高管将会投入更多精力来应对环境规制，从而忽略了企业其他方面的管理，导致企业生产效率的降低。而"波特假说"观点刚好与前者相反，认为环境规制会激励企业进行技术创新来提高企业的全要素生产率。波特理论认为，适度的环境规制会激发企业投入更多的费用用于清洁产品的研发支出，企业从而拥有环保的生产技术和生产更加清洁的产品，提高企业的收益，来弥补环境规制对企业生产成本的影响。主要通过以下几方面来促进企业全要素生产率的提高：环境规制可以促使企业节约使用资源、合理配置资源，促进企业提高资源的利用效率；环保政策的实施，会提高社会的环保意识，使人们偏好使用清洁产品；环境规制政策可以激发企业研发生产清洁的产品，减少污染物的排放，从而树立企业良好的企业形象，提高企业的声誉和展示企业社会责任感，对企业的全要素生产率和企业竞争力均具有积极的影响。

1991 年 Porter 的研究，使环境规制对经济增长的影响理论与应用研究有了新的认识。Porter 从美国环境规制最为严格的几个行业如化工和塑料等行业的高国际竞争力的特点出发，提出著名的"波特假说"。以 Porter 为代表的学者认为，严格的环境规制可以刺激国内创新，充分发挥国内比较优势，使一国的企业相对于国外竞争者更具有竞争优势。Porter 认为，环境规制在增加企业成本的同时，也能促进企业创新，从而提高企业的竞争力。随后，很多专家学者对"波特假说"进行了广泛的研究。1996 年，Lanjouw 和 Mody 研究了美、日、德三国的经济数据，对环境规制与技术创新之间的关系进行分析，他们认为，环境规制对技术创新具有正相关性，同时环境规制对技术创新的影响具有 1~2 年的滞后效应。1997 年，Jaffe 和 Palmer 分析了美国制造业 1975~1991 年的数据，发现滞后的环境规制支出与研发支出之间呈正相关性。同年，Chung 等采用方向性距离函数，提出 Malmquist-Luenberger 生产率指数，重新测算经济增长率。他们提出包含环境污染这个有害产出时的全要素生产率比实际全要素生产率低。1999 年，Xepadeas 和 De Zeeuw 基于他们的研究，提出了实施环境规制并非单一效应，而是存在双重效应，即生产率效应和利润（排污）效应，环境规制强度的提高有利于技术创新与进步。1996 年，Lanjouw 和 Mody 采用污染治理成本和专利数量分别衡量环境规制强度和研发产出，研究结果表明，未得到"污染治理成本对专利数量不具有显著的正向效应"的结论，但污染治理成本及其滞后效应与环境规制强度之间存在显著的正相关性。2003 年，Bmnnermeier 和 Cohen 研究了美国146 个制造业 1983~1992 年的数据，验证了环境规制对产业技术创新的影响，该文选择污染治理成本，还加入政府检查、监督活动等变量来衡量环境规制，并得出污染治理成本对技术创新具有正向影响，但这种影响较小，政府监督、检查活动对技术创新的影响并不显著。2006 年，Hamamoto 分析了日本制造业的相关数据，研究显示，环境规制的压力对全要素生产率的影响为显著正向性。近年来，国内学者也做了很多相关的研究。2007 年，赵红研究了环境规制对技术创新的影响，结果显示，在中长期，环境规制有助于技术创新；适度提高环境规制，能够激励企业进行技术创新。2010 年，黄平研究了环境规制与技术创新之间的关系，这是一个双向问题，他认为两者的相互作用能够促进经济的增长。2007 年，李瑾的研究表明，环境规制政策能够促进产业技术创新，实现产业升级，促进经济增长。2009 年，李强通过研究发现，设置绿色进入壁垒、调整市场主体构成等环境规制工具能够实现产业结构升级，激发企业技术创新，提高企业的生产效率。同年，李泳等分析环境规制对产出和经济增长的影响，得出治理污染投资对国内生产总值的影响是负相关的，机动车尾气排放控制政策对国内生产总值的影响并不显著。此外，还有学者采用不同的方法，通过测算经济增长率，来研究环境规制与经济增长的关系。环境规制对经济增长的影响存在短期与长期差异和地区差异，两者之间的关系存在复杂性。2009 年，解垩等采用 DEA 方法，测算中国工业全要素生产率，分析了环境规制对经济增长的单向影响。2010 年，张成采用协整检验的方法验证环境规制与经济增长之间的相互关系，研究结果显示，环境规制对经济增长的促进作用长期比短期的作用更大。2011 年，孔祥利进行了面板数据单位根检验、协整分析和长期因果检验以及面板数据修正模型与短期因果检验，验证了我国环境规制水平与经济增长的关系呈现出明显的区域差异性。

2.4.2 环境规制对成本的作用机制

环境规制对企业全要素生产率最直接的影响就是对其生产成本的影响。"遵循成本说"的理论认为，环境规制不利于经济增长。提高环境规制强度能够使企业生产成本提高，使企业生产效率降低，从而阻碍经济增长。鉴于环境污染的外部性效应，为了增进社会福利，需要企业加大对环境污染的治理投资，企业的生产成本与治理污染成本呈正相关性。同时，在技术以及需求恒定的条件下，由于治理费用增加，生产率和利润率降低了。企业在生产过程中产生了环境污染，在环境规制管理下，企业要为污染的排放和治理付出成本。此外，为了达到相关的排污治理标准和遵守相关的制度、法律法规，也会产生成本，如引进排污治理机器、缴纳排放污染费、更换清洁生产设备产生的成本、用于研发更加清洁的生产工艺、引进相关治理污染设备，会增加企业生产流程和工艺的难度性和复杂性，招收引进专业的人员去管理和运用这些设备也会间接增加企业的成本。1979 年，Denison 通过考察环境规制对所有制造业全要素生产率的影响，发现环境规制能够使制造业全要素生产率每年降低 0.35%。1990 年，Jorgenson 和 Wilcoxen 提出，环境规制将带来较高的经营成本以及减少排放的投资，从而使 1973 ~ 1985 年美国经济增长率下降了 0.1 个百分点。同年，Barbera 和 McConnell 对美国化工、钢铁等产业经济绩效的影响因素进行了分析，研究发现，污染治理投资能够使产业生产率降低 10% ~ 30%。1995 年，Gray 从健康、安全和环境规制的视角出发，发现制造业中 30% 的全要素生产率下降来自社会性规制。1995 年，Dean 等发现，环境规制需要增加企业设备投资、人力资本投资，因此会增加企业的生产成本，从而降低企业的竞争力。这一年，Oates 等发表文章，指出严格的环境规制会使企业状况变差，随着规制标准的提高，由于环境规制强度提高所产生的技术创新提高的利润不足以弥补企业的成本增加，因此导致生产率的降低。之后，Walley 和 Whitehead 在 1996 年的研究表明，环境规制可能导致企业做出错误的战略调整，将具有发展前景的项目转向降低污染的项目，而降低污染项目可能是没有发展前景的。2008 年，Chintrakam 以地区为研究出发点，利用 1982 ~ 1994 年美国 48 个州的数据，构建 SFA 模型就环境规制对制造业效率的影响问题进行分析，他得出环境规制与美国制造业的技术无效率有显著的正相关性的重要结论。

由此可见，政府主管部门为了提高环境品质、减少环境污染，存在提高环境规制标准的动机与动力，在环境规制强度提高的前提下，企业首先面临的问题是提高环境质量以及增加环境污染治理成本。企业在遵守环境规制政策时，会增加治理污染的投入，相当于增加生产成本，影响企业的利润率。利润率降低，可能会促使企业降低研发投入、员工培训费用以及管理咨询费用等。排污治理成本通常较高，这是因为技术研究或者开发的过程周期长，既有研发过程中存在的不确定性，又有外界环境的不确定性，增加了研发过程的难度和复杂性，以上的种种不确定因素和负面的因素增大了企业面临研发失败的风险，导致企业不愿投入大量的费用用于研发。另外，企业不投入研发成本，就不会开发具有竞争力的产品，也不会有生产技术的改进，而企业生产效率的提高主要依赖于企业的技术改进和创新，低的或者没有研发会导致企业技术停滞不前，阻碍企业的全生产要素的改善和提高。另外，政府实施环境规制，企业执行环境污染整治后，会付出相应的成本，影响企业的用于发展的收益，导致企业降低技术创新和人力资本投入，而技术创新和人力资本是提高全要素生产率的重要手段。所以，从成本观点来看，环境规制会降低企业的全要素生产率。

2.4.3　环境规制对环境成本的作用机制

另一个重要的成本概念为环境成本，学术界对环境成本有两种不同的概念。一种成本概念将环境成本记作环境降级成本，该成本是由于经济活动造成环境污染而使环境服务功能质量下降所付出的代价，具体的又分为环境保护支出和环境退化成本。环境保护支出指为保护环境而实际支付的价值；环境退化成本指环境污染损失的价值和为保护环境应该支付的价值。另一种成本概念是指企业在某一项商品生产活动中，从资源开采、生产、运输、使用、回收到处理过程，为解决环境污染和生态破坏所支付的全部成本。本书中所提到的环境成本主要是指使用自然资源等环境时、对环境进行损害以及治理环境等方面发生的成本，具体又可分为环境使用成本、环境破坏成本和环境治理成本。具体包括：第一，因企业在开采、生产、运输、使用、回收以及处理商品等经济活动中所造成的环境污染和生态破坏，而需要对环境再生产进行补偿的费用；第二，研发替代非可再生资源的准备费用；第三，保护和治理环境污染所发生的费用。

因此，从环境成本的角度来看，环境规制对经济增长的影响主要表现在以下两个方面。一方面，环境规制强度增加企业应对环境的成本，进而降低企业利润，从而不利于再生产与扩大再生产。从增加成本来看，环境规制是不利于经济增长的。例如，在政府执行环境规制的情况下，企业不得不采用环保要求的技术和产品，造成生产成本的提高。在产品价格变化不大的情况下，企业的收益势必减小，企业利润将会大幅降低，这不利于企业的发展，影响了经济持续增长。另一方面，环境规制强度增加企业保护环境和治理环境的投资，从而挤占了企业利润，进而对企业发展造成负面影响，不利于经济的持续增长。为了应对不断增加的环境规制强度，企业需要投入必要的保护环境和治理环境污染的投资，同时对现有资源进行再配置，从而挤占其他生产性投资，降低企业利润，进而对经济增长造成不利影响。综上所述，从环境成本视角来看，在环境规制强度提高的情况下，环境成本增加，进而提高企业应对环境规制的负担，降低企业利润，是不利于经济增长的。

2.4.4　环境规制对成本作用机制汇总

环境规制对环境成本的影响主要通过环境要素成本、环境规制成本、环境治理和创新成本三个方面体现。环境要素成本主要影响环境使用成本；环境规制成本不仅对环境使用成本具有一定的影响，而且对环境破坏成本和环境治理成本产生影响；环境治理和创新成本主要影响环境损害成本和环境治理成本。关于环境规制对环境成本的影响，主要发生在企业生产前、生产中和生产后三个阶段。在企业生产前，环境规制对企业环境成本中的固定成本和变动成本加以影响。对固定成本影响方面，随着政府环境规制强度提高、企业达到政府环境规制约束要求，在购买大型机器设备和企业选址时将会考虑环境规制强度，从而增加企业的固定成本。由于企业为未来环境规制强度增加留有发展空间，在添置机器设备时都会提高机器设备的技术标准，也增加了固定成本投入。对可变成本影响方面，主要集中于原材料的购买上，由于环境规制使生产过程外部性内部化，企业需要选购能够满足环境规制要求的原材料，使环境要素的价格能够更加真实地反映环境要素成本，在原材料成本中得以体现，这对于一些环境密集型产品的生产成本将产生很大的影响。一般而言，在环境规制水平提高、环境要素供给相应减少的条件下，环境要素价格将会升高，这将显著提高环境密集型产品的生产成本，有可能导致产品无收益或亏本。环境规制对企业生产中环境成本的影响主要体现在三个方面：第一，企业消除外部性时所发生的显性成本，主要包括污染排放费、环境税、购买排污许可证的支出以及罚款等。第二，企业生产过程中的环境标准对企业生产成本的影响，许多国家出于保护本国环境，相继制定对应的环境标准。因为从环境保护的角度出发，尽管产品的最终用途和物理特性相同，若采用不同的生产和加工方法，对环境的影响还是存在差异的，因此，这些标准都会在一定程度上限制产品进口，促使企业为遵循该国规定的环境标准，增加企业的生产成本。当企业资源有限时，如果企业环保或者治理污染投资挤占其他生产性和营利性投资，那么环境规制将间接增加企业的机会成本。第三，环境规制对企业生产后生产成本的影响主要表现在废弃物的回收成本和其他环保支出，如企业对周边环境绿化、环境广告支出，以及企业生产活动对环境造成破坏产生的修复成本。

2.4.5　环境规制对绿色全要素生产率的影响机理

《2015年国务院政府工作报告》中，我国首次提出将提高"全要素生产率"作为经济发展的重要目标。提高全要素生产率及其对经济增长的贡献份额，进一步促进中国经济增长。所谓全要素生产率，是指在排除了资本、劳动等生产投入要素以外，其他所有投入要素的贡献总和，是衡量技术效率和技术进步状况的关键指标，能有效评价经济增长的质量问题。传统的全要素生产率未考虑资源和环境因素的影响，测算结果会出现偏差，且不能完美契合以节约资源、环境友好为核心的绿色发展观。因此，将能源消耗和环境污染纳入传统全要素生产率核算框架从而得到的绿色全要素生产率，对评价中国经济"新常态"发展具有更重要的现实意义。然而，在我国经济增长迅速增长的同时，主要依靠投资和要素驱动带来了严重的资源和环境问题，导致绿色全要素生产率较低。全面提高绿色全要素生产率，是实现绿色经济转型和可持续发展的根本路径。设置合理的环境规制以推进绿色全要素生产率，成为当前中国经济亟须解决的问题。

在各行业实施环境规制能够显著提高生态环境质量，但是对绿色全要素生产率的影响至今尚未形成一致观点。Porter 等学者认为，恰当的环境规制促使企业采用先进的技术和管理，提高资源利用率，进而提升了全要素生产率。以 Walley 和 Whitehead 为代表的学者则认为，当政府实施环境规制时，企业环境治理成本上升、利润空间变小，企业生产性投资和技术创新投入下降，从而抑制了全要素生产率的增长。随着研究的不断深入，学者们逐渐发现环境规制对全要素生产率不是简单的促进或削弱作用，二者可能存在更为复杂的关系。有研究表明，环境规制与企业技术创新、技术进步率的关系呈"U"形；但是另一些专家采用 GML 指数测度中国工业全要素生产率发现，环境规制与全要素生产率的关系呈倒"U"形。近年来，一些专家学者将研究注意力转向了环境规制对绿色全要素生产率的影响效应领域，采用 ML 指数来测度绿色全要素生产率时，获得的研究结论也不尽相同。一些研究发现，科学合理的环境规制正向影响工业绿色全要素生产率。有些研究实证表明，环境规制强度与制造业绿色全要素生产率之间呈"U"形关系。另外，也有研究表明二者符合倒"U"形关系。或基于工业行业数据的研究发现，环境规制对绿色全要素生产率的影响存在三种门槛效应。因此，当前研究尚未系统分析环境规制对绿色全要素生产率的直接和间接的作用机理及影响效应，而将环境规制视为单一整体来研究其对绿色全要素生产率的影响，未考虑不同环境规制由于存在差异，对绿色全要素生产率影响也不同的情况。在测算绿色全要素生产率方面，主要采用 CCR 模型和 SBM 模型，模型存在假定条件，偏离了实际情况，或忽略了效率前沿投影值的原始比例信息，降低了解释力，影响了评价效率的准确性。

事实上，环境规制对绿色全要素生产率具有双重影响。环境规制作为外在的潜在约束，直接影响经济主体的生产成本、交易费用、收益及管理效率，多方面地影响绿色全要素生产率的变化。科学合理的环境机制应该既能保证经济主体平等地实现权利和义务，又能有效地激励人们节能减排的环境规制体系，促进经济的增长和社会福利的提高。这对契约密集度较高的国家或者行业而言，具有较强的优势。另外，环境规制通过多渠道地改变微观内部效率和宏观配置效率，间接地影响绿色全要素生产率。首先，环境规制通过技术创新，对绿色全要素生产率产生不确定的间接影响，存在创新补偿正向效应与增加成本负向效应。从成本角度来看，环境规制引致企业污染治理成本和环境服从成本上升，对生产性投资、创新活动和组织管理产生阻碍效应，制约企业技术创新发展，间接地对企业的绿色生产率产生负面影响。但是，动态视角分析显示，科学设计的环境规制能够促使企业主动将环境规制的成本内在化，通过激励企业开展技术创新活动，开发绿色技术、工艺或产品，改善组织管理方式，可以提高投入产出水平，部分或完全抵消环境规制导致的成本上升，甚至可能带来净收益，提高创新技术，企业受益获得补偿，提高绿色生产率。因此，环境规制对绿色全要素生产率的最终影响效果是不确定的，取决于两个效应的总和，有待于进一步验证。其次，环境规制可以推动资源价格市场化，通过资源价格信号反映能源资源的价值、紧缺程度、环境成本以及供求情况，避免因能源资源价格扭曲和使用成本较低而导致能源资源被过度消耗的现象。当价格较高时，也促使经济主体使用其他要素来替代能源，从依靠能源转向依靠人力资本，实现要素结构高级化，提升要素资源配置效率。环境规制通过要素结构升级的方式间接影响绿色全要素生产率。再次，产业结构绿色化成为实现经济绩效和环境绩效协同发展的重要途径。目前，我国产业结构调整主要依赖政府对产业发展的政策性干预，具有较强的计划经济色彩，缺乏企业内在激励，环境规制的引入能很好地提供这种内在激励。环境规制强度增强，会使人们更加关注绿色消费，偏向绿色需求。绿色需求作为一种高层次的、生态化的消费意愿，推动以清洁产业为主的第三产业发展，实现产业结构绿色化，促进了产业结构调整与发展。产业结构调整不仅降低资源和污染密集型产业的占比，增加绿色管理和绿色改造，还能够提高技术和知识密集型产业的占比，高新技术产业得以扩大发展。因此，环境规制通过培育绿色需求促使各种生产要素从生产率较低的非清洁生产型产业转向生产率较高的清洁生产型产业，实现产业技术向高水平、高质量方向转变，优化产业分工带来规模经济利益和比较优势利益，提升绿色全要素生产率。最后，环境规制通过市场准入、技术标准和排放标准、污染税费、绿色产品认证等提高了外商直接投资的环境门槛，对进入我国的外商投资进行筛选，增加了外资企业的环境治理成本和原材料采购的成本，造成因外资企业的研发和管理投入增加使先进技术和管理知识通过企业间互动交流等方式减少；同时，抬高环境门槛降低了东道国资本存量，缩小本土企业生产规模，并阻碍其对先进技术的消化吸收再创新，弱化绿色全要素生产率。

因此，环境规制应从以下四方面对绿色全要素生产率采取措施：首先，命令—控制型环境规制向市场激励型环境规制转变，促进绿色全要素生产率。当前，我国市场激励型环境规制在改善环境的同时激励企业技术创新，提升绿色全要素生产率，政策制定者和执行者应逐步减小命令—控制型环境规制，以市场为基础，实施市场激励型环境规制强度，健全碳交易、绿色金融和生态补偿等政策，持续激励企业生态创新以增强生态技术的供给能力。其次，转变政府在环境规制中的角色，充分考虑环保实践中存在的大量非政府、非市场、企业自主治理的艺术。提高公众的环境权利，政府进一步引导公众从早期的环保宣传逐步发展到参与环境诉讼、监督企业环境行为、披露和抵制非环保行为、施加行业规范约束等，使之成为促进技术创新、要素结构升级的重要规范性力量。再次，政府主要针对绿色全要素生产率增长瓶颈问题。以劳动力及土地等传统经济增长要素的优势逐渐消失，传统产业正不断向周边国家转移容易导致产业空心化。我国东部沿海地区工业化虽然促进了消费的增长，但生产要素有限性与产业结构不匹配问题缩小了经济发展空间。采取环境规制措施，进一步激励产业结构调整，大力推进产业结构转型优化，引导企业从依靠资源和成本优势转向依靠技术和品牌优势转化。最后，政府制定科学的环境规制措施，实现外商直接投资与绿色全要素生产率的良性互动。政府应自觉适度缩小在执行环境规制时的自由裁量空间，引导环境规制有序竞争，避免政府过度干扰，降低企业生产积极性。同时，注意消化吸收外资企业的先进绿色技术，鼓励外资企业加大绿色设计和绿色制造，带动国内相关清洁生产型产业的孵化和发展，提高外商引资与我国产业结构绿色化转型紧密结合。

2.5 环境规制对技术创新的作用机制

技术创新是指把一种从来没有过的关于生产要素的"新组合"引入生产体系。这些新组合包括：引进新产品、引用新技术，采用一种新的生产方法；开辟新的市场，控制原材料新的来源，不管这种来源是否已经存在，还是第一次创造出来；实现任何一种工业新的组织。技术创新也可以指改进现有或创造新的产品、生产过程或服务方式的技术活动。为了控制企业生产过程中产生的污染，政府必定会制定相关的环境规制政策来规制企业的生产。政府的环保政策力度如果合适，在大多数企业能够忍受的范围内，就不会阻碍企业生产率的提高，反而会刺激企业进行技术创新来提高企业的全要素生产率，但是环境规制不适当或强度超过了一个度后，就会阻碍企业生产效率的提高。选择适度的环境规制强度能够激发企业创新，进而降低企业成本，并能够进一步带来技术扩散效应，同时实现企业自身结构和产业结构的优化升级。适度的环境规制不仅能够提升企业的生产率和市场竞争力，而且能够降低环境污染。

2.5.1　环境规制通过改变企业目标约束促进企业技术创新

政府出台各项规章制度和手段，调节厂商及其他造成环境污染的经济活动，实现环境和经济的可持续发展。早期的环境规制，政府为了保护环境颁布了各种法律法规；经过一段时间的发展，税收、补贴等经济性手段也可以达到保护环境的目的，具有强制性的规章制度不可替代的作用。因此，环境规制包含了为保护环境和合理利用环境资源而实施的干预。目前，环境规制又进一步得到了发展，包括生态标签、环境认证、自愿协议，即有强制性规制，又有自愿性规制。同时，环境规制的主体也扩展到政府、企业和行业协会。环境规制覆盖了更为广阔的范畴，包括环境保护国际公约、国际环保标准、区域性或多边协定、各国保护环境的法律、规则、标准制度、管理措施等。从企业的角度来说，环境规制的实施使企业在追求利益最大化的同时不得不考虑环境因素，在原有的经济约束条件之上增加了环境约束。这些环境约束主要是企业执行环境规制时需要支付的成本，包括生产经营过程中消耗环境资源要素所支付的成本，减少或消除生产带来的环境负影响所付出的成本，显著改变了企业传统经营模式下的目标约束。如果企业自身技术条件好，不但可以减少因执行环境规制而带来的成本，而且可以进行全局的战略调整，即开展绿色技术创新，进一步提高本企业自身优势。所谓绿色技术创新战略，是以环境和经济的可持续发展为目标，在传统的生产模式中重视生态环境保护、减少环境污染，从环境污染的源头着手，研究找到企业生产过程中影响环境的各种因素，在原材料、生产工艺、管理流程等方面控制并减小各个生产环节对环境的影响。由此，企业在产品设计、原料挑选、生产工艺改革、管理技术革新、生产过程内部资源循环使用等各个环节，进行绿化、合理化、科学化的设计与建造，使生产的污染物和排放量符合环境规制要求，同时实现企业利益最大化。另外，在通过生产资源重构、生产技术创新和管理技术创新来达到环境规制的标准过程中，企业技术创新的速度、方向和规模都会受到影响。对于在早期会因为未能及时进行自主创新完成整体重构生产成本的企业来说，环境规制会增加其成本支出，但从长期动态角度分析，由于行业间或机构间知识的流动，企业也可以从外部引进创新技术，来实现生产要素的重新组合，既能实施环境规制又能实现利润最大化。因此，在新的目标约束下，企业必然会选择技术创新。

2.5.2 环境规制通过改变产业组织结构促进企业技术创新

企业执行环境规制的过程中，产业组织结构也将受到影响，间接影响到企业技术创新。环境规制在执行各种政策规定的过程中，市场结构也将发生改变，而市场结构的变化将会影响企业技术创新的绩效。

我国的环境规制政策一方面是提高环境标准，另一方面是强令重污染企业退出市场。环境规制政策提高了环境标准，就是增加了新进入企业的进入成本，从而提高了新企业的进入门槛。通过强令重污染企业退出市场，减少了在位企业的退出成本，从而降低或取消了退出壁垒。设定进入壁垒标准和降低或取消退出壁垒，使市场维持了数量适中、经营良好的企业群体，使市场中企业具有良好的市场集中度。这里市场集中度是指某一特定行业或产品市场中少数几个最大厂商所占有的市场份额，反映了市场的寡占程度。较高的市场集中度有助于技术创新。因此，从长期来看，环境规制使满足不了环境保护标准的重污染企业被迫退出市场，或使因达不到环境保护标准而无法生存下去的企业被淘汰出市场，又使基础较低的新企业无法通过较高的壁垒进入，在市场中形成了较高的市场集中度。通过提高市场集中度推进了产业内的企业技术创新的方式，环境规制改变了产业组织结构。在这种作用下，行业内一部分资本有限的中小企业由于达不到法定的污染排放标准而被迫关停，依然在市场上保持地位的是自主创新能力较强的企业，市场份额的分配格局大有改变。新企业要想进入市场则需要花费巨额的环境设备投资，从而限制了许多潜在进入者的市场行为，特别是一些重要的基础工业部门，如基本金属、建筑材料等行业，是需要用于环境保护的资本支出比重较高的行业。

2.5.3　环境规制通过采用不同政策工具影响企业技术创新

通常情况下，政府通过制定各种政策工具，对企业经营实施环境规制，一般可分为命令—控制型环境规制、经济激励型环境规制和自愿型环境规制三类。这三种不同类型的政策工具对企业技术创新的影响是不同的。

首先，命令—控制型环境规制主要是通过制定实施法律、规章和行政命令方式强制规定了企业必须遵守的排污目标、标准或技术。命令—控制型环境规制政策以末端治理技术为基础，通过对企业实行经济处罚或其他惩罚的手段来保证规制目标的实现。对于规模较大、资本雄厚、创新能力较强的大企业来说，较容易消化这种规制政策所带来的成本，并能主动通过更换清洁生产原材料、革新生产工艺、回收利用"三废"等一系列技术创新手段来满足规制排污要求，并能削弱竞争对手特别是中小企业的竞争力而赢得更大的市场价值；而对于自身财力不足、贷款授信程度较低、筹集建设污染治理设施资金困难的大中小企业来说，进行技术创新活动和采用治污新技术的风险很高。因此，相对于其他两类的环境规制，命令—控制型的环境规制对于企业技术创新的激励程度较低。但是，命令—控制型环境规制具有路径依赖性，这种传统的规制政策工具仍然是各国环境规制主要的手段。

其次，经济激励型环境规制不是通过制定明确的污染控制水平或标准来强制企业遵守，而是引导企业基于市场信号来作出生产决策。可以通过向可能产生污染的投入品征税的方式，一方面鼓励生产企业使用清洁的原材料，另一方面促使原材料供应商只供给清洁的原材料。政府对生产企业征收生产税，促进企业创新生产工艺，选择清洁生产工艺，减少税收成本；政府通过对不达标的企业排放物征税，激励企业积极引进治污技术，减少排放物的污染；同时，政府对减少污染的企业给予补贴，鼓励企业注重整个生产过程的环保，从而引导企业从各个方面进行技术创新，以满足环保要求。另外，在政府推行"可交易的排放许可证"的制度下，企业更加注重生产过程的环保而加大生产新工艺技术的研发，采取清洁生产技术，控制排放物在标准之内，甚至可以将剩余的排放量在市场上交易来换取相应的补偿。因此，经济激励型环境规制能较好地调动企业进行技术创新的积极性，越来越受到各国环境规制制定者的重视。

最后，自愿型环境规制是建立在政府和企业相互信任的基础之上，政府给予企业一些管制上的豁免，激发企业服从环境管制的自主性，企业自愿通过自我控制环境的行为来执行环境管制要求。企业的自我控制环境行为可以通过原材料的更新、生产工艺的创新、管理技术的革新等方式实现。例如，墨西哥具有众多砖厂，由于贫困和利益驱动往往采用廉价的废物作为燃料，产生大量的污染。众多的砖厂竞争激烈，价格和成本的微小差异都会决定一个砖厂的存亡，这种情况下，命令—控制型甚至是经济激励型的环境规制政策工具都没有效果。因此，墨西哥采取了一种非常规的环境规制方式，即通过政府与非政府组织（NGOs）和企业的合作来促使砖厂自愿革新技术、削减污染。政府首先倡议砖厂革新原材料，使用清洁的丙烷燃料，并将这一倡议交由非政府组织（NGOs）来执行。政府在提出倡议的同时还提供了相应的政策支持。NGOs则帮助砖厂制定了砖的底价以保证燃料价格上涨时也可获利。这一举措，使墨西哥40%～70%的砖厂转向了使用清洁燃料，生产工艺获得了技术革新，企业也得到了更大的生产效益。

2.5.4 环境规制对技术创新作用的总结

2.5.4.1 积极作用

首先，环境规制会促进企业资源的合理配置和产业结构的升级。为了改善生态环境，政府制定环境规制政策以减少企业生产过程中产生的污染，合理化利用资源。企业的发展规划必须考虑经济与环境可持续的因素，在企业的生产工艺、技术以及原材料等方面都必须进行改进，采用更加环保的生产技术和材料进行生产，从而降低企业环境规制方面支出的成本，提高企业的全要素生产率。其次，环境规制政策的实施会激发企业进行技术创新，国家实施环境保护政策会将企业的外部排污费用转变为内部成本，增加企业的生产成本，减小企业的产品收益，但是环境规制也会促使企业进行技术改进和提高生产效率，从而弥补由于污染排放而产生的环境规制成本。从企业长远发展来看，企业在环境规制的实施过程中，会使企业在原材料投入、资源的利用以及较少污染等生产环节进行技术和工艺的革新，以提高产品质量，减小环境污染，从而降低环境规制所产生的成本，这样就可以弥补应遵守环境规制而导致的企业利润的减少，达到减少污染和提高生产效率的双赢局面。最后，随着环境污染治理的不断深入，人们的环保意识逐渐增强，消费者的需求也开始发生变化，更多偏向于消费绿色生产的产品，这种需求也会促进企业进行技术革新与研发，生产出更加环保以及绿色的产品，来满足消费者的需求。总而言之，环境规制对技术创新的积极影响主要表现在三个方面：

一是伴随环境规制所出台的政策有助于企业的技术创新。随着环境规制的实施以及环境规制强度的提高，政府将会出台财政和税收等一系列配套措施向相关产业倾斜，这将增加企业的创新动机，降低企业创新失败的风险。

二是环境规制能够促进企业生产工艺创新。随着环境规制强度的提高，对于环境标准在新的环境规制强度以下的企业而言，现有技术工艺显然无法维系企业生存，因此会激发企业的创新意识，激励企业为了生存与发展，通过引进技术以及自身创新，实现生产工艺的优化升级，提高产品的生产效率，降低企业生产成本，适应环境规制强度提高对企业的新要求。

三是环境规制能够促进企业产品更新换代。随着人民群众对环境以及产品质量要求的提高，政府会提高环境规制强度。因此，对于一些需要政府重点规制的企业而言，为了寻求生存和发展的空间，需要企业运用新型环保材料，通过产品外观及工艺创新，实现产品创新，改变人民群众的消费模式，提升企业的绿色竞争力。

2.5.4.2 消极作用

企业要想提高技术水平途径，无外乎高价购买相关的技术，或者自己研发，在通过实现企业技术创新的过程中，都需大量资本的投入。另外，企业在遵守相关的环境规制时，也会产生费用。

一方面，企业自身需要投入资金用于技术进步和创新，环境规制的投入自然减少了企业的留存收益，较少的企业发展留存势必影响企业的技术进步和创新。

另一方面，企业为了顺应市场需求和达到政府污染物减排的要求，需要研发更加绿色的技术与产品，在研发这些技术与产品的初期，可能会因为技术或产品的不成熟和小批量，导致企业处于高研发成本和低收益的两难处境。并且，企业进行绿色技术创新较其他方面的技术风险更大、投入更高、失败的可能性更大。

环境规制对技术创新的作用是双面的，既有合理配置资源、优化产业结构、需求拉动等直接的积极影响，也有增加企业成本和创新难度等消极作用。因此，根据研究问题和研究角度不同，环境规制对于企业全要素生产率的影响效果是不同的。总的来说，环境规制对技术创新的消极作用主要表现在以下几个方面：第一，企业为了应对环境规制或环境规制强度的提高，需要实施绿色技术创新，这一过程需要投入额外的人力、物力以及财力，增加了企业在技术创新领域的耗费。同时，由于初期的绿色技术创新一般表现为高成本、低收益的特征，所以这种创新缺乏规模效益，难以与现有企业进行技术竞争，进而企业在技术创新上的投资可能挤出其他领域的投资，在一定程度上将会造成资源配置失当，因此不利于企业技术创新。第二，环境规制容易让企业技术创新形成不良的路径依赖。企业为了迎合新的环境规制强度将会进行绿色技术创新，这相对其他创新而言，可能在一定程度上造成原有技术及原材料渠道的失效，从而导致资源废弃率的增加，将不利于企业的技术创新。

综上所述，尽管从不同角度、不同范围来看，环境规制对技术创新的影响效果不定，但技术创新有利于经济增长是被广泛认可的。技术创新主要表现在工艺创新和产品创新。一方面，工艺创新对经济增长具有促进作用。工艺创新是指通过对原有工艺进行升级改造或采用新的工艺，来提高产品的生产效率，降低生产过程的成本。对于同质性的产品而言，在产品功能及外观设计基本相似的情况下，工艺创新对于企业竞争力的提升越发显得重要，同时工艺创新也会显著提高企业技术创新效率，是企业提高竞争力的重要手段，促进企业健康发展，赢得更多的利润，帮助企业开展新一轮的工艺创新，使企业发展进入良性循环轨道。另一方面，产品创新也对经济增长有促进作用。在产品功能与外观进行创新，采用更加环保的原材料，生产更加满足人们需要的创新性产品，既能显著提高产品在国内市场和国际市场上与同类产品的竞争力，为本国带来更多的国内生产总值，也有助于企业的发展和一国竞争力的提升。

鉴于环境规制对技术创新具有正负两方面影响，而技术创新中的产品创新和工艺创新都对经济增长具有促进作用，因此，从技术创新的传导机制来看，环境规制对经济增长的影响是不确定的。

2.6 环境规制对经济增长的其他作用机制

2.6.1 环境规制对产业结构的作用机制

施加严格的环境规制标准后，企业的成本收益发生改变，不断影响企业行为和产业绩效，企业不断地调整产业结构。产业结构调整通过改变要素的投入与产出比例，以产品和劳务的方式来实现。在一些缺乏环境规制的领域实施环境规制，以及在一些存在环境规制的领域提高环境规制强度，都会对产业结构的优化与升级起到至关重要的作用。首先，环境规制有助于高污染的产业发展与优化升级。对高污染产业的整治工作是环境规制的重点和难点，也是国家推行生态保护、建设资源节约型和环境友好型社会的重要内容。环境规制的实施对重污染产业的影响远大于其对轻污染或无污染产业的影响。在执行环境规制的情况下，重污染产业的产出将显著缩减。相比较而言，那些基本不受影响或受影响较小的产业，其产出量可能不变甚至有可能增加。通过设定环境规制指标，建立环境规制，迫使高污染企业不得不采用节能减排技术，实现高污染企业的清洁化，促进高污染产业内部结构优化，加快产业结构的调整。其次，环境规制也对三大产业结构以及各产业内部结构的调整有促进作用。顺应经济发展的形势，产业结构需要动态调整，才能不断地向最优产业结构发展，实现产业间及产业内部的资源优化配置。对行业进行环境规制管理，不断调整强度和布局，使不符合环境规制标准的产业退出，使具有环境生态效益的产业得到发展和加强，增强产业的附加价值。科学合理的环境规制有助于重污染产业向环保产业、绿色产业等轻污染或无污染产业转变，使我国的产业结构得到优化，环保产业也将逐步从环境保护中得到更大的效益，获得长足的发展。从长远来看，环保高新技术产业的发展是我国未来经济增长的主要动力和新的经济增长点，是在国际上增加我国综合国力的重要途径。

目前，通过对不同行业或者单个行业的研究，主要得出以下三种结论。第一种结论认为：环境规制会使企业的生产效率降低。1990 年，Barbera 和 McConnen 提出环境规制对企业的全要素生产率会产生直接和间接的影响，但间接的影响非常小。他们通过对美国五个资源消耗行业的研究得出结论，排污治理成本的增加会导致企业全要素生产率下降 10%～30%。第二种结论认为：环境规制会使企业的生产效率提高。该观点基于"波特假说"，认为环境规制会促进企业生产效率的提高，合理的环境规制水平可以通过"学习效应"和"补偿效应"促进技术进步和改善环境质量，导致企业产出的增加。2004 年，Domazlicky 和 Weber 对 1988～1993 年美国六个化工产业进行研究，结果显示环境规制导致化学产业生产率的年均增长率处于 2.4%～6.9%。2007 年，Paul 和 Stefan Ambec 着眼于环境政策、研究与开发、环境绩效和商业绩效四个主要要素的数据来测试"波特假说"的这些不同变体的意义，分析基于一个独特的数据库，其中包括来自七个经合发组织国家的大约 4200 个企业数据。2012 年，Yang 和 Yao 利用中国企业 2000~2005 年的面板数据评估了环境合规对企业创新和财务绩效的影响，结果显示，ISO14000 的认证对企业的利润率有显著的正影响。另外还发现，中国认证的公司每个工人的销售量和市场份额都较大，这表明在发展中经济背景下存在"波特假说"的选择机制。2010 年，张成等通过研究我国 1996~2007 年工业部门全要素生产率和环境规制之间的关系，指出环境规制是全要素生产率的格兰杰成因，长期来看，环境规制对企业的全要素生产率有促进作用。第三种结论认为：环境规制会使企业的生产效率复杂，其影响是不确定的。1995 年，Jaffe 认为只要能够提高企业利润，企业都会引进该技术来促进企业生产效率的提升，而无须环境政策的激励。2012 年，李玲和陶锋通过将我国 28 个制造业分为重度、中度和轻度三大类污染产业，测算三大类产业的环境规制与绿色全要素生产率之间的关系，得出三大类产业的三种环境规制都与全要素生产率存在"U"形关系。根据行业环境规制的文献综述可以得出，行业环境规制与企业全要素生产率之间并非单纯的线性关系，而是非线性的关系，"波特假说"也指出，适度的环境规制可以通过影响企业的技术创新来影响企业的生产率，而且考虑到行业不同，排放的污染物和产生污染的程度也不同，所以分行业实施环境规制可以有针对性地促使企业进行技术创新，从而提高企业的生产率。

党的十八大以来，以习近平同志为核心的党中央牢牢把握"我国经济发展进入新常态"这个重大战略判断，保持战略定力，增强发展自信，不断推动中国经济从中低端迈向中、高端。实践证明，调整经济结构、转变发展方式，既是解决当前我国经济运行深层次矛盾的现实选择，也是拓展未来空间、谋划更高水平发展的根本途径。只要我们坚持这条道路走下去，就一定能完成中央提出的各项既定任务，实现中华民族伟大复兴的"中国梦"。可见，产业结构优化升级对于经济持续增长具有重要意义。通过环境规制管理，使我国粗放型增长方式得以转变，进而促进经济增长。当前，我国粗放型的增长模式使环境污染变得严重，生态环境受到严重破坏。高耗能、高污染的生产模式严重与世界低碳主导的经济发展模式不相吻合。粗放型经济增长模式对环境的破坏性是巨大，对环境承载能力提出了挑战。同时，高能耗、高污染企业对环境污染严重，既破坏生态环境，又对企业发展造成伤害。通过环境规制促进产业转型，实现粗放型增长方式转变，提升各行业企业的竞争力，有助于资源得以优化，促进经济的增长。另外，环境规制促进产业结构调整，使产业结构获得优化升级，也促进了经济增长。当前第三产业是中国经济增长的原动力，产业呈现由低级向高级变迁的趋势，环境规制有助于提高产业的附加价值，提高各行业的生产利润，有助于资本的积累。因此，环境规制通过对产业结构的调整与优化影响，有助于经济的增长。总而言之，实施环境规制，建立科学合理的环境政策与措施，促进产业结构调整，帮助产业结构向最优产业结构发展，使产业结构得以优化升级，促进了产业发展，提高了产业附加值，最终体现了经济的增长。

2.6.2　环境规制对产业组织的作用机制

环境规制主要从产业组织进入、退出与产品差异化三方面对产业组织产生影响。

首先，环境规制对市场进入的影响。设立环境规制后，达不到环境规制的企业就无法进行正常的经营生产，相当于政府通过设置环境规制标准增设了一道准入壁垒，提高了企业进入的难度，降低了行业竞争的不充足企业的发展动力。一方面，实施或增加环境规制，提高了进入或潜在进入企业的必要资本量，进而提高了企业的进入门槛。设立的必要资本量越大，达到标准的企业数量越少，增加竞争的激烈程度。环境规制强度提高后，企业不得不添置一定数量高质量的设备，提高产品的环保品质。因此，环境规制强度的提高，无疑提高了潜在进入企业的进入门槛。另一方面，环境规制强度提高往往更偏向对新企业的管制。对新企业的环境规制强度增加，提高了新企业进入行业的门槛，从政策上降低了新企业的竞争力。所以，一些政府实施差别化的环境规制强度，对新企业进行扶持，以减小新企业的进入难度。从这个角度来说，环境规制不利于社会福利的提升和竞争效率的提高。同时也可以看到，环境规制为达到环境规制标准的企业提供了更大的发展空间，提高了行业的盈利能力和利润，促进了经济的持续增长。

其次，环境规制对产品差异化的影响。这里所说的差异化优势是指同类产品之间虽然功能相仿却又有各自的鲜明特征，并非指不同种类的产品之间的差异性。这些鲜明特征能够引起消费者的特殊偏好，使同类产品的不同品牌产生无形的差异化。环境规制强度的提高会促进产品环境质量的提高。产品的环境质量包含产品当中有关环境保护和绿色标志的因素。一般地，环境规制水平越高，生产的产品越具有高的环境质量。本质上，产品环境质量的高低也反映了产品的差异化，是产品的重要标准之一。当其产品拥有比其他产品更高的环境质量时，这种产品比其他产品的差异化更为明显。因此，环境规制强度提高促进了企业产品的环境质量和产品差异化。

最后，环境规制对市场退出的影响。一些受环境规制强度约束较高的产业，如水泥、钢铁产业等，企业会比较为了应对环境规制强度而进行产品和工艺改造的成本与退出该产业的成本，而做出生产或是退出的决策。总体来说，提高环境规制强度会增加企业的生存成本，利润最大化更加成为企业的必然选择。在环境规制强度增加的条件下，企业会权衡收益和成本，做出是否退出该市场的决定。

具体地，当企业选择市场进入后，增加了企业竞争性，有效地提升了经济效率，这是因为环境规制强度的提高会增加潜在进入企业进入该市场的成本，导致潜在进入者进入该市场的可能性降低。这样，降低了对已在市场活动的企业的威胁。从这个角度来看，环境规制强度的提高不利于已在市场活动的企业对其迅速做出应对。从进入壁垒来看，环境规制强度的提高设立了较高的门槛，不利于潜在企业的市场进入，不利于市场竞争，一定程度下削弱了经济的增长。企业为了应对环境规制强度，可能寻求产品差异化策略。在同类产品中，通过增加自身产品的环保质量等附加值，提高消费者对自身产品的认知度和满意度，造成产品差异化，从而进一步扩宽消费者的选择空间。产品差异化也显示了各企业在同类产品中的竞争力，成功完成产品差异化的企业能够进一步提升利润，促进经济增长。环境规制强度的提高会导致部分企业选择市场退出。当企业因应对环境规制强度的提高所获得的收益不足以支撑企业进行生产经营时，企业会自动退出市场，选择获益更高的方案。为了满足人民群众日益增长的环境和产品质量需求，提升环境规制强度是必然选择。企业为了应对环境规制强度，衡量在市场与退出市场的成本收益，做出理性选择。退出市场的企业是一些无法满足环境规制要求的，又无力改变企业竞争优势的企业，这样的企业退出市场有利于经济增长。总而言之，环境规制强度提高即提高了企业的进入门槛，不利于企业的进入，对经济增长具有一定程度的抑制作用。同时，为了应对环境规制，企业需要不断创新，实现产品差异化，提高企业的竞争力，又有助于经济增长。另外，一些无法通过改进技术和产品而主动退出的企业，也使市场的企业平均水平和差异化程度大幅提高，促进了整个产业竞争力的提升，对经济增长有促进作用。

2.6.3 环境规制对国际贸易的作用机制

当前，随着世界经济一体化进程加快，中国各行业与世界贸易往来越来越密切。因此，环境规制对国际贸易的影响也不容忽视。国际贸易与环境规制的密切关系是当今经济一体化和环境革命时代发展变化的结果。经济全球化缩短了世界各国实践的贸易距离，发达国家的一些污染较高、附加值较低的行业转向发展中国家。在世界经济一体化的大环境下，中国已成为世界上最大的制造业大国。随着环境规制强度的不断提高，其对国际贸易的促进作用也不容忽视。经济发展与环境保护之间的矛盾日益突出，世界各国纷纷关注环境污染和生态环境问题，制定相关规制政策，努力缓解环境污染与经济增长之间的矛盾冲突，实现本国经济社会的可持续发展。但是，各国根据自身的国情，所采取的的政策存在较大差异，这些环境规制差异性会大大影响国际贸易，既有积极影响也有消极影响。

环境规制对国际贸易的积极影响：对消费者来说，环境规制提高了产品品质，使消费者选用更加环保的产品，避免消费劣质产品，提升了产品安全，有效提高了社会生活品质。对于企业来说，出口国企业既要满足本国的环境规制要求，也要满足进口国的环境规制要求。为了应对环境规制水平的提高，企业不得不提升生产技术和产品品质。企业会在新的产品开发与研发产品技术和工艺方面投入更多的资源，制定绿色技术的发展战略，这显著这促进了企业的技术进步，使企业实现了产业升级，大大提升了企业竞争力。环境规制强度的提高有利于国际社会产品质量的提高和品种的丰富。虽然环境规制强度提高会增加污染密集型产品的出口难度，但是从长远来看，环境规制强度提高能够改善产品品质，提高国家出口的国际竞争力。加强环境规制，积极参与国际经济合作与环境合作，对国家的对外贸易起到了积极的促进作用。环境规制对国际贸易的负面影响：随着各国政府对环境保护重视程度的不断提高，环境保护各层面的法规会大量地应用到贸易领域，提高了国际贸易的门槛。随着环境规制水平的提高，国际贸易准入门槛不断提高，产品标准要求也相应地显著提升。那些无法提高产品环境质量的企业，只能退出国际市场，造成国际市场上同类企业竞争数量减少，竞争强度降低，不利于国际及本国资源的优化配置。国际贸易是促进经济增长的重要途径之一，在世界经济全球化中起到举足轻重的作用。国际贸易涉及两个甚至多个国家之间环境标准的差异问题，一个国家为了改善贸易结构、产业结构，有可能会对环境造成不利影响。但总体来看，国际贸易是有利于经济增长的，特别是出口外向型国家。

关于地区环境规制对企业生产率影响的研究也有不同结论。第一种观点认为：地区环境规制会降低企业的生产率。1981年，Dension实证研究得出结论，美国1972~1975年环境规制强度的提高导致企业全要素生产率下降了16%。2012年，Greenstone和List从1972~1993年制造业中抽取了120万个观测样本进行研究，结果表明，对于还生存的污染企业，更加严格的空气质量法规导致企业的全要素生产率下降了大约 2.6%；对价格上涨和产量下降的混淆以及对生存的样本选择纠正后，发现在受监管区域的污染企业的全要素生产率下降了 4.8%。2010 年，王兵和王丽研究了我国 1998~2007 年各地区生产率、TFP 以及环境规制之间的关系，发现环境规制会导致地区 TFP 下降。2012 年，刘伟明和唐东波通过对我国 2000~2009 年 30 个省份的环境技术效率与 TFP 之间的关系研究，发现环境规制对企业全要素生产率存在负向的作用。第二种观点认为：环境规制会提高企业的生产率。2001 年，Berman 和 Bui 通过研究美国洛杉矶 1979~1992 年空气质量的监管对炼油厂的生产效率的影响，得出受到环境规制的炼油厂的生产效率上升，而未受到环境规制的炼油厂的生产效率产生了下降。2011 年，Lanoie 对 1985~1994 年加拿大魁北克地区的 17 个制造业进行了研究，结果显示，长期来看，环境规制会提高企业的全要素生产率。2011 年，叶祥松和彭良燕通过研究我国 1999~2008 年各个省份环境规制对地区全要素生产率的影响，得出地区环境规制会导致地区全要素生产率水平提高的结论，区域不同，提升的程度不同。2013 年，宋马林和王舒鸿研究发现，环境规制推动了先进技术由东向西转移，促进了西部地区经济与环境协调发展，推动了我国环境规制效率的提升以及企业生产效率的提升。通过对地区层面的文献分析可知，地区环境规制与生产率之间的关系不能够确定，有促进作用也有阻碍作用。

各国的环境规制对进出口产品均有显著的影响，总体来看国际贸易有助于经济增长，在增加本国的 GDP、提高就业机会、促进国内资本积累、提高本国产品在国际市场的竞争力等方面均发挥作用，通过直接机制和间接机制来促进经济的增长。环境规制对进出口国际贸易具有双重作用。出口国的产品要满足进口国的环境规制要求，需要提升产品质量和改进生产工艺，从而促进出口国企业的技术创新和产业升级，使生产产品企业在降低污染的同时，经济获得增长。当进口国增加环境规制后，短期会对出口国的部分污染密集型产品出口有显著的阻碍作用。出口国企业不得不提升产品质量与生产工艺，提高本国产品的国际竞争力。长期来看，环境规制强度提高有助于一国贸易增长方式的优化升级，从环保水平低的资源密集型出口模式转向绿色环保的资源集约型出口模式转变，促进出口国对外贸易数额的增加和产品质量的提升。

综上所述，环境规制对全要素生产率的影响是通过多因素进行的，其影响机理复杂。一方面，环境规制在传统因素上具有显著双重影响，作用机制和方式因传统因素不同而存在显著差异；另一方面，学术界对经济增长的研究，在非传统因素上的关注越来越多，对于环境规制这一非传统因素与经济增长关系的研

究，能够为经济增长的研究提供必要补充，且随着产业经济学和规制经济学理论
的不断突破获得了长足的发展，出现了更多的新方法和新工具。目前，我国环境
规制机制的研究在以下几方面有待进一步研究：转型期中国经济高速增长条件
下，我国环境承载能力与评估方法；环境规制与经济增长之间的综合关系；环境
规制与经济增长之间是否具有阶段性特征；环境规制中政府行为效果评价。只有
深入研究环境规制与经济增长的复杂关系，才能根据现实经济发展阶段正确选择
环境规制模式。

　　另外，关于环境规制还存在以下不足：第一，评估环境规制强度指标的测度
没有统一标准，同时存在不合理性。目前，研究环境规制强度指标测度时往往采
用相同的、单一的指标，由于行业之间的特殊性，在分析不同行业时获得的结论
可能存在一定的局限。因此，应充分考虑行业特点，兼顾环境规制强度指标自身
的属性和计量运用上的可行性，对指标进行更深层次的思考。第二，环境规制对
经济增长的影响，不能简单化为成本层面和技术创新补偿层面。虽然这两个层面
在现实中都有案例支持，分析也相对容易，但是环境规制对经济增长的影响是多
因素与多重性的，应该主要关注多重效应正负交叉，考虑时间、地域及行业差别
等因素。因此，在具体分析时应该关注特定时期、特定环境下多因素多重效应对
环境规制的影响，判断环境规制对经济增长的作用机制。第三，在研究环境规制
对经济增长的影响方向及其程度时，首先要明确环境规制对经济增长的作用机
制。因为环境规制对经济增长的作用机制是复杂的，在不同国家或者地区，由于
采取不同的机制和政策，环境规制对经济增长的影响可能呈现出线性或者非线
性、"U"形或者倒"U"形的不同关系。只有明确环境规制对经济增长的作用
机制，考察综合因素，才能科学地评估环境规制对经济增长的影响。此外，要从
机制的外部与内部综合研究。任何制度安排或者机制设计，不仅要考察该机制的
内部因素，而且不能忽视外部因素对机制的影响，应充分考虑环境规制机制的外
部因素与内部因素，综合考察环境规制对经济增长的影响。

03

天津市环境规制的演变与效果

3.1 天津市环境规制发展历程

我国的环保规划与环境保护密不可分，是伴随着环保工作的深入发展起来的。天津市环境规制的发展紧跟国家的要求，经历了从无到有、从简单到复杂、从探索到成熟、从单一规划到体系研究的发展历程，并自改革开放以来发展最为快速。改革开放以来，天津市环境保护大致经历了以下四个阶段。

3.1.1 探索环境管理模式阶段（1978~1988 年）

该阶段为天津市探索环境管理模式阶段，形成了初步的环境保护政策体系和行政管理体制。

3.1.2 强化制度建设阶段（1989~1995 年）

该阶段为天津市强化环境保护制度建设阶段，天津环境保护由经验型管理逐步向制度化、规律化转变。这一阶段，天津市经济增长速度加快、城市建设步伐加大，同时环境保护事业压力加大。1989 年 4 月，国务院召开第三次全国环境保护会议，明确提出要努力开拓有中国特色的环境保护道理，确定了八项有中国特色的环境管理制度。按照会议要求，天津市集中主要精力，狠抓城市环境综合整治定量考核和环境保护目标责任制。天津市正式将环境质量控制、污染治理和自然保护三大类 42 项指标纳入国民经济和社会发展综合指标体系，采取同步规划、同步实施、同步发展的政策措施，统筹经济建设、城乡建设和环境建设。市政府召开了天津市第七次环境保护会议，18 个区（县）签订了环境保护目标责任书，把责任落实到基层。

3.1.3 创新环境保护战略阶段（1996~2005 年）

该阶段为天津市创新环境保护战略阶段，天津市环境保护由污染防治向参与经济社会发展综合管理拓展。1996 年 7 月，第四次全国环境保护会议召开，再次强调保护环境的重要性。为此，"九五"期间，天津市确定了"抢抓机遇、开拓创新、全面上水平"的工作基调，把环境保护列入国民经济和社会发展计划。"九五"期间，天津市进入努力建成现代化港口城市和我国北方重要经济中心的关键时期。天津市所面临的城市建设和经济建设飞速发展、人口增长、资源消耗增加、土地高强度开发利用等问题，环境保护工作压力巨大。"九五"期间，环境保护规划的工作重点是建立与经济发展相适应的环境管理体系，基本做到经济发展与环境保护相协调，环境污染和生态破坏加剧的趋势得到基本控制。"十五"期间，天津市在制订环境保护计划时，进一步明确了天津"一二三四五六"的环境保护工作总体思路。天津市环境保护"十五"计划首次被天津市政府批准为"十五"专项计划。经过五年的不断努力和认真落实，天津市圆满地完成了环境保护各项任务，整体上实现了环境保护"十五"计划确定的规划目标。

3.1.4 落实科学发展阶段（2006年至今）

2006年至今，为天津市落实科学发展阶段，天津环境保护进入了"三个历史性转变"新时期。2006年1月，天津市正式被授予"国家环境保护模范城市"称号，环境建设和环境管理得到全面提升，城市环境质量改善明显，经济、社会与环境的发展更加协调。2006年，天津市政府提出建设生态市的目标，并完成《天津市生态市建设规划纲要》的编制工作，确定了天津要总体达到国家考核标准，基本建成资源节约型、环境友好型社会和生态城市的长远目标。2006年9月，天津市政府召开了天津市第九次环境保护会议，提出了完善政策法规和标准体系、加大环保执法力度、进一步增加环保投入、推动环保科技创新、全面推进环保监管能力建设、健全公众参与环境保护机制等一系列创新环境管理体制机制的措施，为全面完成"坚决落实主要污染物总量削减指标、进一步改善城市环境质量、在滨海新区率先建立环境优化经济增长发展模式、加快生态城市建设步伐、大力发展循环经济、着力解决突出的环境问题"六大任务提供了保障。"十二五"规划时期，天津市以生态市建设和构筑生态宜居高地为平台，以巩固和改善环境质量为着眼点，以主要污染物总量削减为重点，从大气环境保护、水环境保护、自然生态保育与修复、农村环境保护、固体废弃物污染防治、声环境保护、核与辐射安全、环境监管能力建设八个方面，提出环保工作的重点任务和工作方向。

3.2 天津市环境规制目标和战略

党的十一届三中全会以来，天津市坚决贯彻保护环境的基本国策和可持续发展战略。特别是，当前"一带一路"国家发展战略、京津冀一体化及雄安新区建设需要经济建设与生态环境保护协调发展。在发展经济的同时，高度重视环境生态保护工作，制定并实施了一系列环境保护规章与制度，结合天津市发展开辟了一条具有天津市特色的环境保护道路。

3.2.1 "八五"期间天津市环境规制目标和战略

从"八五"开始，天津市遵循国家环境保护基本国策，正式出台环境质量控制计划、污染治理计划和自然保护计划三大类 42 项指标，并纳入国民经济和社会发展综合指标体系，采取同步规划、同步实施、同步发展的政策措施，统筹经济建设、城乡建设和环境建设，结合产业结构调整，淘汰了一批能耗物耗高、污染严重的工艺、设备，完成了一大批污染限期治理项目，成为全国环境综合整治十佳城市之一。

3.2.2 "九五"期间天津市环境规制目标和战略

"九五"期间，第八届全国人大第四次会议审议通过了《中华人民共和国国民经济和社会发展"九五"计划和 2010 年远景目标纲要》，把实施可持续发展作为现代化建设的一项重大战略，使可持续发展战略在我国经济建设和社会发展过程中得以实施，我国环境保护事业得到了进一步加强，进入了快速发展时期。此时，天津市正处于经济增长速度加快、城市建设步伐加大的时期，环境保护面临着巨大压力。天津市各系统认真贯彻落实国务院于 1996 年发布的《关于环境保护若干问题的决定》，实施了《污染物排放总量控制计划》和《跨世纪绿色工程规划》，加强环境质量建设和管理，大力推动了"一控双达标"（控制主要污染物排放总量，工业污染源达标和重点城市的环境质量按功能区达标），环境管理进一步加强，全面完成了"九五"时期的"一控双达标"目标任务，提前一年基本实现工业污染源达标排放。

3.2.3 "十五"期间天津市环境规制目标和战略

"十五"期间，党中央提出了树立科学发展观、构建和谐社会的重大战略思路。为落实科学发展观，国家颁布了一系列的环境保护法律、环境保护行政法规、环境保护部门规章和规范性文件。天津市提出了以创建国家环境保护规范城市为载体，建立"一种新的发展模式"，努力实现"两个目标"，坚持"三个并重"，促进"四个转变"，实施"五个规划"，完成"六大工程"的总体思路。经过五年的不懈努力和扎实工作，天津市深入开展"蓝天工程"，城市空气环境质量得到明显改善；全面实施碧水工程，水环境治理取得明显成果；扎实推进安静工程，噪声污染得到有效治理；落实工业固体污染防治工程，基础设施建设取得实质进展，《海河流域天津市水污染防治规划》《天津市大气污染综合防治规划》《天津市自然保护区发展建设规划》《渤海天津碧海行动计划》《天津市生态环境建设规划》《天津市固体废物污染防治规划》顺利实施；生态工程力度加大，生态保护取得显著进展；加强辐射环境管理，确保核安全与辐射环境安全。经济发展高增长、资源消耗低增长、环境污染负增长的发展模式基本形成。

3.2.4 "十一五"期间天津市环境规制目标和战略

"十一五"期间，国家进一步加大环境保护力度，制定了建设资源节约型、环境友好型社会，大力发展循环经济，加大自然生态和环境保护力度，强化资源管理等一系列政策，建立了节能降耗、污染减排的统计、监测、考核体系和制度。在"十一五"天津市生态建设和环境保护规划中，天津市坚持以人为本、人与自然和谐发展的指导思想，把环境保护融入经济社会发展的各个领域。转变经济增长方式，优化产业结构，依靠科技进步，强化清洁生产，促进循环经济发展，努力构建集约型、节约型、生态型发展模式，实现经济发展高增长、资源消耗低增长、环境污染负增长，加快资源节约型、环境友好型社会建设。规划总体思路可归结为：巩固"一个成果"、突出"两个重点"、实现"三步跨越"、完成"四大任务"。巩固"一个成果"，即巩固和发展创建国家环境保护模范城市成果，建设生态城市。突出"两个重点"，即突出和加强滨海新区等区域性环境保护与生态建设，突出节能减排工作，抓好重点领域、重点行业和重点企业的节能减排，确保完成节能减排的硬性指标。实现"三步跨越"，即到2010年，环境计量全面达标，将天津市建设成为资源节约型、环境友好型城市，中心市区和滨海新区率先达到"生态市"指标要求；到2015年，形成生产发展、生活富裕、生态良好的发展格局，全市建成宜居的生态城市；到2020年，城市环境质量与生态建设达到国际发达地区水平，将天津市建设成为具有高度生态文明、和谐发展的国际港口大都市。完成"四大任务"，即一是深化"六大工程"，进一步改善城市环境质量；二是加快循环经济发展，建设资源节约型、环境友好型城市；三是推动生态城市建设，构建生态城市基础；四是健全应急系统和长效机制，保障环境安全。五年来，天津市环境保护工作紧紧围绕天津市生态环境建设目标和"十一五"环境保护发展思路，以提高发展质量和效益为指导，以天津速度、天津效益为引领，坚持"高水平规划、高质量建设、高性能管理"，加快生态宜居城市建设，以水环境专项治理和燃煤设施烟气脱硫工程为抓手，全面推进污染减排，使环境保护整体水平大幅度提升，环境质量得到显著改善，超额完成了天津市污染减排任务。

3.2.5 "十二五"期间天津市环境规制目标和战略

"十二五"时期，是天津市深入贯彻党中央提出的"建设独具特色的国际性、现代化宜居城市"，加快转变经济发展方式，构筑生态宜居高地的关键时期，是环境保护面临"发展和减排"双重压力、寻求突破的重要时期，也是环境保护协同解决重大问题、初步建立与经济发展相协调的环保体系的战略机遇期。天津市"十二五"环境管理的指导思想：按照把天津市建设成为独具特色的国际性、现代化宜居城市的要求，以生态市建设和构筑生态宜居高地为平台，以巩固和改善环境质量为着眼点，以主要污染物总量削减为重点，建立以区县政府为责任主体的环境管理机制，协调落实政府有关部门的环保责任，加大环境保护投入，全面提升环境监管能力，保障环境安全，促进环境保护与经济社会协调发展。基本原则包括：预防优先，防治结合；重点突破，确保实效；民生优先、统筹兼顾；依靠科技、创新机制；政府主导，公众参与。到2015年，有效控制主要污染物排放，完成国家下达的减排任务；有效实施工业污染全防全控，切实改善环境质量；有效防范环境风险，全力保障环境安全，为构筑生态宜居高地奠定良好的环境基础。到2020年，生态环境明显改善，基本形成与国际港口城市、北方经济中心和生态城市定位相匹配的环境保护体系，城市可持续发展能力显著提高。"十二五"期间，天津市紧紧围绕党中央、国务院关于生态文明建设的总体要求和加快美丽天津建设的总体部署，以改善生态环境质量为目标，全面推进生态环境治理，集中力量解决群众反映强烈的突出环境问题，生态环境保护取得明显成效，促进全市发展质量和效益的提高。经过五年的不懈努力，生态环境质量稳步改善，生态保护与污染防治工作成效显著，包括：污染治理明显加强、生态保护与建设力度明显加强、生态环境保护改革明显推进、环境执法明显加强、生态环保基础能力明显提升。

3.2.6　"十三五"期间天津市环境规制目标和战略

"十三五"时期（2016~2020年），是天津市全面建成高质量小康社会的决胜期，是天津市贯彻落实党中央"四个全面"战略布局、推进生态文明及"美丽天津"建设、加快实现"一基地三区"定位的关键期，也是天津市发展的历史性窗口期。在此背景下，为推进天津市生态环境保护工作，改善区域生态环境质量，全面落实国家发布的《"十三五"生态环境保护规划》《天津市国民经济和社会发展第十三个五年规划纲要》，编制《天津市"十三五"生态环境保护规划》。全面贯彻落实党的十八大和党的十八届三中、四中、五中、六中全会精神，深入贯彻习近平总书记系列重要讲话精神和对天津市"三个着力"重要要求，牢固树立政治意识、大局意识、核心意识、看齐意识，统筹推进"五位一体"总体布局，协调推进"四个全面"战略布局，紧紧围绕建设美丽天津的总体目标，以五大发展理念为统领，以提高环境质量为核心，念好"绿色大学"，坚持目标导向和问题导向相统一，实施最严格的环境保护制度，打好大气、水、土壤污染防治三大战役，强化多污染物综合防控和区域联防联控，不断提高生态环境管理系统化、科学化、法治化、精细化和信息化水平，加快推进生态环境领域治理体系和治理能力现代化，实现生态环境质量总体改善，为群众提供更多优质生态产品，为全面建成小康社会、实现人与自然和谐发展奠定基础，提出了"绿色发展、保障民生，质量为本、协同增效，整体推进、重点突破，深化改革、制度创新，权责明晰、社会共治"等基本原则。到2020年，生态环境质量总体改善，主要污染物排放总量大幅减少，环境风险得到有效管控，生态环境领域治理体系与治理能力现代化水平显著提升，资源节约型、环境友好型的空间格局、产业结构、生产方式、生活方式基本形成，逐步实现生态环境质量改善目标与全面建成小康社会相适应，为"海河号"航船护航。

3.3 天津市环境规制措施分析

天津市环境规制的发展紧跟国家的要求，经历了从无到有、从简单到复杂、从探索到成熟、从单一规划到体系研究的发展历程，主要环境保护措施如下：

3.3.1 健全机构设置，完善法制建设

天津市于 1980 年正式成立天津市环境保护局，围绕环境保护工作，狠抓环保机构、人员队伍和法制建设，形成了完善的各级环境保护机构，主要包括天津市环境保护局、16 个区县环境保护局和天津市环境保护监察总队、天津市环境保护科学研究院、天津市环境监测中心、天津市环境保护宣传教育中心、天津市环境保护技术开发中心、天津市环境科学技术信息中心等 12 个直属单位，共同组成了环境管理与监测网络。同时，结合天津环境保护工作实际，认真贯彻实施国家有关环境保护法律法规，先后制定了一批地方环境保护相关法规，使地方环境保护法规和制度从部分到全面、从单一到配套，不断完善。先后颁布和实施了《天津市环境保护条例》《天津市引滦水源污染防治管理条例》和《天津市大气污染防治条例》。在环境管理和污染防治方面，制定了《天津市海域环境管理办法》《天津市建设项目环境管理防治办法》《天津市噪音污染防治管理办法》《天津市危险废物污染环境防治办法》等政府法规，基本做到了天津环境保护工作有法可依、有章可循。

3.3.2 加大环保投入，加强基础设施建设

天津市将环保作为市财政支持的重要内容，在不断加大地方财政投入的同时，积极申请中央投入。同时采取设立专项资金、出台优惠政策、社会融资、BOT 模式等多种手段，扩大环保资金渠道。在城市环境基础设施建设、工业污染源治理、新建改建扩建项目"三同时"环保设施建设、环境管理能力建设等方面的投入逐年显著上升，环境质量明显得到改善。

3.3.3　开展环境保护模范市建设活动，提升天津环境质量和管理水平

2001 年，天津市政府做出了创建国家环境保护模范城市的决定。经过三年创建，影响人民群众生产生活的一大批环境问题得到基本解决，全市垃圾处理、污水处理能力大幅提高，空气质量、城市景观河道水质得到明显改善，城市绿化取得突破性成果。到 2004 年底，创建国家环境保护模范城市 27 项指标全部达到国家考核要求。2006 年 1 月 18 日，国家环境保护总局命名天津市为"国家环境保护模范城市"，并于 5 月 29 日举行了授牌仪式，标志着天津市在全国 4 个直辖市中率先建成了环保模范城市。

3.3.4　严格环境准入标准，优化产业结构与布局

天津市政府严格执行国家产业准入政策，加大产业结构调整力度，努力推动经济和资源配置、生态环境保护之间协调发展。重点发挥滨海新区环境建设龙头作用，全面提升中心城市生态环境，各区县加快发展。全面建立示范工业园区、农业产业园区和农民居住社区，大力发挥其示范效应。注重对于传统产业的升级改造，引导技术创新，实现绿色经济比重不断提升。工业结构调整重点淘汰高能耗、低产出、重污染的生产工艺，以自主创新与引进高新技术和清洁能源相结合的方式，对国有老工业企业进行升级换代，形成电子信息、汽车、化工、冶金、医药、新能源及环保六大天津支柱优势产业。注重第三产业的引资与优化，加大海河沿线的综合开发改造，对海河沿岸企业进行拆迁重组，将海河沿线区域建设成为独具特色的服务经济带、文化带和景观带。农业调整重点引导传统农业转变为沿海都市型农业，在农业生产中引进先进技术和设施，形成天津绿色无公害农产品基地，显著减少传统农业的污染物排放量。注重"环保门槛效应"双重性，确保生态环境保护与经济建设可持续发展协同健康发展。

3.3.5　实行税收行政优惠并行，提升引资质量

为鼓励外商在天津投资高新技术产业、转化高新技术成果，天津市政府出台了多项具体措施，采用税收与行政优惠相结合的方式，吸引高质量绿色环保高新技术外商进驻天津。设立专项资金扶持在天津注册的外资企业新研发的具有自主

知识产权的高新技术成果转化项目，鼓励外商在天津投资高新技术产业、设立研究开发机构和转让先进技术，并给予税务方面的减免优惠。对于外商投资设立的研究开发中心，在投资总额内进口国内不能生产或性能不能满足需要的自用设备及其配套技术、配件、备件，可按规定免征关税和进口环节增值税。对其转让技术，比照国内科研机构免征营业税。鼓励外商投资设立的研究开发中心参与国内产学研合作。外商投资企业、外商投资在天津设立的研究开发中心、外国企业和外籍人士向天津转让技术，可持天津市技术转让合同登记证明，按规定向税务部门申请免征营业税。鼓励企业和研究开发机构聘用外籍专家，其薪金可列入成本。2013 年 4 月 15 日，天津市发展改革委市商务委印发了《关于天津市鼓励外商投资产业指导目录的实施细则》，以全面提高对外开放水平，加大招商引资工作力度，加快产业转型升级。

3.3.6 发展循环经济，加快转变增长方式

自 2002 年起，天津市进一步在城乡区县各级推广循环经济，在产品生产、流通和消费各环节促进循环经济，将循环经济由传统型的废物综合利用方式，提升为再循环、再制造阶段，为大幅度提高资源利用率、大幅度减少废物最终处置量、建成资源节约型环境友好型城市的目标奠定了坚实的基础。重点在以下七个方面开展建设工作：抓好循环经济试点园区、企业和小城镇建设；加大开展节能、节水、节地、节材力度，如以提高工业、交通、建筑领域的能源利用效率为突破口，坚决淘汰高耗能企业，强制推行建筑节能，加大对各类公共建筑的节能改造；构建促进循环经济发展的政策法规体系；建立健全统计指标体系；加强循环经济关键技术和共性技术的研发与推广；搭建循环经济信息平台；大力营造循环经济的社会舆论氛围。

3.3.7 强化污染防治，高标准完成减排任务

在大气污染防治方面，深入实施了《大气污染防治行动计划》，在继续实施清新空气行动的基础上，持续强化控煤、控尘、控移动源、控工业、控新建等污染治理力度，全面推行以区为单元的"1+X+Y"治污模式，深化实施网格化精细管理，有效应对重污染天气。在水环境保护方面，切实贯彻《水污染防治行动计划》，全面落实《天津市水污染防治工作方案》，全力抓好"131"工程，加大

饮用水源保护力度，大力整治污染严重水体，强化地表水与地下水、河湖与近岸海域环境统筹管控。抓住"减污、增容"两条主线，通过"保水、治水、管水"三条途径，全面推进水污染防治工作的深化、拓展和提升。在土壤环境污染方面，切实贯彻《土壤污染防治行动计划》，全面落实《天津市土壤污染防治工作方案》，摸清全市土壤污染状况，实施分级分类管控。在固体废物污染防治方面，加快垃圾无害化处理设施建设，推动垃圾资源化；深化重金属污染治理，加强涉重金属行业污染防控，提高危险废物处置水平，提升化学物质环境管理能力及加大生活垃圾处置力度。

3.3.8 加强执法监督，解决关系民生的环境问题

实行最严格的环境保护制度，健全法律、经济、科技和行政"四种手段"，全面推动环境管理转型。落实地方政府属地责任、部门监管责任、企业主体责任"三种责任"，坚持铁面、铁规、铁腕治污，加大社会监督力度，形成政府、企业、公众共治的环境治理体系，全面提升环境治理能力。落实政府属地责任、部门监管责任；实施生态文明建设目标评价考核；实行生态环境损害责任追究制；开展资源环境承载能力监测预警；落实企业治污主体责任；推动全社会参与生态环境保护；加强社会监督，建立公众参与环境管理决策的有效渠道和合理机制，鼓励公众监督政府环保工作、企业排污行为……通过以上多层次、多渠道的执法监督体系，确保生态环境保护政策顺利实施，解决关系民生的环境问题。

3.4 天津市环境规制绩效分析

本书将考察天津市水环境质量、大气环境质量、声环境质量、固体物质处理和环境治理投入资金五个方面，采用年度环境公告和调研所得数据，在构建天津市环境指标体系的基础上，对该体系进行分析，充分说明天津市环境规制的绩效。

3.4.1 天津市环境规制指标体系的构建

本指标体系将天津市环境规制的收益项目定为水环境质量、大气环境质量、

声环境质量和固体物质处理四个方面，同时将天津市环境规制的成本项目定为用于城市环境基础设施建设、工业污染源治理、新建改建扩建项目"三同时"环保设施建设、环境管理能力建设等环境保护投入资金，构成具体的指标体系如表3-1所示。

表 3-1　天津市环境规制指标体系

项目	分类	数据	2013 年	2012 年	2011 年	2010 年	2009 年	2008 年
收益项目	水环境质量 A（%）	饮用水达标率 A_1	100	100	100	100	100	100
		地表水国控断面水质达标率 A_2	82.0	80.0	85.7	64.3	67.0	64.3
		近岸海域水质达标率 A_3	31.0	有所下降	略有下降	略有下降	保持稳定	保持稳定
	大气环境质量 B（毫克/立方米）	可吸入颗粒物（PM10）B_1	0.150	0.105	0.098	0.096	0.100	0.088
		二氧化硫（SO_2）B_2	0.059	0.048	0.046	0.054	0.055	0.061
		二氧化氮（NO_2）B_3	0.054	0.042	0.035	0.045	0.040	0.041
		二级良好水平天数 B_4	145	305	313	308	307	322
	声环境质量 C（分贝）	中心城区道路交通噪声平均声级 C_1	66.1	67.9	67.5	67.7	67.7	67.8
		中心城区区域环境噪声平均声级 C_2	53.5	54.3	54.4	54.6	54.7	54.6
	固体废物利用率 D（%）	工业固体废物综合利用率 D_1	99.39	99.63	99	98.57	98.32	98.21
		工业危险废物综合利用率 D_2	62.01	62.24	74.13	57.03	33.38	78.38
成本项目	投入×（亿元）	用于城市环境基础设施建设、工业污染源治理、新建改建扩建项目"三同时"环保设施建设、环境管理能力建设等环境保护投入	1708.9	325.24	298.79	234.05	191.68	166.73

数据来源：①2008~2013 年天津市环境公告；②调研获取。

3.4.2　数据分析

对以上数据采用成本弹性分析法，现将 2008 年作为基年，通过对后几年成本和收益的变化率进行比较，可以得出，2008～2013 年各年相对于 2008 年的各收益指标的变化量为 ΔA_i（i=1，2，3），ΔB_i（i=1，2，3，4），ΔC_i（i=1，2），ΔD_i（i=1，2）；各成本指标的变化量为 ΔX_j，如表 3-2 所示。

表 3-2　相对于 2008 年的各年指标变化量

指标	2013 年	2012 年	2011 年	2010 年	2009 年
ΔA_2	17.7	15.7	21.4	0	2.7
ΔB_1	0.062	0.017	0.01	0.008	0.012
ΔB_2	−0.002	−0.013	−0.015	−0.007	−0.006
ΔB_3	0.013	0.001	−0.006	0.004	−0.001
ΔB_4	−177	−17	−9	−14	−15
ΔC_1	−1.7	0.1	−0.3	−0.1	−0.1
ΔC_2	−1.1	−0.3	−0.2	0	0.1
ΔD_1	1.18	1.42	0.79	0.36	0.11
ΔD_2	−16.37	−16.14	−4.25	−21.35	−45
ΔX	1542.17	158.51	132.06	67.32	24.95

注：A_1、A_3 不具有对比性，因此，删除该两项。
数据来源：通过计算获得。

对成本和收益的各指标赋予相同的权重，求出各年的环境规制收益成本弹性。公式为：

$$e_l = \frac{\dfrac{\Delta A_2^l}{A_2^{2008}} + \sum_{i=1}^{4} \dfrac{\Delta B_i^l}{B_i^{2008}} + \sum_{i=1}^{2} \dfrac{\Delta C_i^l}{C_i^{2008}} + \sum_{i=1}^{2} \dfrac{\Delta D_i^l}{D_i^{2008}}}{\dfrac{\Delta X^l}{X^{2008}}} \tag{3-1}$$

其中，l 代表年份，即 l=2009，2010，…，2013；A_i^{2008}、X^{2008} 分别表示 2008 年的各个收益及成本指标值。经过计算得出 2009～2013 年天津市环境规制收益的成本弹性，如表 3-3 及图 3-1 所示。

表 3-3　2009~2013 年天津市环境规制收益的成本弹性

年份	2009	2010	2011	2012	2013
天津市环境规制收益的成本弹性	-0.4185	-0.06603	-0.00393	4.08583	0.005674

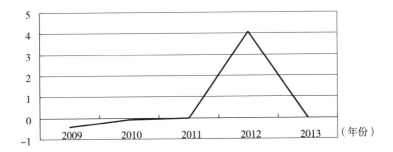

图 3-1　2009~2013 年天津市环境规制收益的成本弹性

数据来源：根据以上数据计算所得。

3.4.3　结果分析

图 3-1 中 $e=1$ 表明食品安全规制是否是有效的分界线。如果各年的弹性曲线高于该分界线则为环境规制收益的成本弹性比较高；反之，如果低于此分界线则为环境规制收益的成本弹性比较低。从图 3-1 中可以看出，除了 2012 年，各年的成本弹性都小于 1，甚至为负值；到 2012 年，天津市的环境规制弹性才大于 0 并超过 1，但随后的 2013 年又小于 1。因此，天津市目前的环境规制绩效是非常低的。

04

基于生产率层面的环境规制对天津市经济增长作用的实证分析

习近平同志在党的十九大报告中指出，加快生态文明体制改革，建设美丽中国。一是要推进绿色发展。加快建立绿色生产和消费的法律制度和政策导向，建立健全绿色低碳循环发展的经济体系。构建市场导向的绿色技术创新体系，发展绿色金融，壮大节能环保产业、清洁生产产业、清洁能源产业。二是要着力解决突出环境问题。坚持全民共治、源头防治，持续实施大气污染防治行动，打赢蓝天保卫战。加快水污染防治，实施流域环境和近岸海域综合治理。强化土壤污染管控和修复，加强农业面源污染防治，开展农村人居环境整治行动。加强固体废弃物和垃圾处置。提高污染排放标准，强化排污者责任，健全环保信用评价、信息强制性披露、严惩重罚等制度。三是要加大生态系统保护力度。实施重要生态系统保护和修复重大工程，优化生态安全屏障体系，构建生态廊道和生物多样性保护网络，提升生态系统质量和稳定性。四是要改革生态环境监管体制。加强对生态文明建设的总体设计和组织领导，设立国有自然资源资产管理和自然生态监管机构，完善生态环境管理制度，统一行使全民所有自然资源资产所有者职责，统一行使所有国土空间用途管制和生态保护修复职责，统一行使监管城乡各类污染排放和行政执法职责。

党的十八大报告提出"加快完善社会主义市场经济体制和加快转变经济发展方式"，其中重点强调了我们国家繁荣富强、人民幸福安康、社会和谐稳定的物质基础的前提就是推动经济持续健康发展，本质要求就是坚持以科学发展为主题，以加快转变经济发展方式为主线。我们的发展要适应国内外经济形势新变化，加快形成新的经济发展方式，把推动发展的立足点转到提高质量和效益上来。经济主体的发展方式更加依赖于管理进步、技术创新、劳动力素提高等方面。所以，除了考虑资本和劳动力两大要素外，研究经济主体全要素生产率，为经济主体经济发展在管理、技术、劳动力素质等方面提出具体措施与建议，对于促进我国经济的发展具有重要的意义。

4.1　环境规制与全要素生产率的关系

4.1.1　对于生产率的界定

生产效率是衡量一个企业乃至国家经济发展的重要指标之一。目前，广泛采用全要素生产率这一指标对经济主体的经济增长效率、质量加以衡量，反映经济主体为了摆脱赤字、落后和发展经济在一定时期里表现出来的能力和努力程度，是技术进步对经济发展作用的综合反映。

生产效率主要代表各种生产要素投入与投入产出比，是要素投入利用效率的重要指标之一，它是经济学领域普遍被关注并研究的热点问题。在该问题研究早期，大部分学者仅关注在投入劳动的生产率，采用最后的产出量与投入劳动的比值来计算生产效率。然而，随着研究的不断深入，学者们发现这一指标过于单一，难以全面衡量各因素对生产效率的影响，具有很大的局限性。因此，众多专家学者转向寻求更加合理的评价指标，将生产过程中的总产出量与全部生产要素真实投入量考虑进去。1942 年，首届诺贝尔经济学奖获得者丁伯根提出全要素生产率概念，在他所提出的全要素生产率概念中，只包括劳动与资本的投入，而没有考虑诸如研究与发展、教育与训练等无形要素的投入，仍有待于进一步发展。随后的专家学者不断地对全要素生产率进行研究与发展，形成了目前的全要素生产率的概念。通常情况下，全要素生产率的含义为资源开发利用的效率，其中资源包括人力、物力、财力，即总产出量与全部生产要素投入量之比。总的来说，生产率主要分为两类：一类是计算一种生产要素的利用效率的单要素生产率，另一类是计算全部投入的生产要素的投入产出比的全要素生产率。这两类关注点不同，涉及投入要素的范围及计算值一般也是不同的。

目前，如何计算全要素生产率指标仍然是一个值得研究的热门问题。因为全要素生产率的增长，通常叫作技术进步率，普遍认为是企业生产率增长过程中无法知晓的因素所带来的增长率增长的部分，包括知识、教育、技术培训、规模经济、组织管理等方面的改善使生产量仍能增加的部分。所以，全要素生产率具有余值的概念，可以采用企业的增长率减去资本和劳动投入所带来的产出的增长率来表示。其代表人物为美国经济学家罗伯特·索洛，索洛提出"索洛余值法"，认为除去了资本和劳动增长率以外，其他要素导致的企业产出的增长率的加权平均值，就用来衡量企业全要素生产率。该指标并非所有要素的生产率，"全"的含义是经济增长中不能分别归因于有关的有形生产要素增长的那部分，因而全要素生产率增长率只能用来衡量除去所有有形生产要素以外的纯技术进步的生产率的增长。

4.1.2　全要素生产率的研究意义

关于全要素生产率的研究，对掌握经济主体的经济增长模式，评估经济主体运营质量，提出改进经营方式的具体措施，具有深远的意义。研究全要素生产率的意义还在于：它将资本和劳动这两个实际投入剔除，重点考虑管理进步、技术创新、劳动力素质等其他生产投入对经济增长率的影响，对经济主体可持续发展核心部分进行科学合理的评价，以供经济主体加以改进与提高。相关研究表明，企业生产率的增长，一方面依靠生产物质的不断投入，另一方面依靠物质投入的利用效率，两方面都需要注重与发展。研究经济主体全要素生产率的高低，就是衡量要素利用效率的高低，对经济主体的管理进步、技术创新、劳动力素质进行科学的评价。

近年来，我国及地方也不断出台相关环境污染整治措施，提出将治污问题法律化。一方面，所制定的环境规制势必会对企业的生产经营造成影响，最直接的效应是使企业支付必需的治污成本，影响企业生产效率的提升；另一方面，也可以看到，部分企业顺应环境规制的要求，因引进环保设备或者采用更加清洁的生产技术等，显著减少了企业的环境治理成本，企业综合效益获得了提高，最终帮助企业提高了生产效率。因此，环境规制对企业生产率会产生什么样的影响，探讨环境规制的作用机制，特别是从全要素生产率视角研究环境规制对企业生产率的影响，已是当前学术界关注的热点问题之一。研究环境规制对企业全要素生产率的影响既具有理论意义，也具有现实意义。目前，理论研究主要集中在环境规制对企业外商直接投资、研发投入方面，以及在行业层面和地区层面宏观地研究行业的或者地区的环境规制对行业或者地区全要素生产率的影响，缺少环境规制对于企业全要素生产率的影响等微观层面的研究。现实意义在于我国一直致力于解决日益严重的环境污染问题，纷纷出台了国家及地方相关的限制污染的规章和政策，如何帮助企业处理污染治理成本增加问题，使企业在环境规制的指导下保持甚至提高自身的生产效率，实现生产效率与污染减少的共赢局面，是我们面对的现实问题。

2017 年，国家环保部印发了《国家环境保护标准"十三五"发展规划》，提出我国环境管理工作开始从以控制环境污染为目标导向，向以改善环境质量为目标导向转变，并将逐步建立以排污许可为核心的固定污染源环境管理制度。我国幅员辽阔，东部、中部和西部三大地区支柱产业不同、资源环境差异显著，在制定环境规制时，应充分考虑地区产业的差异性，对于同一地区的各类行业也应采取不同的措施和政策。对于新能源绿色能源产业产生的污染相对较少，而钢铁、发电、造纸等行业污染排放量相对较高，对环境的影响较大，在环境规制的制定方面应充分考虑不同产业的差异性。

4.1.3 环境规制的主要指标

随着我国环境污染治理工作的不断深入，环境规制的评价指标与方法研究也取得了显著进展。环境规制的主要指标可分为以下几类：

其一，国家制定的相关的环境规制政策或者相关制度。主要采用虚拟变量来衡量，将有无实行相关的环境规制的政策制度，对应地设定虚拟变量的值为 1 或 0。

其二，估算相关污染物排放的治理费用占地区或者企业总产值的比率，或者用污染治理产生的投资额占地区或者企业总产值的比率表示环境规制的强度。

其三，以企业治理环境污染的投入成本或者相关污染的治理设备的运行费用作为环境规制的度量指标，这是目前常用的以市场化的环境规制强度为基准的估算方法。

其四，采用与环境相关的间接指标衡量环境规制的强度。

其五，以 CO_2、固体废物、废水排放等污染物的排放达标量或处理量作为环境规制的衡量指标。

其六，采用其他相关内生性的指标反映环境规制的强度。

其七，构建综合的指标体系，结合环境及经济相关的几种指标合成综合指标，建立全方面的环境规制指标来度量环境规制的强度。

4.2 全要素生产率的估计方法

全要素生产率的估算方法主要分为增长会计法与经济计量法两大类。增长会计法以新古典增长理论作为理论基础，估算过程相对简便，考虑因素较少，但是其假设约束性较强，估算结果也较为粗糙；经济计量法则采用各种经济计量模型对全要素生产率进行估算，能够较为全面地考虑各种因素的影响，但是考虑因素较多，数据有时较难获取使得估算过程较为复杂。

4.2.1 增长会计法

增长会计法本质上是一种指数方法，以新古典增长理论为基础，剔除经济增长中要素投入贡献所得值，为全要素生产率增长的估算值。根据指数的不同构造方式，又可分为代数指数法和几何指数法（也称索洛残差法）。

4.2.1.1 代数指数法

代数指数法最早于 1956 年由艾布拉姆威兹提出，采用产出数量指数与所有投入要素加权指数的比率作为全要素生产率。

假设商品价格为 P_t、数量 Q_t，则总产出为 $P_t Q_t$；生产中资本投入为 K_t，劳动投入为 L_t，资本价格即利率为 r_t，工资率为 w_t，则总成本为 $r_t K_t + w_t L_t$。当假定完全竞争和规模收益不变时，有总产出等于总成本，即：

$$P_t Q_t = r_t K_t + w_t L_t \qquad (4\text{-}1)$$

由于技术进步等因素的影响，式（4-1）所表示的关系一般不成立，需要将技术进步等因素考虑进去：

$$P_0 Q_t = TFP_t \left[r_0 K_t + w_0 L_t \right] \qquad (4\text{-}2)$$

式中，r_0、w_0 和 P_0 分别为基年利率、工资和价格。参数 TFP_t 为全要素生产率，反映技术进步等因素对产出的影响。全要素生产率可表示为：

$$TFP_t = P_0 Q_t / \left[r_0 K_t + w_0 L_t \right] \qquad (4\text{-}3)$$

式（4-3）就是全要素生产率的代数指数公式，之后，相关专家学者也提出了各种相似形式的全要素生产率代数指数。代数指数法的优点在于其直观地表达出全要素生产率的内涵，但是其缺少明确的生产函数的表达式。同时，在全要素生产率的表达形式中显示资本和劳动力之间完全可替代，且边际生产率是恒定的，这显然缺乏合理性。因此，代数指数法多是一种概念化方法，很难直接应用于具体实例研究中。

4.2.1.2 索洛残差法

1957 年罗伯特·索洛提出的索洛残差法，是在估算出总量生产函数之后，用从产出增长率中扣除各投入要素增长率后的残差来测算全要素生产率增长，也称生产函数法。其在假定规模收益不变和希克斯中性技术的条件下，全要素生产率增长就等于技术进步率。总量生产函数为：

$$Y_t = \Omega(t) F(X_{nt}) \tag{4-4}$$

式中，Y_t 为产出，X_{nt} 为第 n 种投入要素。$\Omega(t)$ 为希克斯中性技术系数，仅与时间相关，说明技术进步不影响投入要素之间的边际替代率。

$$TFP_t = \Omega(t) = Y_t/F(X_t) = Y_t/(K^\alpha L^\beta) \tag{4-5}$$

式中，TFP_t 为全要素生产率，$F(X_t) = (K^\alpha L^\beta)$ 为要素投入函数。因此，全要素的增长率 TFP 为：

$$TFP = TFP_t/TFP_{t-1} - 1 \tag{4-6}$$

$$\ln Y_t = \ln\Omega(t) + \alpha\ln K_t + \beta\ln L_t \tag{4-7}$$

这是一个双对数模型，可以利用 OLS 估算。其中资本存量需要测算，测算公式为：

$$K_t = I_t/P_t + (1-\delta_t)K_{t-1} \tag{4-8}$$

式中，K_t 为 t 年的实际资本存量，K_{t-1} 为 $t-1$ 年的实际资本存量，P_t 为固定资产投资价格指数，I_t 为 t 年的名义投资，δ_t 为 t 年的固定资产的折旧率。在确定了资本存量的初值以及实际净投资后，便可根据式（4-8）给出各年的实际资本存量。这样，利用回归方程（4-7），人们可以估计出平均资本产出份额 α 和平均劳动力产出份额 β，代入式（4-5）和式（4-6）可以得到全要素生产率增长率。索洛残差法在经济学领域一直被广泛接受和研究，然而它的假定条件也限制了索洛残差法的应用。索洛残差法假定是在完全竞争、规模收益不变和希克斯中性技术的基础条件下成立的，这些条件在现实经济活动中往往难以满足。另外，由于资本价格难以准确确定，所以利用资本存量来代替资本服务忽略了新旧资本设备生产效率的差异以及能力实现的影响。同时，索洛残差法采用"残差"来度量全要素生产率，无法剔除测算误差对估算结果的影响。

4.2.2 经济计量法

为了克服增长会计法存在的缺陷，许多专家学者建议采用经济计量方法，建立各种经济计量模型，运用计量方法进行全要素生产率的估算。代表性的方法主要有隐性变量法和潜在产出法。

4.2.2.1 隐性变量法

隐性变量法将全要素生产率视为一个隐性变量即未观测变量，建立状态空间模型，采用极大似然估计给出全要素生产率估算。为了避免出现伪回归，需要进行模型设定检验，包括数据平稳性检验和协整检验。考虑到产出、劳动力和资本存量数据的趋势成分通常是单位根过程且三者之间不存在协整关系，所以往往采用产出、劳动力和资本存量的一阶差分序列来建立回归方程。

4.2.2.2 潜在产出法

索洛残差法和隐性变量法都假定经济资源得到充分利用，此时全要素生产率增长就等于技术进步率，但忽略了全要素生产率增长的另一个重要组成部分——技术效率提升的影响。潜在产出法，也称边界生产函数法，考虑了技术效率提升的影响，遵循法雷尔的思想，将经济增长归为要素投入增长、技术进步和技术效率提升三部分，全要素生产率增长是由技术进步率与能力实现率改善共同作用的结果，根据估算的能力实现率和技术进步率，便能得出全要素生产率增长率。

4.3 全要素生产率的计算方法

4.3.1 最小二乘法

最小二乘法，也称最小平方法，本质上是一种数学优化技术。该方法以最小化误差的平方和为准则，寻找数据的最佳函数匹配。通过最小二乘法可以很简便地求得未知的数据，并使得这些求得的数据与实际数据之间误差的平方和为最小。采用最小二乘法对经济体的全要素生产率进行估算，是估计全要素生产率最简单的方法。然而，最小二乘法在对经济体的全要素生产率进行估算时，会出现同时性偏差和本选择性偏差两个突出的问题。具体计算时，在测量出影响企业生产经营策略的那部分要素投入所导致的增长率的变化后，就可以用固定效应的方法对全要素生产率的值重新进行估计。这样的计算方法对回归的数据类型是有适用性的，只能对面板数据进行固定效应的 OLS 估计。同时，固定效应估计会导致大量的数据信息不能充分利用。

4.3.2 Olley—Pakes 法（简称 OP 法）

为了克服最小二乘法的同时性偏差和本选择性偏差两个突出问题，Olley 和 Pakes 在 1996 年提出了一种估算企业全要素生产率的新方法，被称为 Olley—Pakes 法（以下简称 OP 法），是一种半参数化的估计方法。OP 法将投资作为全要素生产率的替代变量进行处理，选取当期的投资作为影响企业决策的不可测量因素的替代变量，从而来解决同时性偏差。具体分为两个步骤：第一步，估计劳动和资本对于企业产出的贡献，主要是测算劳动在生产函数中的占比；第二步，将第一步估计出的系数代入生产函数中，估算资本的无偏估计系数，这样就估计出了所有的系数，将这些系数代入生产函数中，得到残差项的对数就是企业全要素生产率的估计值。

4.3.3 Levinsohn—Petrin 方法（简称 LP 法）

在 2003 年，Levinsohn 和 Petrin（2003）提出了另外一种估计全要素生产率的新方法，并以 Levinsohn—Petrin 命名（以下简称 LP 法）。该方法解决了 Olley 和 Pakes 提出的方法中由于变量不满足假定条件而被大量舍弃的问题。LP 法主要的改进在于由于企业投入中间品的数据更容易获得，从而以中间品的投入作为全要素生产率的代理变量。LP 方法也分为两个步骤进行：第一步，建立企业中间品的投入和资本投入的近似高阶多项式，然后代入生产函数中估算出劳动力的无偏估计系数；第二步，将第一步无偏估计的劳动力的系数代入生产函数中，估计出资本和中间品投入的无偏估计系数，根据所估计出的所有系数得出全要素生产率的值。

4.3.4 广义矩方法（GMM 方法）

广义矩方法既不同于"波特假设"不具有一般性，需要大量的案例来进行验证，又不同于 OP 方法和 LP 方法的半参数估计方法。它的提出主要可以解决模型估计时存在的内生性问题。但是广义矩方法也存在两个较为突出的问题：短期的冲击与长期的影响同时存在，时间跨度上不统一；对于样本数据的时间跨度要求比较大，导致估计方程的滞后性，影响估计结果的准确性。所以，采用广义矩方法估算全要素生产率的相关研究较少。

4.4 环境规制对天津市经济增长的作用分析——基于全要素生产率

4.4.1 环境规制对天津市经济增长影响模型

在本书的实证研究中，我们分析经济增长的条件不仅包括实物资本投资和人力资本投资，还包括人口环境、对外开放程度、财政自由支配权和地理位置以及环境规制。其中，最为重要的是环境规制强度。

总体回归模型为：

$$\ln tfp_t = \alpha_0 + \alpha_1 er_t + \alpha_2 er_t^2 + \alpha_i X_i + \varepsilon_t \qquad （模型1）$$

被解释变量——全要素生产率 tfp。根据上文 2001～2015 年的数据，按 Cobb—Douglas 生产函数计算获得。

主要考察以下解释变量：

环境规制强度（er）——采用纵横向拉开档次法，计算环境规制强度采用一次项，用来反映环境规制对经济增长的产出弹性；同时，根据以往文献建议，采用考虑环境规制强度的二次项，来描述环境规制对经济增长的非线性的影响。其余解释变量构成了 X_i，并用环境规制强度（er）交互构成。

天津市全社会固定资产投资（k）——参考张军等（2004）的做法，假定折旧率为 5%，计算各年实际固定资产投资。在模型设定中，用实际固定资产投资的对数来表示。全社会固定资产投资是以货币为计量工具，衡量建造和购置固定资产总量的指标。它综合评价了固定资产投资规模、发展速度、比例关系和使用方向。根据不同的经济类型，全社会固定资产投资又具体分为国有、集体、个体、联营、股份制、外商和港澳台商及其他等固定资产投资。按照管理渠道，又可将全社会固定资产投资划分为基本建设、更新改造、房地产开发投资和其他固定资产投资四个部分。全社会固定资产投资是社会经济法发展的基础之一，加大全社会固定资产投资意味着增加了未来经济发展的投入，使社会财富获得增加。

人力资本投资——采用天津市各年人力资源社会从业人口计算得到。在模型设定中，用人力资源社会从业人口的对数来表示。人力资本投资在经济发展中是与固定资产投资相对的，不是以有形资产为表现，而是表现为在教育经费和技术训练等方面所进行的投资。经典经济学认为，对劳动者教育上的投资，才是最有效的投资方式。在经济活动中，经济参与者的教育水平越高，各个环节人力资本投资的效益显现越明显，可有效地促进社会经济发展的质量和速度。因此，在计算全要素生产率时，人力资本投资是全要素生产率的重要组成部分。

财政分权（fd）——采用天津市财政收入与财政支出的差额占各地区财政支出的比重来表示。一个国家的政府经济体系会分为若干层次，并通过划分权力使各层次协调发展，以实现经济发展的最终目标。财政分权就是规定了地方政府可支配税收和支出的职责范围，准许地方政府可以独立自主地确定预算支出，赋予地方政府根据自身经济发展独立自主的出台政策，以便更好地为地方经济发展提供政策指导与服务。在地方政府经济发展中，财政分权收入与支出数量和比重在很大程度上影响地方的经济发展规模和速度，是影响地方经济全要素生产率的重要因素之一。

对外贸易依存度（fdd）——采用天津市进出口总额换算成当年的人民币进行核算。在模型设定中，采用进出口总额占全市生产总值的比值。对外贸易是一个国家或地区经济发展的重要组成部分，是该国家或地区与另一个国家和地区之间所进行的商品、劳务和技术的总和，同时包括进口和出口两部分。对外贸易能有效地促进地区之间商品、劳务和技术交流与发展，对地区调节资本结构、提高劳动生产总量、提升市场竞争力、加强各经济部门联系都有促进作用。同时，也应注意对外贸易对本地区特定行业与技术的冲击。总而言之，对外贸易是一个国家或地区经济发展的重要组成部分，对其经济发展形成了不可忽视的影响。

产业结构（is）——采用天津市第三产业从业人口数计算。在模型设定中，采用第三产业从业人口数占总人口的比值。产业结构是一个国家或地区的农业、工业和服务业在总体经济结构的份额。产业结构和经济发展之间存在相互发展、相互制约的关系。合理优化的产业结构可以大大促进经济的快速增长，同时经济增长也会使产业结构发生改变。可以说，产业结构的改变对经济发展具有至关重要的作用。因此，产业结构对全要素生产率与环境规制存在着潜在的影响作用。

人口密度（ppd）——采用天津市各年每平方公里人口数来表示。这是因为密度对人的生活和学习至关重要，密度越大越会产生基础设施、公共服务的优化，可能越有利于经济增长。人口密度是单位土地面积上的人口数量，与经济发展具有紧密的相关性。现代经济的发展受"距离"影响巨大，在交通运输、供水供电供燃气以及信息传输等方面，人口密集的地区投入的单位成本远远低于人口稀少的地区，同时建成后人口密集的地区高使用频率也使收益迅速增长。因此，人口密度也是影响经济发展的重要指标之一。人口密度对全要素生产率和环境规制也具有一定的潜在影响。

就业人口水平（hr）——采用天津市各地区大专以上人口数占 6 岁以上抽样人口总数进行计算。高新技术产业在经济发展中的地位和作用越来越突出，随之而来的是对经济活动参与者教育程度的要求越来越高，因为目前经济发展需要以技术创新为主要特征，需要高素质、高学历的人员担当技术研发的主力，从而推动高新技术产业的发展、促进经济健康快速发展。就业人口水平对全要素生产率提高和环境规制执行具有不可忽视的作用和影响。

表 4-1　变量的描述统计量

Variable	N	Mean	Std. Dev.	Min	Max
tfp	15	1.060	0.060	0.970	1.180
er	15	1.095	0.313	0.649	1.943
fd	15	0.205	0.059	0.141	0.303
fdd	15	0.777	0.249	0.429	1.153
is	15	0.253	0.041	0.192	0.330
lnppd	15	6.931	0.161	6.750	7.182
hr	15	0.158	0.042	0.095	0.220

数据来源：《中国环境年鉴》和《天津统计年鉴》。

如表 4-1 所示，数据来源于 2001~2015 年共计 15 年的数据，全要素生产率 tfp 的均值为 1.060，标准差为 0.060，标准差比均值的变异系数为 0.057，离散程度小。环境规制强度 er 的均值为 1.095，标准差为 0.313，其标准差比均值的变异系数为 0.286，离散程度也较小。对外贸易依存度的均值为 0.777，标准差为 0.249，其标准差比均值的变异系数为 0.320，离散程度也较小。由于环境规制强度主要为大于 1 的数值，而外贸易依存度主要为小于 1 的数值，所以它们所对应的二次项分别有放大作用与缩小作用。总体来看，全要素生产率离散程度最小，对外贸易依存度的离散程度有所增加，相比之下环境规制强度的离散程度最大。这也可以从各指标的最小值与最大值的比较中得到相似的结论。

相类似，也可以对财政分权（fd）、产业结构（is）、人口密度的自然对数（$\ln ppd$）和就业人口水平（hr）进行分析比较，其标准差比均值的变异系数分别为 0.288、0.162、0.023 和 0.266。财政分权（fd）和就业人口水平（hr）离散程度与外贸易依存度（fdd）的相近，说明天津市这三个指标发展较为均衡，而产业结构（is）和人口密度的自然对数（$\ln ppd$）离散程度相对较小，则说明天津市产业结构在 2001～2015 年仍然延续原有格局进行发展，没有较大调整，同时天津市人口密度也趋于稳定，没有过大的增减。

关于全要素生产率 tfp 的估算，选用索洛余值法，索洛余值法是在 Cobb - Douglas 生产函数的基础上衍生而来的。

首先，为了估算企业的全要素生产率，需要建立一个生产函数。企业进行生产需要投入的要素非常多，企业的总产出无法全部被要素投入解释，而全要素生产率就可以用来衡量这些无法解释的因素导致的企业产出的增长率水平。全要素生产率可以理解为除去了可以计量的要素投入后余下的要素对于生产率增长的贡献，或者由于企业战略调整、制度的改善或者技术创新等非生产性因素对企业增长率的影响。本章采用柯布—道格拉斯生产函数（简称 Cobb—Douglas 生产函数），该函数符合企业的实际，且函数形式简单易懂，能够提供更多的信息，直观地测度规模经济。Cobb—Douglas 生产函数形式为：

$$Y_t = A_t K_t^{\alpha} L_t^{\beta} \tag{4-9}$$

式中，Y_t 表示企业的产出；K_t 表示企业投入的资本；L_t 表示企业投入的劳动；A_t 表示企业技术进步，它能够同时提升投入要素的边际产出水平。α 表示物质资本的产出弹性；β 表示人力资本的产出弹性。为求出 α、β，在规模收益不变的假设下（$\alpha+\beta=1$）对方程两边取对数

$$\ln(Y_t) = \ln(A_t) + \alpha \ln(K_t) + \beta \ln(L_t) + \mu \tag{4-10}$$

因为 $\alpha+\beta=1$，所以整理得：

$$\ln(Y_t/L_t) = \ln(A_t) + \alpha \ln(K_t/L_t) + \mu \tag{4-11}$$

式（4-10）左右两边微分，结果为：

$$\frac{1}{Y_t}\frac{\mathrm{d}Y_t}{\mathrm{d}t}=\frac{1}{A_t}\frac{\mathrm{d}A_t}{\mathrm{d}t}+\alpha\frac{1}{K_t}\frac{\mathrm{d}K_t}{\mathrm{d}t}+\beta\frac{1}{L_t}\frac{\mathrm{d}L_t}{\mathrm{d}t} \qquad (4-12)$$

式中，$\frac{1}{Y_t}\frac{\mathrm{d}Y_t}{\mathrm{d}t}$ 表示经济平均增长率；$\frac{1}{A_t}\frac{\mathrm{d}A_t}{\mathrm{d}t}$ 表示技术平均进步率；$\frac{1}{K_t}\frac{\mathrm{d}K_t}{\mathrm{d}t}$ 表示资本平均增长率；$\frac{1}{L_t}\frac{\mathrm{d}L_t}{\mathrm{d}t}$ 表示劳动力平均增长率。在规模收益不变和中性技术的假设下简记为：

$$Y'=A'+\alpha K'+\beta L' \qquad (4-13)$$

式中，Y' 表示经济增长率；A' 表示技术进步率；K' 表示资本增长率；L' 表示劳动力增长率。由于技术进步的贡献程度无法直接测算，将经济增长率扣除物质资本和劳动力的贡献，剩余就是技术进步的贡献，令 $\theta_A=\frac{A'}{Y'}$，则 θ_A 为科技进步对经济增长的贡献率。

其次，计算全要素生产率所需的真实产出的数据可以从国家统计局的官网上获得与生产函数设定中变量相对应的现实数据。另外，注意到指标给出的是年底数，为与 GDP 流量的含义相一致，将前后两年的就业人员数进行算术平均，获得年中的就业数。资本存量序列需要在统计资料数据的基础上进行估算，经查阅文献可知，现在多采用被 OECD 国家广泛使用的永续盘存法对资本存量进行核算，所以此处也采用此方法进行资本存量的核算。查阅《天津统计年鉴》及官方发布数据，此处采用 2001~2015 年天津市的固定资本存量为投资流量指标，并以 2001 年固定资本存量为基础，计算每年的全要素增长率考虑固定资本年折旧率平均约为 5%，固定资产投资项目的平均建设周期约为 3 年，第 20 年的固定资本存量 K_{i+20} 由下式确定：

$$K_{i+20}=0.05\,C_{i+1}+0.10\,C_{i+2}+0.15\,C_{i+3}+\cdots+0.09\,C_{i+18}+0.95\,C_{i+19}\times0.67+$$
$$C_{i+20}\times0.33$$
$$(i=1996,\ 1997,\ 1998,\ \cdots,\ 2015)$$

另外，本书假定 $\alpha+\beta=1$，所以确定其中一个参数就可以完全确定两个参数值。本书采用 Stata 12.0，选用 2001~2015 年 20 年天津市全市生产总值、人力资源社会从业人口、全社会固定资产投资计算天津市全要素生产率。其中，全市生产总值、人力资源社会从业人口、全社会固定资产投资来源于历年的《天津统计年鉴》，根据式（4-13）计算全要素生产率，如表 4-2 所示。

表 4-2　2001~2015 年天津市全要素生产率相关主要指标

年份	全市生产总值 （亿元）	人力资源社会从业 人口（万人）	全社会固定资产 投资（亿元）	全要素生产率 （%）
2001	1919.09	488.34	705.1	—
2002	2150.76	492.61	811.26	1.07
2003	2578.03	510.90	1046.72	1.12
2004	3110.97	527.78	1258.98	1.13
2005	3905.64	542.52	1516.84	1.18
2006	4462.74	562.92	1849.8	1.05
2007	5252.76	613.93	2388.63	1.05
2008	6719.01	647.32	3404.10	1.16
2009	7521.85	677.13	5006.32	0.99
2010	9224.46	728.70	6511.42	1.07
2011	11307.28	763.16	7510.67	1.09
2012	12893.88	803.14	8871.31	1.01
2013	14442.01	847.46	10121.21	1.00
2014	15726.93	877.21	11654.09	0.99
2015	16538.19	896.80	13065.18	0.97

关于环境规制的估算，主要是科学、合理地确定环境规制强度指标，这是分析环境规制对经济增长影响的重要前提、难点与核心。现有环境规制强度的衡量仍然存在两点不足：一是指标选择的单一性；二是指标选取的随机性。环境规制是政府行为，在选取环境规制强度指标时，应从政府角度而非企业或民众角度出发，但现有许多文献并非如此。关于环境规制强度具体指标的选取，为更好地测度出中国政府环境规制水平和各地区环境规制强度的大小，笔者将根据中国环境规制的投入与产出情况，一方面遵循环境规制的政府主体原则，另一方面克服指标选取的单一化，同时考虑横向差异数据的可比性，重新构建环境规制强度指标。

基于以上学者在衡量环境规制强度时选择指标的缺陷，结合中国环境规制现状，本书将选取以下指标来合成中国环境规制强度指数，具体包括：已执行环境影响评价项目数、应执行"三同时"建设项目数、环保系统年末实有人数、排污收费总额、污染治理项目投资额、处理来信数、已颁布的地方法规、污染事故赔罚款总额、工业废水排放达标率、工业 SO_2 排放量、工业固体废物综合利用率以及已获奖的科技成果总项。以上各指标的数据来源于1996~2010年《中国环境年鉴》和2004~2009年《中国环境统计年报》。基于以上学者在衡量环境规制强度时选择指标的缺陷，结合中国环境规制现状，本书将选取以下指标来合成中国环境规制强度指数，具体包括：已执行环境影响评价项目数、应执行"三同时"建设项目数、环保系统年末实有人数、排污收费总额、污染治理项目投资额、处理来信数、已颁布的地方法规、污染事故赔罚款总额、工业废水排放达标率、工业 SO_2 排放量、工业固体废物综合利用率以及已获奖的科技成果总项。以上各指标的数据来源于2001~2015年《中国环境年鉴》。

本书采用纵横向拉开档次法计算环境规制。由上文可知，环境规制是通过多种因素和规定实施的，所以是多指标综合评价问题。多指标由于度量单位、数量等不同，不能简单地叠加分析，需要经过科学合理的处理后加以分析。在多指标综合评价方法中，需要建立 m 个评价指标 x_1, x_2, $\cdots$, x_m，并确定 x_j 与相对应的权重系数 w_j（一般地，要求 $w_j>0$, $w_1+\cdots+w_m=1$）。利用这些评价指标和权重系数，对 n 个评价对象 s_1, s_2, $\cdots$, s_n 的运行状况进行排序或分类。其评价结果的科学合理性，主要取决于权重系数 w_j 的确定。因此，如何确定权重系数，就成为这类决策的核心问题。目前，对于多指标的综合评价问题提出了很多方法，本书采用纵横向拉开档次法计算环境规制。

纵横向拉开档次法主要计算过程如下：设有 n 个被评价对象（或系统）s_1, s_2, $\cdots$, s_n，有 m 个评价指标 x_1, x_2, $\cdots$, x_m，且按时间顺序 t_1, t_2, $\cdots$, t_r 获得原始数据 $\{x_{ij}(t_k)\}$ 构成一个时序立体数据。由时序立体数据表支持的综合评价问题，称为动态综合评价问题，一般可表示为：

$$y_i(t_k) = F(w_t(t_k), w_2(t_k), \cdots, w_m(t_k); x_{i1}(t_k), x_{i2}(t_k), \cdots, x_{im}(t_k))$$
$$k = 1, 2, \cdots, T \quad i = 1, 2, \cdots, n$$

式中，$y_i(t_k)$ 为 s_i 在时刻 t_k 处的综合评价值。当 $T=1$ 时，即为静态综合评价问题。不失一般性，这里假定对原始数据 $\{x_{ij}(t_k)\}$ 进行了指标类型一致化、无量纲化处理，即在以下讨论中假设评价指标 x_1, x_2, $\cdots$, x_m 均是极大型的，$\{x_{ij}(t_k)\}$ 是经过无量纲化处理了的"标准"数据。

纵横向拉开档次法设定综合评价函数为：

$$y_i(t_k) = \sum w_j x_{ij}(t_k), \; k = 1, 2, \cdots, T \quad i = 1, 2, \cdots, n \quad (4\text{-}14)$$

确定权重系数 w_j（$j=1$, 2, $\cdots$, m）的原则是在时序立体数据表上最大可能地体现出各被评价对象之间的差异。而 s_1, s_2, $\cdots$, s_n 在时序立体数据表 $\{x_{ij}(t_k)\}$ 上的这种整体差异，可用 $y_t(t_k)$ 的总离差平方和来刻画，即：

$$e^2 = \sum_{k=1}^{t} \sum_{i=1}^{n} (y_i(t_k) - \bar{y})^2 \qquad (4-15)$$

由于对原始数据的标准化处理有

$$\bar{y} = \frac{1}{T} \sum_{k=1}^{T} \left(\frac{1}{n} \sum_{i=1}^{n} \sum_{j=1}^{m} w_j x_{ij}(t_k) \right) = 0 \qquad (4-16)$$

所以：

$$e^2 = \sum_{k=1}^{T} \sum_{i=1}^{n} (y_i(t_k))^2 = \sum_{k=1}^{T} [W^T H_K W] = W^T \sum_{k=1}^{T} H_K W \qquad (4-17)$$

式中，$W = \{w_1, w_2, \cdots, w_m\}^T$，$H = \sum H_k$ 为 m×m 阶对称矩阵，$H_K = X_K^T X_k$ $(k=1, 2, \cdots, T)$，且

$$X_k \begin{bmatrix} x_{11}(t_k) & \cdots & x_{1m}(t_k) \\ \vdots & \ddots & \vdots \\ x_{n1}(t_k) & \cdots & x_{nm}(t_k) \end{bmatrix} \quad k=1, 2, \cdots, T \qquad (4-18)$$

这样，动态综合评价问题转化为纵横向拉开档次法中基于综合评价函数求解综合评价值的问题，计算结果如表 4-3 所示。

天津市全市生产总值由 2001 年的 1919.09 亿元逐年递增，到 2015 年达到 16538.19 亿元，增长接近 9 倍。同时，人力资源社会从业人口和全社会固定资产投资的发展也呈逐年增长态势：人力资源社会从业人口由 2001 年的 488.34 万人增加到 2015 年的 896.80 万人，全社会固定资产投资由 2001 年的 705.1 亿元增加到 2015 年的 13065.18 亿元。这种增长趋势从图 4-1 也可以看到，三条数据曲线都随年份的增长呈现上升趋势，这说明随着经济大环境的发展，天津市经济总体呈现发展趋势。

另外，表 4-2 也提供了通过式（4-13）计算的全要素生产率，该全要素生产率是以表 4-2 中 2001 年全市生产总值、人力资源社会从业人口、全社会固定资产投资为基准进行计算的。从表 4-2 和图 4-1 可以看出，虽然天津市随着经济大环境的发展，全市生产总值、人力资源社会从业人口、全社会固定资产投资都呈现增长趋势，但是天津市全要素生产率并不呈现逐年增长态势，而是呈现起伏发展的趋势，并且在 2001~2005 年呈现高速增长趋势，之后以较小的增长率发展，在 2008 年又一次出现高增长率后，以较低的增长率继续发展，特别是 2013~2015 年出现了缓慢增长的趋势。这主要反映天津市的经济发展状态。2001 年开始为第十个五年计划执行期，由于天津市加大经济发展力度，加之 2001 年经济基数较低，全要素生产率呈现较大的增长率。在 2005 年之后，天津市经济发展

表4-3 天津市环境规制指标

年份	已执行环境影响评价项目数（件）	应执行"三同时"建设项目数（件）	环保系统年末实有人数（人）	排污收费总额（万元）	污染治理项目投资额（万元）	处理来信件数（封）	已颁布的地方法规（件）	工业废水排放达标率（%）	工业 SO₂ 排放量（万吨）	工业固体废物综合利用率（%）	已获奖的科技成果总项（项）	环境污染与事故破坏情况（次）	规制指标值
1996	561	105	1532	5621	17266	1947	2	0.74	20.07	0.76	5	3	0.65
1997	506	218	1607	5892	17512	589	12	0.86	23.49	0.87	5	42	0.95
1998	1319	332	573	5893	25340	3879	1	0.82	20.03	1.00	1	4	0.56
1999	511	101	1418	6720	34485	4955	2	0.82	15.18	1.00	0	0	0.70
2000	935	78	1423	6774	76993	5714	2	0.98	21.37	0.99	5	1	0.72
2001	1869	185	1672	8153	26255	6424	0	1.00	19.85	0.95	2	3	0.65
2002	6645	4464	1679	11157	99227	20749	0	1.00	20.08	0.96	24	1	1.94
2003	2565	1386	1703	14219	87152	15843	2	1.00	23.02	0.96	2	2	0.94
2004	1743	1121	1781	14929	72546	18988	6	0.99	20.14	0.97	3	1	1.18
2005	1887	1181	1853	20177	186316	15037	1	1.00	24.12	0.98	4	3	0.92
2006	2112	1073	1851	24061	151334	14927	0	1.00	23.23	0.98	2	0	0.86
2007	2410	1165	1895	24615	150527	604	0	1.00	22.48	0.98	1	6	0.73
2008	1992	893	1931	18413	168270	20961	0	1.00	20.98	0.98	1	0	0.90
2009	2212	1073	1949	15115	180054	17756	0	0.98	17.30	0.71	5	0	1.04
2010	3607	1087	1918	18042	164684	13797	0	1.00	21.76	0.99	6	0	1.02
2011	4152	1220	1958	19644	1673000	13349	0	1.00	22.20	1.00	4	1	1.26
2012	3264	1319	1888	19241	1575000	217	2	1.00	21.55	1.00	3	5	1.16
2013	3330	1283	1835	18697	1802000	510	0	1.00	20.78	0.99	2	0	1.16
2014	2567	986	1829	36012	2789000	241	1	1.00	19.54	0.99	1	1	1.35
2015	1842	962	1879	55385	1265000	218	3	1.00	15.46	0.99	1	1	1.33
计算权重	0.088	0.095	0.078	0.083	0.093	0.082	0.076	0.077	0.078	0.077	0.097	0.077	—

达到较大的发展水平，全要素生产率增幅减缓。特别是在 2014~2015 年，全要素生产率低于 1.0。

　　由于全社会固定资产投资与人力资本投资已在之前讨论过，故本章针对环境规制与财政分权、对外贸易依存度、产业结构、人口密度及就业人口水平进行深入讨论。历年数据与环境规制指标变化情况如表 4-4 所示。

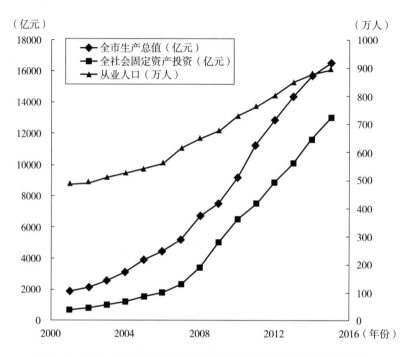

图 4-1　2001~2015 年天津市全要素生产率相关主要指标发展趋势

表 4-4　2001~2015 年解释变量与被解释变量

年份	环境规制综合指标	全社会固定资产投资（亿元）	人力资源社会从业人口（万人）	地方财政收支差额占支出比重	进出口总额占全市生产总值比重	第三产业从业人口数占总人口比重	人口密度（人/平方公里）	各地区大专以上人口数占 6 岁以上抽样总人数比重
2001	0.65	705.10	488.34	0.20	0.78	0.19	854	0.095
2002	1.94	811.26	492.61	0.17	0.88	0.20	856	0.096
2003	0.94	1046.72	510.90	0.17	0.95	0.21	860	0.108
2004	1.18	1258.98	527.78	0.14	1.12	0.22	870	0.137

续表

年份	环境规制综合指标	全社会固定资产投资（亿元）	人力资源社会从业人口（万人）	地方财政收支差额占支出比重	进出口总额占全市生产总值比重	第三产业从业人口数占总人口比重	人口密度（人/平方公里）	各地区大专以上人口数占6岁以上抽样总人数比重
2005	0.92	1516.84	542.52	0.14	1.12	0.22	887	0.139
2006	0.86	1849.80	562.92	0.15	1.15	0.23	914	0.141
2007	0.73	2388.63	613.93	0.20	1.02	0.25	948	0.139
2008	0.90	3404.10	647.32	0.22	0.82	0.25	1000	0.161
2009	1.04	5006.32	677.13	0.14	0.58	0.26	1044	0.151
2010	1.02	6511.42	728.70	0.28	0.59	0.27	1105	0.175
2011	1.26	7510.67	763.16	0.29	0.58	0.28	1152	0.183
2012	1.16	8871.31	803.14	0.30	0.56	0.28	1202	0.217
2013	1.16	10121.21	847.46	0.29	0.55	0.29	1252	0.211
2014	1.35	11654.09	877.21	0.19	0.52	0.31	1290	0.197
2015	1.33	13065.18	896.80	0.19	0.43	0.33	1315	0.22

本书的财政分权用天津市财政收入与财政支出的差额占各地区财政支出的比重来表示。通常情况下，地方财政收入的规模决定财政支出的规模，有收才有支，多收才能多支，少收只能少支。同时，财政支出是财政收入的目的，财政的合理支出有利于国民经济的健康发展，又能为增加财政收入创造条件。财政既有收入也有支出，假如财政收入大于支出，节余过多，则意味着财政资金没有得到有效利用，对经济建设和社会发展不利；假如财政收入小于支出，则意味着财政支出要依靠借债来维持，这种状况可能导致社会总需求和总供给的不平衡，引发通货膨胀。财政收支的最理想状态是财政收支相等，因为这时财政资金得到了最充分的利用。但是，在现实经济生活中，财政收支相等的情况几乎是不可能存在的。这是因为：第一，国家的经济状况是运动、不断变化的，收入的来源、数量，支出的项目、需求量，都不是固定的；第二，预算是在实现财政收入之前编制、实施的，收入和支出都是在一年中陆续实现的，不可能在实现了全部财政收入之后再安排支出。

结合表4-4和图4-2可以看出，2001~2015年，天津市环境规制综合指标随年份的推进是上下起伏波动的，总体上环境规制综合指标与财政分权发展呈现反向形态。环境规制综合指标由2001年的0.65很快提升到2002年的1.94，而财

政分权由 2001 年的 0.2 降低为 2002 年的 0.17。之后，环境规制综合指标下降到
0.94，而财政分权继续降低，2005~2008 年在较低点发展。随着环境规制综合指
标 2008 年前后在较低状态下发展，财政分权指标有了明显的提升，由 2005 年的
0.14 逐步升高到 2008 年的 0.22。2008 年以后，天津市环境规制逐步加强，财政
分权总体在较高的程度发展，到了 2015 年又降低到 0.19。因此，环境规制综合
指标与政府财政分权发展相关性不明显。

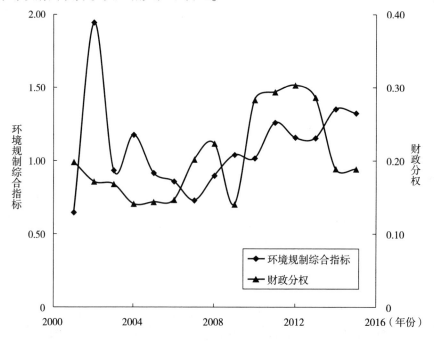

图 4-2　2001~2015 年天津市环境规制综合指标与财政分权发展趋势

　　对外贸易依存度（fdd）采用天津市进出口总额换算成当年的人民币进行核
算；在模型设定中，采用进出口总额与全市生产总值的比值。进出口总额包括：
对外贸易实际进出口货物，来料加工装配进出口货物，国家间、联合国及国际组
织无偿援助物资和赠送品，华侨、港澳台同胞和外籍华人捐赠品，租赁期满归承
租人所有的租赁货物，进料加工进出口货物，边境地方贸易及边境地区小额贸易
进出口货物（边民互市贸易除外），中外合资企业、中外合作经营企业、外商独
资经营企业进出口货物和公用物品，到岸、离岸价格在规定限额以上的进出口货
样和广告品（无商业价值、无使用价值和免费提供出口的除外），从保税仓库提
取在中国境内销售的进口货物，以及其他进出口货物。

进出口业务的良好发展，对于解决我国经济在发展过程中的矛盾，提高我国产品的国际竞争力和综合国力，乃至对世界经济的推动，都表现出十分重要的作用。一是改善我国经济结构，加速工业化进程。随着我国对外贸易的发展，外向型经济部门不断壮大，通过扩大出口，利用获得的资金，引进工业生产所必需的资本品、原材料、技术等，加速工业化进程，改变传统产业格局，推动产业结构优化，提升我国在国际上的总体竞争力。二是推动国内技术进步，体现"后发优势"。对外贸易是我国获得技术的重要渠道，知识产权的跨国交易本身就构成了现代国际贸易的重要内容。三是充分利用"两种资源和两个市场"，增强经济的抗风险能力。通过出口国内生产相对过剩的产品，在国际市场上占据一席之地，可以缓解国内供求矛盾，提高经济效益。四是促进资本积累，提升规模效益。多年来，我国货物贸易的顺差一直是外汇储备快速上升的重要来源。五是有力地促进了经济增长，带动了国内就业。外向型经济的日趋活跃，带动了国内就业水平的提高。六是在全球经济增长中发挥积极作用。与许多国家相比，中国的发展更具开放性，对世界经济增长的带动效应更大，多年来无论进口还是出口都能保持高速增长。

结合表4-4和图4-3可以看出，2001~2015年，天津市环境规制综合指标随年份的推进是上下起伏波动的，总体上环境规制综合指标与对外贸易依存度呈现反向形态。环境规制综合指标由2001年的0.65很快提升到2002年的1.94（最高点），之后，逐渐降低到2007年的0.73（最低点），而后又逐步提升，这说明天津市近10年环境规制逐年加强。而对外贸易依存度由2001年的0.78上升为2006年的1.15（最高点），之后逐步降低到2015年的0.19，这说明近年来天津市经济对外贸易占全市生产总值的比重在下降，天津市的经济发展结构发生了改变。环境规制综合指标与对外贸易依存度总体呈现反向形态。

产业结构（is）用天津市第三产业从业人口数计算。在模型设定中，采用第三产业从业人口数与总人口的比值。根据国务院办公厅转发的国家统计局关于建立第三产业统计报告上对中国三次产业划分的意见，中国第三产业包括流通和服务两大部门，具体分为四个层次：一是流通部门：交通运输业、邮电通信业、商业饮食业、物资供销和仓储业；二是为生产和生活服务的部门：金融业、保险业、地质普查业、房地产管理业、公用事业、居民服务业、旅游业、信息咨询服务业和各类技术服务业；三是为提高科学文化水平和居民素质服务的部门：教育、文化、广播、电视、科学研究、卫生、体育和社会福利事业；四是国家机关、政党机关、社会团体、警察、军队等，但在国内不计入第三产业产值和国民

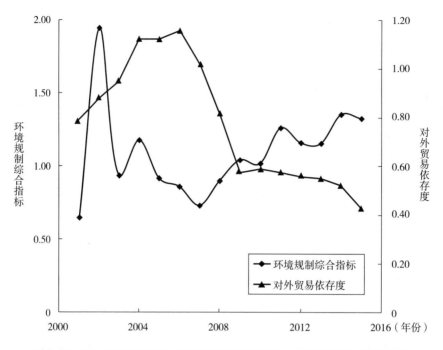

图4-3 2001~2015年天津市环境规制综合指标与对外贸易依存度发展趋势

生产总值。由此可见，第三产业基本上是一种服务性产业。当前加快发展第三产业的重要意义，主要是有利于建立和完善社会主义市场经济体制；有利于加快经济发展，提高国民经济素质和综合国力；有利于扩大就业，缓解中国就业压力；有利于提高人民生活水平，实现小康。

结合表4-4和图4-4可以看出，2001~2015年，天津市环境规制综合指标随年份的推进是上下起伏波动的，而产业结构逐年提高，由2001年的0.19增加到2015年的0.33，这说明天津市产业结构获得了快速发展。天津市积极培育新主体、新产业、新业态、新产品，全市就业结构进一步优化。2017年末，第一产业就业人口为62.71万人，第二产业就业人口为290.90万人，第三产业就业人口为541.22万人；三次产业就业人口比为7.01∶32.51∶60.48。与上年相比，第一产业、第二产业就业人口分别减少2.39万人和15.51万人，第三产业就业人口增加10.31万人，第三产业就业人口比重首次超过六成。据全市规模以上单位就业情况统计，第三产业中代表服务业发展高端的重点行业如租赁和商务服务业增加3.3万人，增长33.3%；信息传输、软件和信息技术服务业增加0.7万人，增长15.7%；科学研究和技术服务业增加0.7万人，增长7.5%。在就业结

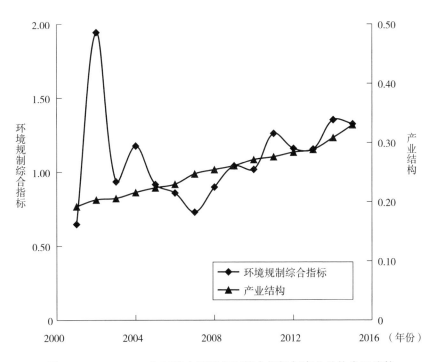

图4-4　2001~2015年天津市环境规制综合指标与产业结构发展趋势

构进一步优化的同时，全市就业人口素质较上年也有一定幅度的提升。数据显示，2017年，全市就业人口中，大专及以上受教育程度的占32.77%，较上年提高2.07个百分点；就业人口平均受教育年限为11.70年，提高0.32年。

人口密度（ppd）用天津市各年每平方公里人口数来表示。密度对人的生活和学习至关重要，密度越大可能越会促进基础设施、公共服务的优化，有利于经济增长。从古典自由主义经济学角度分析，人口密度越大越有利于经济发展。这是因为经济要发展，就要提高劳动生产率。劳动生产率，就是单位时间内的劳动产量。要提高单位时间内的劳动产量，首要因素就是要提高劳动者的劳动熟练程度。劳动者的劳动熟练程度的提高，直接取决于劳动分工和专业化。人口密度越大的地方，分工越细；人口密度越小的地方，分工越粗。同时，人口密度与经济发展的相互关系是复杂的。一方面，人口密度的提高将促进经济的发展。最低限度的人口数量及其密度是经济活动赖以存在和发展的必要前提。随着人口密度的提高，劳动力的供给增加，社会的劳动分工有了可能；对资源的压力增大，各种创新活动和进一步开发利用自然资源成为必要，市场容量扩大，交换更加频繁等，所有这些都会推动经济的增长与发展。另一方面，在一定条件下，人口数量及其密度过大又会对经济发展产生阻碍作用。同样地，当人口数量及其密度达到一定高度和经济水平提高到一定程度，经济发展对人口数量增长和人口密度提高的促进作用也会趋于缓和，而不再那么明显和突出。对中国的实证分析表明，人口增长和人口密度与经济发展有复杂多变的关系。正如许多研究所表明的那样，人口与经济的关系是多种多样的，并且是有条件的。就相互作用的效果而言，人口可能促进经济的发展，也可能阻碍经济的发展；就影响的方式而言，人口可能影响经济增长率，也可能影响经济结构，还可能间接地通过其他因素影响经济发展。

　　结合表 4-4 和图 4-5 可以看出，2001~2015 年，天津市环境规制综合指标随年份的推进是上下起伏波动的，而人口密度逐步提高，由 2001 年的 854 人/平方公里逐年增加到 2015 年的 1315 人/平方公里。经过进一步分析，2004 年以来，天津市常住人口的跨越式增长主要由外来常住人口的跨越式增长所推动，外来常住人口增速为 20%~30%。同时，天津市域各层面人口增长特征不同，以滨海新区人口的超常规增长、中心城区人口的再集聚、环城四区的高速增长及近郊五区县的常速增长为特征。

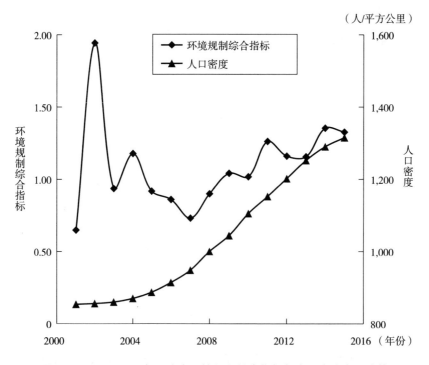

图 4-5　2001~2015 年天津市环境规制综合指标与人口密度发展趋势

就业人口水平（hr），采用天津市各地区大专以上人口数占 6 岁以上抽样人口总数进行计算。2015 年，在卡塔尔首都多哈举办的世界教育创新峰会上，卡塔尔基金会主席谢赫莫扎指出每个国家都应注意在教育方面的投资，因为一个国家的教育水平和经济发展之间有着密切关系。研究表明，我国就业人口教育水平与经济发展的国民生产总值有正相关关系，主要有以下三方面的因素：一是就业人员的教育程度提高有利于企业做出正确的决策，在生产、销售、服务等方面都有促进作用；二是就业人员教育水平的提高，也促进了科技水平的提升，推动专利数量的增加，促进创业理念、创业方向的革新；三是教育也对社会、市场良好的风气与安定提供了保障。因此，就业人口水平对经济发展有着重要的影响。

结合表 4-4 和图 4-6 可以看出，2001~2015 年，天津市环境规制综合指标随年份的推进是上下起伏波动的，而就业人口水平逐步提高，由 2001 年的 0.095 增加到 2015 年的 0.22，天津市就业人口高层次教育水平人口比重增加。2017 年末，全社会就业人口为 894.83 万人，第三产业就业人口比重首次超过六成。数据显示，2017 年，全市就业人口中，大专及以上受教育程度的占 32.77%，较上年提高 2.07 个百分点；就业人口平均受教育年限为 11.70 年，提高了 0.32 年，

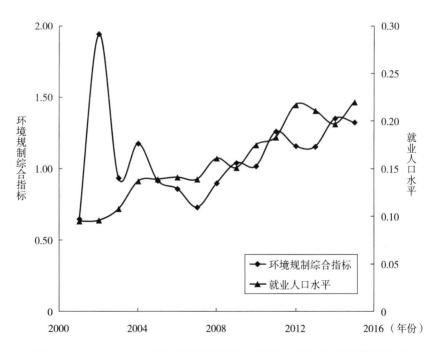

图 4-6　2001~2015 年天津市环境规制综合指标与就业人口水平发展趋势

表明天津市高层次受教育程度人口显著增加。随着经济水平的快速发展，进入天津市的外来常住人口的受教育水平也有一定幅度的提高。在环境规制综合指标随年份的推进上下起伏波动的条件下，就业人口水平呈现逐年快速增长的状态。

4.4.2　全要素生产率对环境规制影响的回归分析

首先，对环境规制与全要素生产率关系进行了比较分析，如图4-7和图4-8所示，选择环境规制三次方和二次方分别与全要素生产率与自然对数值合进行拟合分析比较。同时，加入财政分权（fd）、对外贸易依存度（fdd）、产业结构（is）、人口密度（ppd）、就业人口水平（hr）进行回归研究。研究显示，全要素生产率与环境规制强度（er）、对外贸易依存度（fdd）有显著影响关系，与其他参数影响不显著。对全要素生产率与环境规制、对外贸易依存度进行滞后阶数检验，结果表明，变量之间存在明显的1阶滞后和4阶滞后，进一步计算显示，全要素生产率与环境规制强度（er）、对外贸易依存度（fdd）的1阶滞后显著。本书采用1阶滞后关系进行回归，分析滞后现象。

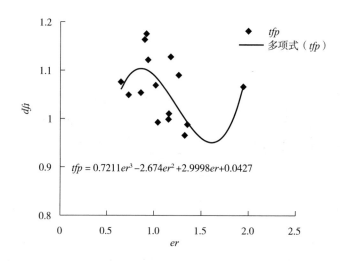

$$tfp = 0.7211er^3 - 2.674er^2 + 2.9998er + 0.0427$$

图 4-7　环境规制与全要素生产率变化关系一

其次，全要素生产率与环境规制、对外贸易依存度协整关系个数的检验表明，它们具有一组协同关系。在时间序列中常会发现两个变量存在一种长期稳定关系，把这种长期稳定关系称为"协整关系"。传统的协整分析方法是通过对序

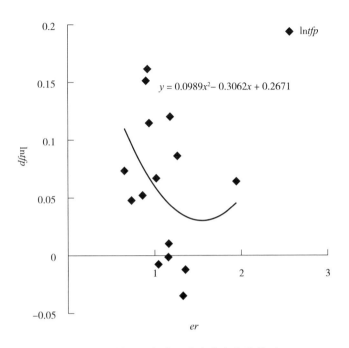

图 4-8 环境规制与全要素生产率变化关系二

列差分将其转化为平稳序列，得出其中的线性均衡关系，这种协整关系可称为线性协整。线性协整的建模理论是从实际的数据生成过程出发，在非平稳序列中寻找可能存在的长期线性均衡关系，以建立序列的结构模型从而反映序列的运行机制。

最后，研究进行了向量误差修正模型分析与检验，结果显示，全要素生产率与环境规制一次弹性效应、环境规制二次非线性效应及对外贸易依存度一次弹性效应通过检验，显著相关，而对外贸易依存度二次非线性效应没有通过检验。通过对向量误差修正模型的分析，基于 2001~2015 年的数据，VEC 模型的时间趋势效应显著，短期调整速度不显著，长期均衡关系如下：

$P\_lntfp - 1.034 + lntfp - 2.741er + 1.034er^2 + 5.71fdd - 3.279fdd^2 + 0.062t = 0$

最终建立的包含长期均衡和时间趋势效应的 *VEC* 模型如下：

$D. lntfp = -0.099 \times (-1.034 + lntfp - 2.741er + 1.034er^2 + 5.71fdd - 3.279fdd^2 + 0.062t) + [-0.0001]$

$D. er = 0.633 \times (-1.034 + lntfp - 2.741er + 1.034er^2 + 5.71fdd - 3.279fdd^2 + 0.062t) +$

$[-0.0002]$

$D.er^2 = 1.188 \times (-1.034 + \mathrm{ln}tfp - 2.741er + 1.034er^2 + 5.71fdd - 3.279fdd^2 + 0.062t) +$
$[0.0043]$

$D.fdd = -0.336 \times (-1.034 + \mathrm{ln}tfp - 2.741er + 1.034er^2 + 5.71fdd - 3.279fdd^2 + 0.062t) +$
$[0.0004]$

$D.fdd^2 = -0.523 \times (-1.034 + \mathrm{ln}tfp - 2.741er + 1.034er^2 + 5.71fdd - 3.279fdd^2 + 0.062t) + [0.0093]$

以上模型公式显示，环境规制强度和它的二次项系数对全要素生产率指标均显著为正，说明环境规制对全要素生产率有促进作用。此外，模型也显示，环境规制强度二次项对全要素生产率指标也有正向影响，这说明环境规制强度对全要素生产率影响呈非线性关系。一个企业的生产率与企业采用的技术是紧密相关的。当环境规制力度在较低水平时，企业所承受的环境污染治理成本较低，企业不会主动革新技术，通过提高生产技术来减小污染，而是仍维持原有的技术水平开展生产活动，全要素生产率较低，环境规制效益明显。当环境规制强度增强后，企业所承受的污染治理成本将显著增加。这时，企业为了长远发展，将不得不考虑通过革新技术、提高生产率、降低污染治理成本来提高企业未来的全要素生产率。在环境规制的约束下，企业创新技术，提高了全要素生产率，增强了企业的市场竞争能力，这显现了环境规制对企业产生的"补偿效应"。

另外，对外贸易依存度和它的二次项系数与技术创新指标均显著为负，说明在环境规制约束下，对外贸易依存度对全要素生产率有负向影响。全要素生产率与企业的技术革新、生产组织是密切相关的。对外贸易依存度增大，说明天津市出口总额占全市生产总值的份额加大，在一定程度上表明天津的经济发展对外来特定商品、劳务和技术的交流依赖性加大。一方面，本地区企业由于引进所需的外来商品、劳务和技术，大大制约了企业对该类外来商品、劳务和技术自主研发的能动性，仍然维持原有的生产水平，阻碍了全要素生产率的提高。另一方面，我国出口的商品多是为境外国家地区所需的能耗大、附加值低的商品、劳务和技术，即生产率低的产品，这也大大降低了企业全要素生产率。因此，从两方面来看，虽然对外贸易对地区或企业发展具有一定的益处，但也要注意到对外贸易对全要素生产率和环境规制的负面影响。针对负面作用，应该积极开展技术创新的投入，提高全要素生产率，提供高技术含量、绿色环保的商品、劳务和技术，提高在国际市场的竞争力，消除目前进出口贸易对全要素生产率和环境规制的负面影响。

VEC 模型交互分析表明，包含有全要素生产率（tfp）和环境规制强度（er）的模型，分别加入财政分权（fd）、产业结构（is）、人口密度（ppd）及就业人口水平（hr）进行分析，影响均不显著。表 4-5 中变量的描述统计量也显示，以上指标的离散度不大，在一定程度上也说明天津市以上方面结构与发展较为稳定，受全要素生产率（tfp）和环境规制强度（er）发展趋势的影响不大。由于全要素生产率（tfp）和环境规制是综合影响，同时全要素生产率（tfp）与技术创新是密切相关的，因此，也应该对财政分权（fd）、产业结构（is）、人口密度（ppd）及就业人口水平（hr）加以重视，综合调整各项指标，促进技术创新，从而实现提高全要素生产率（tfp）的目的。在财政分权（fd）方面，在进一步推动地区经济发展、增加财政收入的同时，加大在技术创新与环境保护方面的财政支出，营造技术创新促进经济发展、环境保护的良性循环；在产业结构方面，科学合理调整各产业在国民经济中的比重，支持高技术、低能耗的产业发展，从而促进技术创新和生态环境保护；在人口密度和就业人口水平方面，保持人口稳步增长的同时，通过多种渠道提高就业人员的文化技术水平，促进产业技术发展与提升。总之，以上各方面的发展是相互影响、相互促进、共同发展的过程，应全面分析、综合发展，最终实现技术创新、经济发展和生态环境保护的目标。

表 4-5　变量间的均衡关系

年份	lntfp	er	er^2	fdd	fdd^2	ce
2001	0.0733	0.649	0.421	0.784	0.615	0.158
2002	0.0642	1.943	3.777	0.879	0.772	0.156
2003	0.115	0.935	0.874	0.946	0.894	0.0135
2004	0.120	1.178	1.387	1.118	1.250	−0.236
2005	0.162	0.917	0.841	1.120	1.254	0.0143
2006	0.0521	0.859	0.739	1.153	1.330	−0.0397
2007	0.0478	0.730	0.534	1.015	1.031	0.353
2008	0.151	0.899	0.808	0.818	0.670	0.401
2009	−0.00760	1.041	1.084	0.581	0.337	−0.0678
2010	0.0669	1.018	1.036	0.594	0.353	0.108
2011	0.0862	1.261	1.591	0.579	0.336	0.0683
2012	0.0102	1.160	1.346	0.564	0.318	0.0477

续表

年份	lntfp	er	er²	fdd	fdd²	ce
2013	−0.00136	1.156	1.336	0.546	0.299	0.0642
2014	−0.0122	1.353	1.831	0.523	0.274	0.0349
2015	−0.0350	1.326	1.757	0.429	0.184	−0.171

注：ce>0 表明 lntfp 的值高于均衡水平；ce<0 表明 lntfp 的值低于均衡水平。

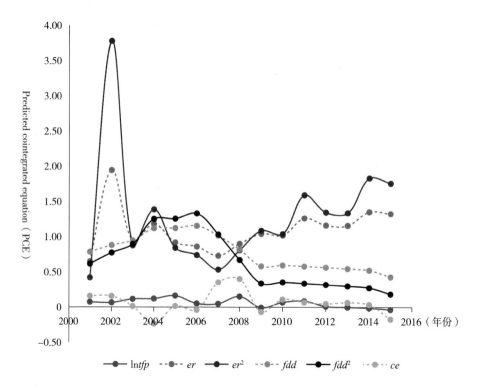

图 4-9　全要素生产率指数与环境规制及对外贸易依存度均衡关系

如图 4-9 所示，全要素生产率指数在 2001～2015 年呈现较为平稳的发展态势。图中采用自然对数表示，当选用正常数值时，数值大部分为正值，且每年差距较小，这说明天津市每年全要素生产率增幅相近。与环境规制强度和对外贸易依存度发展相对比，环境规制强度和对外贸易依存度均高于均衡水平。此外，环境规制在 2007 年后呈现逐年上升的趋势，而对外贸易依存度在 2001～2007 年呈现逐年上升的趋势，2007 年后逐渐向均衡曲线靠近，低于环境规制强度发展指标。这表明天津市在2008年以后加强了环境规制措施，环境规制计算指标高于对外贸易依存度计算指标。同时，天津市全要素生产率发展一直保持平稳态势，紧密围绕均衡指标波动，全要素生产率与环境规制、对外贸易依存度呈现均衡发展。

因此，环境规制对天津市经济发展有着显著影响。首先，环境规制对全要素生产率的影响不是线性关系，而是非线性关系；其次，用全要素生产率度量经济增长时，环境规制对全要素生产率及对外贸易依存度的影响显著，与其他参数关系的检验结果不显著；再次，从环境规制对全要素生产率影响的实证分析来看，为了提高全要素生产率，可以根据天津生产状态，适当调整环境规制强度；最后，由于环境规制强度对全要素生产率及对外贸易依存度的影响显著，因而综合来看，为了促进天津市经济增长，需要根据自身特点，适时适度调整环境规制强度。

4.4.3　环境规制对全要素生产率作用的结论

4.4.3.1　全要素生产率视角下环境规制对天津市经济增长作用的结论

全要素生产率视角下，环境规制对天津市经济增长的影响主要表现在以下几方面：

（1）环境规制对天津市经济增长的影响是多方面机制综合作用的结果。本书选择了若干项与环境相关的指标，采用纵横向拉开档次法计算环境规制指标，并考虑了全社会固定资产投资、人力资本投资、财政分权、对外贸易依存度、产业结构、人口密度及就业人口水平等指标，进行了回归分析研究，从全要素生产率层面分析环境规制对天津市经济增长的影响。研究发现，环境规制对天津市经济影响既有环境规制一次弹性效应，也有环境规制二次非线性效应。因此，不能简单地将环境规制对天津市经济增长的影响归结为成本层面的提高或技术创新效益的提高。环境规制对天津市经济增长的影响是复杂的，既有直接效应，也有间接效应。既有积极影响，也有消极影响。要综合研究环境规制对天津经济增长的影响机制，才能揭示天津市环境规制对经济增长的影响规律，提出适应天津市经济发展的科学合理的环境规制政策。

（2）环境规制对天津市经济增长的影响既有短期效应，也有长期效应。同时，环境规制与经济增长之间呈二次非线性关系，而非简单的线性关系。随着时间发展，环境规制对经济增长的影响会逐渐显著，在企业不同的生产阶段呈现出不同的影响方式。通常情况下，环境规制在短期内对企业经济增长的影响不明显，而对长期数据进行分析、对模型的稳健性进行检验不难发现，环境规制对经济增长的影响是显著的，即环境规制对经济增长的影响具有长期效应。长期来看，环境规制对天津市经济增长具有显著的正影响，有利于天津市区域经济范式发展。不断加强环境规制，不仅有利于天津市经济发展，也能够改善环境质量，提高人民生活水平。

（3）通过环境规制、全要素生产率及主要经济指标的研究发现，环境规制对全要素生产率的影响呈显著的二次非线性关系，而不是简单的一次线性关系。因此，实施环境规制要因地制宜，采用科学合理的政策和措施。一方面，研究天津市不同行业企业的特点，结合不同环境规制即命令—控制型环境规制、经济激励型环境规制和自愿型环境规制，分析不同类型的政策工具对企业技术创新的不同影响；另一方面，科学合理地确定可以代表天津市经济发展的指标体系，其中包括天津市产业主要经济指标的确定、经济指标的时间跨度以及经济指标的代表性与可靠性。对于不同行业企业，采用科学合理的经济指标和环境规制指标，明确是提高环境规制强度还是降低环境规制强度，为环境规制实施的原则和具体方法提供准确、可靠的信息。总体来看，全要素生产率作为反映天津市经济发展的经济指标是一个较好的选择，可以通过环境规制对天津市全要素生产率的影响分析，为天津市环境治理和经济发展提供参考。长期来看，加强环境规制强度能够促进天津市经济增长，但是这种加强应该把握适度原则，因为经济增长对环境规制也具有反作用，应该综合考虑其反作用来确定环境规制强度。

（4）要注意避免污染企业的寻租问题，建立起促进经济增长的长效环境规制机制，从根本上解决企业环境保护问题。认真分析天津市具有环境污染企业的特点，分析其寻租与地方环保局之间的动态博弈机制，具体针对不同企业的情况，提出行之有效的环境规制策略。也就是说，天津市环境规制的实施，对不同的行业企业要有差别性，要具体问题具体分析，实施具有针对性的环境规制策略，极大程度避免排污企业出现寻租行为。无论从避免寻租问题发生，还是从促进经济发展的角度来看，天津市都应该适当提高环境规制标准与强度。同时，天津市要注意建立促进经济增长的环境规制机制，健全运行机制，构建完善的环境规制评价机制和公众参与机制，为天津市环境规制的有效执行提供保障。完善的环境政策工具选择机制和环境规制信息化机制应综合考虑产业异质性、时变性与空间差异性等因素。

4.4.3.2 全要素生产率视角下环境规制对天津市经济增长的策略

总而言之，在全要素生产率视角下，环境规制有利于天津市经济的增长。当前应坚持加强天津市环境规制政策的实施。一方面，加强环境规制有利于减少负的市场外部性，维护市场效率，增加总产出；另一方面，环境规制能够推动天津市环保产业的发展，增加天津市经济收入。因此，研究建立科学合理的环境规制政策，综合使用命令—控制型环境规制、经济激励型环境规制和自愿型环境规制等不同环境规制，完善环境规制机制，促进经济发展，应在以下4方面重点开展工作。

（1）提高环境规制实施的效率。截至2017年底，我国陆续制定环境安全法律法规380余项，已基本形成了与我国现阶段经济发展相适应的生态环境保护的法律法规体系。但是，部分法律法规缺少可执行性，虽然有了明确的环境规制规定，但因无法执行落实，降低了环境规制实施的有效性。当前，制约我国环境规制执行力和监管水平的原因主要是地方政府发展目标重点是经济增长，将生态环境保护放于次要地位。一些地方政府为了尽快实现政治晋升和经济增长率，牺牲环境为代价来换取短期内更高的经济绩效，这是地方政府普遍采用的手段。主要负责环境执法和环境监督的地方环保部门受地方政府直接管理，在干部任免、预算审批、项目建设等方面受到地方政府的管理，无法对上级环保部门负责。为了满足地方政府的目标要求，地方环保部门只能根据企业对地方经济的贡献程度采取差别对待的"选择性执法"，这样大大降低了地方环保部门环境规制实施的有效性。环境相关法律的执法水平低下，企业在应对相关法律或制度的安排和引导时，往往采用趋利避害的竞争行为，这样不仅不能改善环境质量，甚至会增加环境污染。天津市应该积极配合中央政府对自身环境规制实施的监督，提高环境相关法律的执法效率，保证环境规制机制的正常运行，实现环境资源的优化配置，提高环境规制实施的效率。

（2）发挥环境规制政策的双效性。命令—控制型环境规制、经济激励型环境规制和自愿型环境规制等均具有灵活性和非强制性的双效特性。对政府而言，应设计并选择灵活性的、科学合理的环境规制政策，综合使用命令—控制型环境规制、经济激励型环境规制和自愿型环境规制的效力，通过加强环境规制强度促进经济增长。对于高污染的企业，政府短期内可以采用命令—控制型环境规制和经济激励型环境规制相结合的方式，一方面提高污染的收费标准，提高产品的品质，公平对待不同的污染企业，从源头上规避寻租行为的发生；另一方面采用经济激励型环境规制，引导企业逐步改造自身产品生产工艺，从而减少因遵守环境规制而需要负担更多成本和排污税导致的利润下降。政府对企业采取激励相容的政策模式，从传统命令型的规制模式逐渐转变为以市场为基础的规制模式，从而更好地适应转型期经济发展的需要，完善环境规制机制，实现环境规制效率和经济增长的局面。企业自身也要提高自主能动性，积极配合政府采用不同环境规制策略。目前，我国环境规制实施带来的成本实际上占企业生产成本的权重较低，企业可以积极主动地遵守政府的环境保护措施和环境规制。随着环境规制及其强度的不断提高，企业结合自身特点，充分有效地利用政府环境规制中的相关扶持政策，在生产过程中加大环境治理上的技术创新投入和管理创新投入，提高企业资源的利用效率，降低生产成本，提高企业生产过程的清洁度，提高产品环保性，增强企业自身竞争力。

（3）实施弹性的环境规制强度。目前，中国正处于经济社会转型时期，我国各地区经济发展水平差异很大，相同地区各行业企业经济发展水平也存在很大的差异。因此，对不同地区、不同行业的环境规制措施和强度，应该紧密结合各地区、各行业发展的不同阶段，提出具有针对性的环境规制政策。因地制宜地确定环境规制实施措施和执行强度，建立衡量环境规制指标的科学体系。根据不同地区和不同行业的经济发展和政策实施的需求，建立具有针对性的指标体系，对每一个指标设置不同的权重，以科学合理地执行环境规制政策，适度地对不同地区和不同行业实行环境规制强度。

（4）大力发展环保产业。环保产业不仅在改善环境质量方面做出贡献，而且保障经济可持续发展，增加就业机会、升级产业结构、增强企业优势。目前，环保产业已成为各国发展重点扶持的战略性产业，也是产生未来企业竞争优势的重要来源。企业遵从环境规制强度，迎合环境规制强度的提高，会增加对环保产业的投入，提高自身技术创新能力、获得效率优势和先动优势，从而在履行生态环境保护社会责任的同时，形成企业无形的竞争力，也增加企业绩效，促进经济发展。政府通过采用合理有效的环境规制政策，扶持环保产业发展，在加强环境规制促进经济增长的同时，一方面要提高环境规制的有效性，另一方面要推动环保产业的发展，为环保产业的发展营造良好的市场环境。此外，企业在政绩考核中贯彻生态保护和环境友好原则，改变依赖生产要素投资驱动的粗放型经济增长方式，充分发挥竞争优势，促使产业优化升级，不能一味地增加生产要素的投入，而应该发展技术密集型产业，提高全要素生产率，并加强环境规制来实现经济增长与环境保护的双赢。政府应平衡经济增长和生态环境保护，最终实现促进经济增长和保障绿色经济的双赢局面。

05

环境规制对天津市经济增长作用的实证分析——基于技术创新层面

5.1 模型构建

本章构建立了一个含有被解释变量滞后一期的动态回归模型，讨论了环境规制（er）对技术创新（ti）的影响效应，同时也加入相关重要指标加以考虑，包括财政分权（fd）、对外贸易依存度（fdd）、产业结构（is）、人口密度（ppd）及就业人口水平（hr），建立了环境规制分别对这些指标的交互项作为技术创新的影响因素。

总体回归模型为：

$$\mathrm{dln}ti_t = \alpha_0 + \alpha_1 er_1 + \alpha_2 er_t^2 + \alpha_i X_i + \varepsilon_t \tag{5-1}$$

5.1.1 被解释变量

被解释变量是技术创新指标 ti，选用自然对数值，即 $\ln(ti)$。技术创新指标的估算方法与环境规制的估算方法相同，即采用纵横向拉开档次法并选用 2001~2015 年的数据计算技术创新综合指标。如表 5-1 所示，技术创新综合指标主要由专利申请量、R&D 人员全时当量、R&D 经费内部支出及技术创新指标值构成。

表 5-1 2001~2015 年技术创新指标值

年份	专利申请量（件）	R&D 人员全时当量（人年）	R&D 经费内部支出（万元）	技术创新指标值
2001	3081	23893	251553	0.247
2002	5360	26216	311878	0.313
2003	6812	28808	404290	0.372
2004	8406	29553	537501	0.433
2005	11657	33441	725659	0.552
2006	13299	37164	952370	0.650
2007	15744	44854	2321685	1.032
2008	18230	48348	1557166	0.931

续表

年份	专利申请量 （件）	R&D 人员全时当量 （人年）	R&D 经费内部支出 （万元）	技术创新指标值
2009	19624	52039	1784661	1.025
2010	25973	58771	2295644	1.283
2011	38489	74293	2977580	1.735
2012	41009	89609	3604866	2.003
2013	60915	100219	4280921	2.552
2014	63422	113335	4646868	2.751
2015	79963	124321	5101839	3.197
计算权重	0.362	0.290	0.348	—

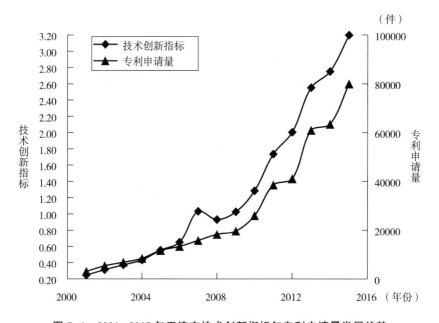

图 5-1　2001~2015 年天津市技术创新指标与专利申请量发展趋势

5.1.1.1　专利申请量对技术创新指标的影响分析

专利申请量与技术创新、科研创新等密不可分，技术创新和科研创新能够带来巨大的商机和财富，甚至演变成工业革命影响世界政经格局。但技术创新和科研创新并不必然导致经济增长这一结果，大多时候技术创新对于企业来说，是在经济好的年份，生产率上去了，企业有钱了，对未来预期好了，于是投入更多的研发，进而会使今年或者明年的专利上升。技术创新和科研创新都是一种耗费财力和精力的冒险，往往具备经济基础才能承担这种风险，越发达的国家，知识产权创新的积极性越高。我国 1984 年才通过了《专利法》，在意识到知识产权的重要性之后，重点是我国改革开放以后的结构调整产生再生生产力，教育提高了国民的素质之后的经济发展，使我们有资本在知识产权这块逐渐跟上发达国家的脚步，专利申请增长率才得以稳步上升。通过我国近年来国内各省份 GDP 总量以及专利授权量的比较也会发现，大部分 GDP 生产总值高的省份专利申请量也同样很高，所以经济的发展带来专利申请的增长。经济与专利的相互影响也是分阶段的，在经济发展水平较低阶段，经济发展了，才会有专利申请的增长，而到了一定的阶段，经济的发展又要依赖于科技创新与专利申请保护。专利申请数经常能反映市场规模及未来经济趋势，是申请者对市场的未来期望，专利申请数量里面也许藏着生产者大大的信心。现代企业的竞争已越来越依赖科学技术，努力提高企业技术创新水平，在激烈的市场竞争中提高核心竞争力，用好知识产权武器，申请并获得专利保护，尽早赢得市场机遇，促进企业的快速发展。专利产品的品牌效应可以促进销售，为企业带来更多的经济效益和无限商机。专利申请中发明专利的数量能够直接显示该公司或企业的发明创新能力，所以随着研发投入的增加，其发明专利也随之增加，带动了公司创新力的增长。而专利授权后能对企业形成有效的保护，使企业产品源源不断地转化为经济效益，促使企业不断发展。专利是一种无形的财产，是企业可持续发展的动力，也是参与市场竞争的重要手段。申请了专利以后，可能有大部分客户看到这个公司专利的未来前景不错，便快马加鞭来抢先合作，提供资金、签署订单等，所以公司的生产率以及经济效益也会提高。就我国长远发展来看，专利制度发展离不开我国经济的飞速发展，我国经济的增长也离不开完善的专利制度。

结合表 5-1 和图 5-1，对 2001~2015 年天津市技术创新指标与专利申请量发展趋势进行分析。由图 5-1 可以看出，天津市专利申请量逐年增长、发展迅猛，由 2001 年的 3081 件发展到 2015 年的 79963 件，在一定程度上说明天津市在企业科技发展方面取得了突飞猛进的进展。特别是 2018 年 4 月 26 日，市政府新闻办召开知识产权新闻发布会，对外发布《2017 年天津市知识产权发展状况白皮书》和《2017 年天津市知识产权保护状况白皮书》，进一步推动天津市技术创新发展。重点在以下八方面开展工作：一是加强统筹协调，深入实施知识产权战略，进一步加强我市知识产权工作的整体部署和协调推进。市绩效办首次将专利综合指数纳入本市各区绩效考评发展指标体系，引导各区提升专利工作水平。二是优化提升创造质量，服务经济社会发展，深入实施创新驱动发展战略，不断增加知识产权创新创造数量。三是强化知识产权运用，激发创新创业活力，通过标杆企业示范引领作用，进一步增强工业企业知识产权保护意识和运用能力，推动产业创新发展。四是严格知识产权保护，营造良好营商环境，实施最严格的知识产权保护、打造全国最优知识产权保护高地作为提升营商环境和发展质量的重要举措。五是深化管理改革创新，促进区域协同发展，明确京津冀三地知识产权行政执法领域的协作规则和操作办法，推进京津冀知识产权保护一体化进程。六是提升企业知识产权能力，助推企业升级，围绕十大优势产业组织实施一批产业先进工艺和关键核心技术开发。七是推动知识产权强区建设，支撑强市发展，全面推进知识产权强区建设，专利综合指数首次纳入本市各区绩效考评发展指标体系。八是提升知识产权服务能力，夯实发展基础。进一步完善知识产权公共服务，建设"天津市知识产权服务网"，提高知识产权服务广度。

5.1.1.2　R&D 人员全时当量对技术创新指标的影响分析

R&D 人员全时当量是国际上通用的、用于比较科技人力投入的指标，指 R&D 全时人员（全年从事 R&D 活动累计工作时间占全部工作时间的 90% 及以上的人员）工作量与非全时人员按实际工作时间折算的工作量之和。

19 世纪以前，技术仅指技能与工艺，主要依靠经验积累而成。这种技术为经验技术。至 19 世纪，技术虽仍然离不开经验，但已不再是主要依靠经验的积累，而是以科学理论为基础来发展技术。科学化、理论化是现代技术的最大特征。因此，现代技术也称之为理论技术。到 20 世纪，技术的性质和功能愈显明确，技术被定义为"人类改变或控制客观环境的手段或活动"。"科学的作用在于理解，技术的作用在于做、制造和实施。"过去的技术多指生产工艺，以及扩展到营销、管理、服务等领域的"手段和活动"。由此可见，现代技术除物质技术外，还包括非物质性的技术。研发人才包括技术型人才和工程型人才。技术型人才是一种智能型的操作人才，需具备一定的学术（学科）能力和基础学科课程知识，强调理论在实践中的应用，这方面的知识满足"必需、够用"即可。与工程型人才的工作紧密连接，就是技术型人才的工作任务和社会功能。在实现自己社会功能的过程中，技术型人才又必须与以体力劳动为主的技能型人才合作，并指导其工作。技术型人才和技能型人才处于人类社会劳动链环的终端，他们是社会财富的直接创造者，是社会总体运转中最直接又最积极的因素。与工程型人才相比，技术型人才需具有更宽泛而不是更专深的专门知识面，综合运用各种知识解决实际问题的能力也应更强。同时，由于技术型人才所从事的生产现场的劳动常常是协同工作的群体活动，因而在人际关系能力、组织好群体的能力、交流能力等关键能力方面也有很高的要求。社会对这类人才的需求量很大，主要由高等职业教育（大专）来培养。随着现代技术飞速发展以及世界经济、产业结构的变化，社会职业岗位的内涵和外延也发生了重大变化，这就不能不促使技术型人才产生深刻的变化。在新形势下，技术型人才仍须保持独立存在，但它与相关人才既有重叠又可转换；技术型人才在现代社会中的重要性不断提升；"产教研"结合是高职培养技术型人才的基本途径。工程型人才的任务是将工程原理转化为产品图纸或发展规划。技术型人才与技能型人才协同将完成了的设计、规划等转化为物质形态或进行具体运作。所以三者关系十分密切。工程型人才与技术型人才都具有各自的工作区域，但他们的工作区域紧密相连、有所重叠，他们的知能结构相互交错、彼此渗透，并非截然分开。随着现代科技水平的不断提高，技术型人才与技能型人才有接近的趋势，其主要动因是技能型人才劳动组成中的智力成分不断增长。这种情况在高级技工、技师等岗位中更有显著反映。因而，有些教育人士认为，高级技能型人才应该是高职的培养目标，技术型人才与技能型人才的界限无法划清。我国对这几类人才都投入了大量的人力、物力，取得了卓有成效的发展，极大地促进了我国各行业的企业科技创新和企业发展。

结合表 5-1 和图 5-2，对 2001~2015 年天津市技术创新指标与 R&D 人员全时当量发展趋势进行分析，R&D 人员全时当量逐年快速增长。近些年，天津市科技人才落实中长期人才发展规划纲要，深入推进人才强市建设，加强天津市创新型科技人才的引进、培养和团队建设，旨在培养造就一批高层次创新创业型科技人才，为全面建成创新型城市、加快建设经济文化强市提供科技支撑和人才支持。主要通过制定相关的规划和政策，组织落实国家科技部门的人才计划，积极推进天津市的《新型企业家培养工程》《天津市高层次创新型科技领军人才计划》《天津市创新人才推进计划》等一系列计划的实施工作，全面展示全市科技人才工作取得的成果成效。全市企业科技人力投入指标 R&D 人员全时当量从 2001 年的 23893 人/年迅速提升到 2015 年的 124321 人/年，极大地促进了天津市各行业的企业创新和企业发展。

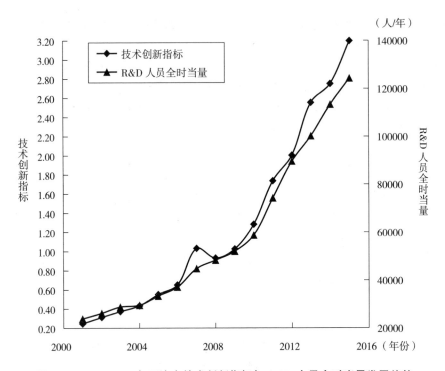

图 5-2 2001~2015 年天津市技术创新指标与 R&D 人员全时当量发展趋势

5.1.1.3 R&D 经费内部支出对技术创新指标的影响分析

R&D 经费内部支出指企业用于科技活动的实际支出，包括劳务费、科研业务费、科研管理费，非基建投资购建的固定资产、科研基建支出以及其他用于科技活动的支出，不包括生产性活动支出、归还贷款支出及转拨外单位支出，可反映科技投入实际完成情况。2018 年 2 月国家统计局发布的《中华人民共和国2017 年国民经济和社会发展统计公报》显示，2017 年全年研究与试验发展（R&D）经费支出 17500 亿元，比上年增长 11.6%，与国内生产总值之比为2.12%，其中基础研究经费 920 亿元，充分展示了我国在科研投入的力量。研发投入强度与经济增长存在显著的正相关关系。事实证明，研发投入对经济增长、国家竞争力和创新能力的提升十分重要。高强度的研发投入有助于迅速提升技术水平，通过技术创新促进经济增长、提升国家竞争力。较低的研发投入水平将减缓技术提升速度，降低创新对经济增长的贡献。一方面，研发投入有助于迅速提升一国技术水平，通过技术创新促进经济增长。国际经验表明，研发投入强度与经济增长存在显著的正相关关系，而且在工业化和后工业化过程中持续上升。发达国家研发投入强度一般都保持在较高水平，成功追赶型国家的研发投入强度也很高，甚至会超过先行工业化国家。中国仍处于工业化进程中，稳步提高 R&D 投入强度，保证《中长期科技规划纲要》既定研发投入目标的实现，是今后一段时期的重要任务。另一方面，R&D 投入强度与国家竞争力变化基本一致。美国、欧盟国家、日本、韩国、金砖国家等 17 个国家 1980~2008 年 R&D 投入强度是有变化的。大多数国家的 R&D 投入强度呈波动上升趋势。R&D 投入增速快的国家，其国家竞争力也在快速提升。国际经验表明，发达国家 R&D 投入强度一直保持较高的水平，并且持续增长。成功追赶型国家的 R&D 投入强度也很高，甚至会超过先行工业化国家，如日本、韩国、以色列和新加坡。综合来看，加大研发投入对经济增长意义重大，政府和有关部门一方面要进一步完善政策体系，引导市场主体、科研院所、高校等加大研发投入力度，提高资金使用效率；另一方面要深化科技体制改革，去行政化、强市场性，为更好利用市场机制配置研发资源创造条件，确保研发投入的针对性、及时性、有效性，充分发挥科技创新对经济转型升级的支撑和引领作用。

结合表 5-1 和图 5-3，对 2001~2015 年天津市技术创新指标与 R&D 经费内部支出发展趋势进行分析，天津市 R&D 经费内部支出逐年增长。在未来时间内，重点在以下四方面开展投入与引导。

一是引导企业增加研发投入，使企业真正成为技术创新主体。国家要建立以企业为主体、市场为导向、产学研结合的技术创新体系。在增加研发投入的同时，要积极引导企业和社会增加研发投入。从世界发达国家现代化所走过的道路看，只有在企业的研发投入成为主体的时候，企业才可能成为技术创新的主体，并可以有效地解决科技成果转化问题。国家可以通过直接抵税或减税的政策，鼓励企业对技术开发类的科研项目增加经费投入，激发企业投入研发的积极性，使企业逐步发展成为技术创新研发投入的主体，高校和科研机构就可以承担更多来自企业的横向科研项目，科研才能真正与实际生产相结合。二是坚持创新驱动，把创新摆在制造业发展全局的核心位置。创新是制造业发展的重要引擎，是建设制造强国的关键核心。技术的不断创新发展，不仅会带动传统制造领域的生产率提高和产品性能提升，还会带来战略性新兴产业数量众多的新材料、新能源、新生物产品、新设备的出现，推进制造业的转型升级。与世界强国相比，我国产业创新能力还有不小的差距。我国技术对外依存度高达 50% 以上，95% 的高档数控系统，80% 的芯片，几乎全部高档液压件、密封件和发动机都依靠进口。必须把

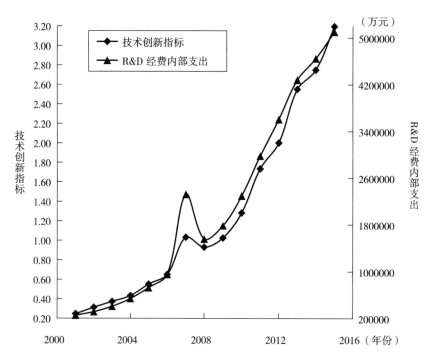

图 5-3   2001~2015 年天津市技术创新指标与 R&D 经费内部支出发展趋势

增强创新能力摆在更加突出的位置，加强关键核心技术攻关，加速科技成果产业
化，提高关键环节和重点领域的创新能力，走创新驱动的发展道路。三是坚持质
量为先，把质量作为建设制造强国的关键内核。高质量是制造业强大的重要标志
之一，它从市场竞争的角度反映出一个国家的整体实力，既是企业和产业核心竞
争力的体现，又是国家和民族文明程度的表征；既是科技创新、管理能力、劳动
者素质等因素的集成，又是法治环境、文化教育、诚信建设等方面的综合反映。
必须把质量作为建设制造强国的生命线，全面夯实产品质量基础，不断提升企业
品牌价值和"中国制造"整体形象，走以质取胜的发展道路。四是综合施策，
引导企业创新管理和经营模式。首先，设立专项资金，鼓励和支持中小微企业技
术创新，对有实力、有潜力的中小微企业给予更多的财政支持，降低企业科技创
新的成本和风险。其次，用好"互联网+"战略，重构企业的技术、管理、组织
结构、风险防控方式和商业模式，鼓励支持中小微企业逐步把传统实体店优化成
"实体+智能"于一体、线上线下互为融通的"互联网+数字店铺"，给消费者提
供多元的产品服务，成就"智慧中小微"。最后，支持中小微企业与高校、研发

机构合作开发新技术、新产品，鼓励科技创新成果向企业流动和转化，促进科技成果的市场化、商品化。

5.1.2 解释变量

环境规制强度（er）——采用纵横向拉开档次法，计算环境规制强度采用一次项，用来反映环境规制对经济增长的产出弹性。同时，根据以往文献建议，采用考虑环境规制强度的二次项，来描述环境规制对经济增长的非线性的影响。其余解释变量构成了 X_i，并用环境规制强度（er）交互构成。

财政分权（fd）——采用天津市财政收入与财政支出的差额占财政支出的比重来表示。一个国家的政府经济体系会分为若干层次，并通过划分权力使各层次协调发展，以实现经济发展的最终目标。财政分权就是规定了地方政府可支配税收和支出的职责范围，准许地方政府可以独立自主确定预算支出，赋予地方政府根据自身经济发展独立自主出台政策，以便更好地为地方经济发展提供政策指导与服务。在地方政府经济发展中，财政分权收入与支出数量和比重在很大程度上影响地方的经济发展规模和速度，是影响地方经济全要素生产率的重要因素之一。

对外贸易依存度（fdd）——采用天津市进出口总额换算成当年的人民币进行核算。在模型设定中，采用进出口总额占全市生产总值的比值。同时，根据以往文献建议，采用考虑环境规制强度的二次项，来描述对外贸易依存度对经济增长的非线性的影响。对外贸易是一个国家或地区经济发展的重要组成部分，是该国家或地区与另一个国家和地区之间所进行的商品、劳务和技术的总和，同时包括进口和出口两部分。对外贸易能有效地促进地区之间商品、劳务和技术交流与发展，对地区调节资本结构、提高劳动生产总量、提升市场竞争力、加强各经济部门联系都有促进作用。同时，也应注意对外贸易对本地区特定行业与技术的冲击。总而言之，对外贸易是一个国家或地区经济发展的重要组成部分，对其经济发展形成了不可忽视的影响。

产业结构（is）——采用天津市第三产业从业人口数计算。在模型设定中，采用第三产业从业人口数占总人口的比值。产业结构是一个国家或地区的农业、工业和服务业在总体经济结构的份额。产业结构和经济发展之间存在相互发展、相互制约的关系。合理优化的产业结构可以大大促进经济的快速增长，同时经济增长也会使产业结构发生改变。可以说，产业结构的改变对经济发展具有至关重要的作用。因此，产业结构对全要素生产率与环境规制存在着潜在的影响作用。

人口密度（ppd）——采用天津市各年每平方公里人口数来表示。这是因为密度对人的生活和学习至关重要，密度越大越会产生基础设施、公共服务的优化，越可能有利于经济增长。人口密度是单位土地面积上的人口数量，与经济发展具有紧密的相关性。现代经济的发展受"距离"影响巨大，在交通运输、供水供电供燃气以及信息传输等方面，人口密集的地区投入的单位成本远远低于人口稀少的地区，同时建成后人口密集的地区高使用频率也使收益迅速增长。因此，人口密度也是影响经济发展的重要指标之一。人口密度对全要素生产率和环境规制也具有一定的潜在影响。

就业人口水平（hr）——采用天津市各地区大专以上人口数占 6 岁以上抽样人口总数进行计算。高新技术产业在经济发展中的地位和作用越来越突出，随之而来的是对经济活动参与者教育程度的要求越来越高，因为目前经济发展需要以技术创新为主要特征，需要高素质、高学历的人员担当技术研发的主力，从而推动高新技术产业的发展，促进经济健康快速发展。就业人口水平对全要素生产率提高和环境规制执行具有不可忽视的作用和影响。

5.2　回归分析

采用统计分析软件进行回归分析，并消除变量之间的自相关性，以上变量描述统计量如表 5-2 所示。

表 5-2　变量的描述统计量

Variable	N	Mean	Std. Dev.	Min	Max
ti	15	1.272	0.960	0.247	3.197
er	15	1.095	0.313	0.649	1.943
fd	15	0.205	0.059	0.141	0.303
fdd	15	0.777	0.249	0.429	1.153
is	15	0.253	0.041	0.192	0.330
$\ln ppd$	15	6.931	0.161	6.750	7.182
hr	15	0.158	0.042	0.095	0.220

数据来源：《天津统计年鉴》。

5.2.1 技术创新指标、环境规制强度和对外贸易依存度的回归分析

如表5-2所示，技术创新指标（ti）的均值为1.272，标准差为0.960，标准差比均值的变异系数为0.755，离散程度大。环境规制强度（er）的均值为1.095，标准差为0.313，其标准差比均值的变异系数为0.286，离散程度较小。对外贸易依存度（fdd）的均值为0.777，标准差为0.249，其标准差比均值的变异系数为0.320，离散程度也较小。由于环境规制强度主要为大于1的数值，而对外贸易依存度主要为小于1的数值，所以它们所对应的二次项分别有放大与缩小的作用。总体来看，技术创新指标离散程度最大，环境规制强度的离散程度次之，对外贸易依存度的离散程度最小。这也可以通过各指标的最小值与最大值的比较得到相似的结论。

5.2.2 财政分权、产业结构、人口密度的自然对数和就业人口水平的回归分析

相类似，财政分权（fd）、产业结构（is）、人口密度的自然对数（lnppd）和就业人口水平（hr）也可以进行比较分析，标准差比均值的变异系数分别为0.288、0.162、0.023和0.266，财政分权（fd）和就业人口水平（hr）离散程度与对外贸易依存度（fdd）相近，说明天津市这三个指标发展较为均衡，而产业结构（is）和人口密度的自然对数（lnppd）的离散程度相对较小，说明天津市产业结构在2001~2015年仍然延续原有格局进行发展，没有较大调整，同时天津市人口密度也趋于稳定，没有过大的增减。

5.2.3 回归分析结论

对技术创新与环境规制强度（er）、财政分权（fd）、对外贸易依存度（fdd）、产业结构（is）、人口密度（ppd）、就业人口水平（hr）进行回归分析的结果显示，技术创新与环境规制强度（er）、产业结构（is）及就业人口水平（hr）有显著影响关系，与其他参数影响不显著。技术创新与环境规制、产业结构（is）及就业人口水平（hr）滞后阶数检验结果显示：变量之间存在明显的一

阶滞后和四阶滞后，进一步计算显示技术创新与环境规制、产业结构（is）及就业人口水平（hr）一阶滞后显著。本书采用一阶滞后关系进行回归，分析滞后现象。另外，技术创新与环境规制、产业结构、就业人口水平协整关系个数检验结果显示：变量之间具有一组协同关系。

5.3 向量误差修正模型研究

本章进行了技术创新与环境规制、产业结构、就业人口水平构成的向量误差修正模型研究。向量误差修正模型检验结果显示：技术创新与环境规制一次弹性效应、环境规制二次非线性效应及就业人口水平一次弹性效应通过检验，显著相关，而对产业结构没有通过检验。

5.3.1 环境规制对天津市经济发展有着显著影响

从技术创新层面分析，环境规制对天津市经济发展有着显著影响。首先，环境规制对技术创新的影响不是线性关系，而是非线性关系。其次，从技术创新角度度量经济增长时，环境规制对技术创新、就业人口影响关系显著，与其他参数关系检验不显著。再次，从环境规制对技术创新等因素影响的实证分析来看，为了提高技术创新水平，可以根据天津市生产状态，适当调整环境规制强度。最后，由于环境规制强度对技术创新、就业人口影响显著，因而综合来看，为了促进天津市经济增长，需要根据自身特点，适时、适度地调整环境规制强度。

5.3.2 模型确定

经过对技术创新指标（ti）与环境规制强度（er）、财政分权（fd）、对外贸易依存度（fdd）、产业结构（is）、人口密度（ppd）及就业人口水平（hr）进行时间序列回归分析，依次建立 VEC 交互模型，采用不同的指标组合进行分析，最后确定技术创新指标自然对数 $lnti$ 与环境规制强度（er）、环境规制强度二次方（er^2）、对外贸易依存度（fdd）及对外贸易依存度二次项（fdd^2）显著相关，最终选用以下模型进行计算分析。

$$\text{dln}ti_t = \alpha_0 + \alpha_1 er_t + \alpha_2 er_t^2 + \alpha_3 fdd_t + \alpha_4 fdd_t^2 + \varepsilon_t \tag{5-2}$$

5.3.3 长期均衡关系分析

经过分析，VEC 模型的时间趋势效应不显著，长期均衡关系如下：

$P\_ln ti + 0.768 + \ln ti - 6.710er + 1.728er^2 + 10.267fdd - 5.527fdd^2 = 0$

最终建立的包含长期均衡和短期效应的 VEC 模型如下：

$[0.282 - 0.487D. \ln ti\_t-1 - 1.179D. er\_t-1 + 0.448D. er^2\_t-1 - 2.709D. fdd\_t-1 + 1.912D. fdd^2\_t-1]$

$D. er = 0.270 \times (0.768 + \ln ti - 6.710er + 1.728er^2 + 10.267fdd - 5.527fdd^2) + [-0.289 - 0.037D. \ln ti\_t-1 + 0.927D. er\_t-1 - 0.452D. er^2\_t-1 - 2.187D. fdd\_t-1 + 1.298D. fdd^2\_t-1]$，其中 0.270 调整速度显著；

$D. er^2 = 0.848 \times (0.768 + \ln ti - 6.710er + 1.728er^2 + 10.267fdd - 5.527fdd^2) + [-0.068 - 0.289D. \ln ti\_t-1 + 1.786D. er\_t-1 - 0.919D. er^2\_t-1 - 10.978D. fdd\_t-1 + 6.858D. fdd^2\_t-1]$，其中 0.848 调整速度显著；

$D. fdd = -0.200 \times (0.768 + \ln ti - 6.710er + 1.728er^2 + 10.267fdd - 5.527fdd^2) + [-0.091 + 0.261D. \ln ti\_t-1 - 0.445D. er\_t-1 + 0.082D. er^2\_t-1 - 0.054D. fdd\_t-1 - 0.188D. fdd^2\_t-1]$，其中 -0.200 调整速度显著；

$D. fdd^2 = -0.379 \times (0.768 + \ln ti - 6.710er + 1.728er^2 + 10.267fdd - 5.527fdd^2) + [-0.109 + 0.284D. \ln ti\_t-1 - 0.661D. er\_t-1 + 0.086D. er^2\_t-1 + 1.148D. fdd\_t-1 - 1.110D. fdd^2\_t-1]$，其中 -0.379 调整速度显著。

以上模型公式显示，环境规制强度和它的二次项系数对技术创新指标均显著为正，说明环境规制对技术创新具有正向影响。同时，由于出现环境规制强度二次项，表明环境规制与技术创新之间不是一种简单的线性关系，而是呈现一种"U"形特征。当环境规制强度尚处在一个较低的水平时，环境污染治理成本仍然较低，企业还没有足够的动力进行生产技术创新来减少污染排放，反而可能由于污染治理成本的增加，造成本来计划用于研发投入的资金被占用，企业整个技术创新活动的开展被延误或取消。一般情况下，当企业的环境成本在可承受范围内时，企业很难有进行技术创新的动力，因为技术创新活动本身也是需要大量成本投入的，且有一定的风险。但是，随着环境规制强度越来越严格，企业面临的污染治理成本将大大增加，这不仅在现在，而且在将来都是一笔巨大的额外开销，为了长远发展，有远见的企业会考虑是否要通过技术创新来减排减污从而降低企业环境成本，此外，从长期来看，技术创新会给企业带来更大的好处，企业生产效率提高了，产品竞争力随之提升，企业的盈利能力增加，这将产生显著的"补偿效应"。

另外，对外贸易依存度和它的二次项系数与技术创新指标均显著为负，说明在环境规制约束下，对外贸易依存度对技术创新具有负向影响。对外贸易是本地区与境外的商品、劳务和技术等流通与交换，包括进口与出口两部分。本书采用天津市进出口总额换算成当年的人民币进行核算，在模型设定中，采用进出口总额占全市生产总值的比值。对外贸易依存度增大时，说明天津市出口总额占全市生产总值的份额加大，在一定程度上表明天津市的经济发展对外来商品、劳务和技术的交流依赖性加大。一方面，由于对外贸易中的外来商品、劳务和技术主要由境外企业采用自由技术生产，进口境外优质商品、劳务和技术后，使本地企事业对该产品技术创新的需求减弱，对技术创新起到负面作用。另一方面，通常我国出口的商品多为境外国家地区所需的能耗大、附加值低的商品、劳务和技术，对技术创新要求不高，同时一些商品的生产具有较大的环境破坏影响，所以出口产品份额加大也对在环境规制约束下的技术创新起到了负面作用。因此，对外贸易依存度一定程度上对技术创新指标具有负面影响。针对这一问题，应该大力提高商品、劳务和技术的附加值，通过技术创新生产高质量、低污染、低成本的劳务、产品与技术，提升在国际市场中的竞争力，消除目前进出口贸易的负面影响，从而促进天津市的技术创新，同时提高生态环境。

VEC 模型交互分析表明，包含有技术创新指标（ti）和环境规制强度（er）的模型，分别加入财政分权（fd）、产业结构（is）、人口密度（ppd）及就业人口水平（hr）进行分析，影响均不显著。表 5-3 也显示以上指标的离散度不大，从一定程度上也说明天津市以上各方面结构与发展较为稳定，受技术创新指标（ti）和环境规制强度（er）发展趋势的影响不大。由于技术创新和环境规制是综合指标影响，所以也应该对财政分权（fd）、产业结构（is）、人口密度（ppd）及就业人口水平（hr）加以重视。财政分权（fd）方面，在进一步推动地区经济发展、增加财政收入的同时，加大在技术创新与环境保护方面的财政支出，营造技术创新促进经济发展、环境保护的良性循环；产业结构方面，科学合理调整各产业在国民经济中的比重，支持高技术、低能耗的产业发展，从而促进技术创新和生态环境保护；人口密度和就业人口水平方面，在保持人口稳步增长的同时，通过多种渠道提高就业人员的文化技术水平，促进产业技术发展与提升。总之，以上各方面的发展是相互影响、相互促进、共同发展的过程，应全面分析、综合发展，最终实现技术创新、经济发展和生态环境保护的目标。

表 5-3　变量间的均衡关系

年份	$lnti$	er	er^2	fdd	fdd^2	ce
2001	−1.3990	0.6486	0.4207	0.7843	0.6152	0.3972
2002	−1.1631	1.9434	3.7766	0.8789	0.7725	−2.1522
2003	−0.9876	0.9351	0.8743	0.9456	0.8942	−0.2153
2004	−0.8375	1.1777	1.3870	1.1179	1.2497	−1.0031
2005	−0.5946	0.9170	0.8409	1.1197	1.2538	0.0412
2006	−0.4300	0.8594	0.7386	1.1535	1.3305	0.3378
2007	0.0312	0.7305	0.5336	1.0154	1.0310	1.5475
2008	−0.0720	0.8989	0.8081	0.8185	0.6699	0.7624
2009	0.0247	1.0413	1.0842	0.5806	0.3371	−0.2215
2010	0.2493	1.0176	1.0356	0.5938	0.3526	0.1274
2011	0.5512	1.2613	1.5908	0.5793	0.3356	−0.3005
2012	0.6947	1.1602	1.3460	0.5636	0.3177	0.0362
2013	0.9369	1.1557	1.3356	0.5464	0.2986	0.2195
2014	1.0118	1.3531	1.8308	0.5231	0.2736	−0.2758
2015	1.1621	1.3257	1.7574	0.4288	0.1838	−0.5409

注：$ce>0$ 表明 $lnti$ 的值高于均衡水平；$ce<0$ 表明 $lnti$ 的值低于均衡水平。

如图 5-4 所示，技术创新指数 2001~2015 年呈现不断上升的态势。技术创新采用自然对数表示，若选用正常数值，各数值间的差距将更加明显，这说明天津市技术创新速度非常快。与环境规制强度和对外贸易依存度发展相对比，2001~2007 年均衡曲线变化较为剧烈，这说明环境规制强度和对外贸易依存度的发展与天津市技术创新不相协调，且环境规制强度和对外贸易依存度高于均衡水平，技术创新低于均衡水平，呈现落后态势。2008~2015 年，环境规制强度发展高于对外贸易依存度的发展，说明天津市在 2008 年后加强了环境规制措施，环境规制计算指标高于对外贸易依存度计算指标；同时，技术创新不断提高，逐渐与环境规制和对外贸易依存度发展相一致；总体均衡指标在 0 附近波动，技术创新与环境规制、对外贸易依存度呈现均衡发展。

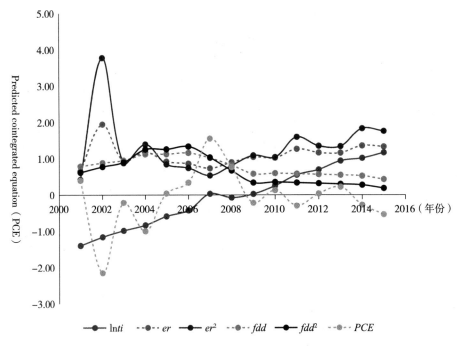

图 5-4　2001~2015 年技术创新指数

06

京津冀地区大气环境
规制与经济增长关系
的实证研究

对于环境规制在经济增长方面的研究，学界主要有两种观点，一种认为环境可以在经济增长的带动下越来越好，另一种则认为经济增长必然带来环境的破坏。当前中国面临的环境问题相当严峻，国家又不能通过长期进行完全限制经济增长的手段来治理大气污染（如在 APEC 会议期间所采取的严格手段）。因此，研究和探讨有效的环境规制方案，厘清它与经济增长的关系，对我国日后的可持续发展有着十分重要的现实意义。

大气污染作为一个关键的环境问题，与人民生活息息相关，从很早就得到了各国政府、组织及个人的重视，而环境问题与经济增长的关系又是其中研究的重点。目前国内外学者对于大气污染与经济增长数据之间关系的研究主要集中在经济增长、产业结构、工业发展水平等方面。

6.1　京津冀地区大气环境及经济增长现状

6.1.1　京津冀地区大气环境现状

6.1.1.1　京津冀地区大气污染现状

京津冀地区空气质量在近年来饱受诟病，但由于种种原因，详细的污染数据从 2011 年起国家才通过环保部公布。从污染区域分析，京津冀 13 个地级以上城市中，空气质量平均达标天数比例为 37.5%，比 74 个城市的平均达标天数低 23 个百分点。空气质量相对较差的前 10 位城市分别是邢台、石家庄、邯郸、唐山、保定、济南、衡水、西安、廊坊和郑州，京津冀地区占了七个。

根据环保部发布的《2013 年环境统计公报》，全部记录的 74 个城市（包括省会城市和各重点城市）平均达标天数仅有 221 天，达标率为 60.5%。河北省省会石家庄更是在 SO_2 年平均浓度、NO_2 年平均浓度、细颗粒物（PM2.5）年平均浓度等六项的表征污染程度的数据中排名全国第一。天津、北京亦在各数值中排名靠前。

从图6-1、图6-2、图6-3可以看出，近年来京津冀地区氮氧化物的排放有明显下降趋势，其余污染物的排放并没有类似特征，烟尘排放有逐年波动上升的趋势。

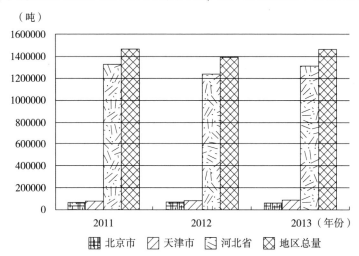

图6-1　2011~2013年京津冀地区烟（粉）尘排放量

数据来源：国家统计局。

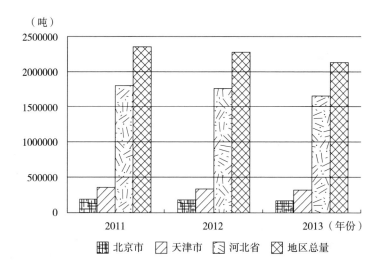

图6-2　2011~2013年京津冀地区氮氧化物排放量

数据来源：国家统计局。

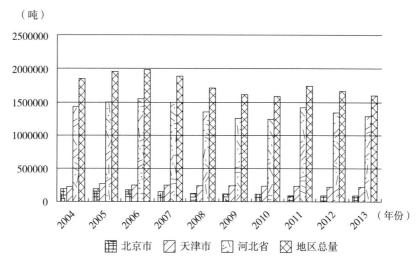

图 6-3　2004~2013 年京津冀地区 SO_2 排放量

数据来源：国家统计局。

6.1.1.2　京津冀地区环境规制现状

我国的环境规制开始于改革开放初期，起始时进行全国统一规划，以法律法规限制排放并处以惩罚。但因为部分地区刚刚开始从农业地区转变为工业地区，急需工业化带动经济增长，因此许多污染企业受到地方政府的保护。环保问题在根源上未得到足够重视。

进入 21 世纪，国家意识到环保工作的重要性，开始在环境规制制度上加以改革。京津冀地区重工业城市——唐山，是我国第一批排污许可试点城市之一。此时，我国将经济激励政策作为环境规制的重要手段，逐步走出以罚款为主、污染与处罚并行的怪圈，运用环境税费、押金返还、可交易许可证等多种方式对污染企业进行疏导。

近年来，随着京津冀地区工业化、城镇化的深入发展，环境规制问题更加被大众所重视。2012 年，环境规制更是在党的十八大会议上进入国策。在党中央、国务院的正确领导下，京津冀地区各部门加大环境保护工作力度，环境污染治理不断深化；信息披露及季度分析逐步完善，公众监督及企业追责也开始实施；京津冀地区对大气污染治理的投入在各方面加紧提升。

为方便统计，本书选取废气治理投资额作为京津冀地区大气环境规制力度的量度指标。从表 6-1、图 6-4 中得出，2004~2013 年，京津冀地区对大气环境污染的治理在波动中逐步上升，均值保持在 12% 左右；综合来看，自 2010 年起稳健上升，高于全国平均水平，在 2013 年达到 120% 的年增长率。其中，2012 年北京市大气环境污染治理投资的年增长率超过 400%。以上数据充分说明大气污染的防治问题近年来在京津冀地区得到了重视和相当大力度的投入。

表 6-1　2004~2013 年京津冀大气污染治理完成投资额数据

单位：亿元

年份	北京市	天津市	河北省	地区总量
2004	29594	42940	83924	156458
2005	91383	101091	116305	308779
2006	89534	68426	137800	295760
2007	33946	67063	129939	230948
2008	62998	99041	97174	259213
2009	25718	75921	91106	192745
2010	17264	34856	82054	134174
2011	4515	46800	156828	208143
2012	24652	42459	181167	248278
2013	31732	74491	440113	546336

数据来源：国家统计局。

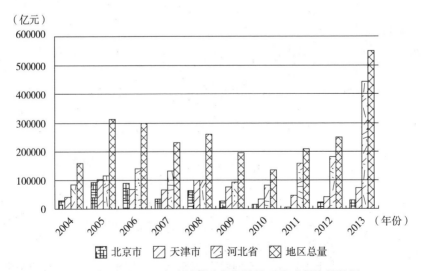

图 6-4　2004~2013 年京津冀大气污染治理完成投资额数据

数据来源：国家统计局。

6.1.2 京津冀地区经济增长现状

6.1.2.1 经济发展现状

作为中国经济发展的核心区域,京津冀地区的经济增长数据始终在全国范围内名列前茅,北京市、天津市对河北省的经济发展起着积极带动的作用,但在区域内依然有不均衡发展的现象。从表6-2、图6-5可以看出,京津冀2004~2013年的GDP总和的增长率除2013年与2009年外全部达到10%以上,说明该地区经济增长势头良好。但分开看,河北省经济增长率近年出现波动,自2011年起增幅开始下降。2012年相比于2004年,京津冀GDP总和与三地各自的GDP的增长率分别为252.81%、223.22%、361.91%、233.83%,天津GDP的增长率为最高。

从表6-3、图6-6中人均GDP的角度来看,天津、北京一直在全国范围内处于前列。2004~2012年,京津冀总和与三地人均GDP增长率中,天津、河北均达到了200%以上,只有北京是127.82%。北京地区GDP总量虽然有所增加,但起点高、居民数多,因此增长并不明显。

表6-2 2004~2013年京津冀地区GDP数据

单位:亿元

年份	北京市	天津市	河北省	地区总量
2004	6033.21	3110.97	8477.63	17621.81
2005	6969.52	3905.64	10012.11	20887.27
2006	8117.78	4462.74	11467.6	24048.12
2007	9846.81	5252.76	13607.32	28706.89
2008	11115	6719.01	16011.97	33845.98
2009	12153.03	7521.85	17235.48	36910.36
2010	14113.58	9224.46	20394.26	43732.3
2011	16251.93	11307.28	24515.76	52074.97
2012	17879.4	12893.88	26575.01	57348.29
2013	19500.56	14370.16	28301.41	62172.13

数据来源:国家统计局。

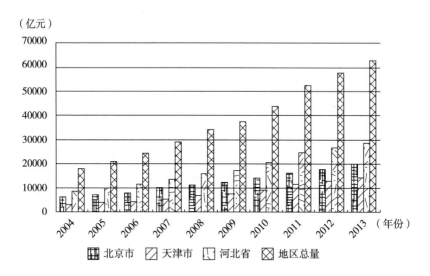

（亿元）

北京市　　天津市　　河北省　　地区总量

图6-5　2004~2013年京津冀地区GDP数据

数据来源：国家统计局。

表6-3　2004~2013年京津冀地区人均GDP数据

单位：亿元

年份	北京市	天津市	河北省	地区总量
2004	40916	30575	12487	83978
2005	45993	37796	14659	98448
2006	51722	42141	16682	110545
2007	60096	47970	19662	127728
2008	64491	58656	22986	146133
2009	66940	62574	24581	154095
2010	73856	72994	28668	175518
2011	81658	85213	33969	200840
2012	87475	93173	36584	217232
2013	93213	99607	38716	231536

数据来源：国家统计局。

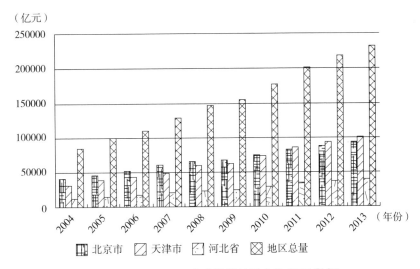

图 6-6　2004～2013 年京津冀地区人均 GDP 数据

数据来源：国家统计局。

6.1.2.2　产业结构现状

由于第二产业中包含诸多对大气易产生污染的行业，因此单独列出进行分析。从图 6-7 可以看出，2004～2013 年，京津冀三地第二产业的增长率分别为

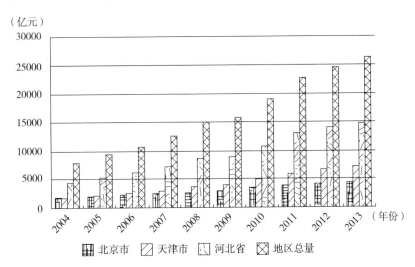

图 6-7　2004～2013 年京津冀地区第二产业增加值

数据来源：国家统计局。

134.80%、331.61%、243.16%，其中增幅最大的是天津地区。

从产业结构来看，北京市的经济发展主要依靠第三产业，2013 年第三产业增加值占 GDP 的比重为 76.4%。北京市作为我国首都，有很好的经济基础，因此产业结构更为合理。河北省经济发展水平相对落后，第二产业比重高。天津市作为环渤海地区最大的港口，21 世纪以来经济发展势头迅猛，第二产业比重虽高，但近年来有所减缓，产业结构调整所获红利逐步开始展现。

从第二产业中的工业耗能情况来看，2013 年，京津冀地区中天津市和河北省的工业综合用能平均比重超过 69%，单位工业增加值耗能较高，明显高于北京市，严重影响区域大气环境。从工业内部结构来看，北京工业高耗能行业（解释为石油加工行业、化学制品制造业、非金属矿物制造业、黑色金属的生产及加工行业、有色金属的生产及加工行业、电力热力的生产及供应行业）的工业总产值所占比重为 30% 左右，综合耗能煤炭为 1777.7 吨，占比为 75% 左右；河北工业高耗能行业的工业总产值占比超过 50%，综合耗能煤炭 20457.5 吨，超过总比重的 90%。这说明，河北省工业高耗能行业占比大，耗能较高。从能耗增幅来看，只有北京在近年来有所下降，天津与河北两地都有不同程度的增幅。可以看出，产业结构的不合理对京津冀大气污染也有一定的加重作用。

6.2 京津冀地区大气环境规制与经济增长关系的实证分析

6.2.1 模型的建立

6.2.1.1 验证环境库兹涅茨曲线

本书首先利用京津冀三地大气污染及经济增长数据探究环境库兹涅茨曲线在京津冀地区是否存在，其次通过一定的计量模型分析造成大气污染的原因。用 Eviews 作出 2004～2013 年京津冀三地的人均 GDP 与 SO_2 排放量的散点图，可以看出，只有北京地区较为符合环境库兹涅茨曲线，经济发展与 SO_2 污染水平呈现出倒 "U" 形，即随着经济发展水平提高，SO_2 排放量呈现先升高再降低的趋势。

采用计量方法来拟合环境库兹涅茨曲线，一般研究中的拟合模型主要采用二次函数、三次函数以及对数形式。本书建立对数计量模型 $\ln Y = A + B \ln X$ 进行分析，其中 Y 为污染指数，X 为经济增量。污染指数对应 CO_2 排放量，经济增量对应人均 GDP。北京地区环境库兹涅茨曲线回归结果如表 6-4 所示。

表 6-4　北京地区环境库兹涅茨曲线回归结果

变量	系数	t 统计量	概率值
$\ln X$	−1.053035	−14.67248	0.0000
C	23.43095	29.47295	0.0000

表 6-4 列出了北京的数据，调整后的拟合优度为 0.9596，拟合较好。但总的来看，三地中另外两地拟合效果一般，需调整方程。因此，考虑调整此模型后，再对大气污染排放量与经济数据的关系进行分析。

6.2.1.2　模型说明

由于本书尝试分析京津冀三地大气环境规制与经济数据的关系，力图分析不同时间三地环境规制对大气污染的影响。因此，选择时间数据模型对环境规制与经济增长的关系进行研究，分析京津冀地区 2004~2013 年的相关数据，力图达到全面分析的效果。

6.2.1.3　数据来源与变量的选取

本书全部数据来源于国家统计局网站，数据年份为 2004~2013 年，地区为京津冀三地。为了消除数据上的差异，对数据进行对数化处理。

选取 SO_2 排放量作为代表大气污染的环境变量。因缺少个别年度数据，或个别年度数据仅统计工业排放量，故不选取烟尘、氮氧化物等其他大气污染物作为环境变量。

选取人均国民生产总值作为经济增长变量。人均 GDP 相较于地区总 GDP 更能反映一个地区的经济发展水平和人民生活质量，京津冀三地人口数量并不均衡，故不选取地区总 GDP 作为经济增长变量。

选取废气治理投资与地区国民生产总值的比率作为大气环境规制力度变量。因为单纯选择废气治理投资并不能直观地反映出一个地区对环境问题的重视程度。

选择煤炭与原油及煤炭的使用量比率作为能源结构变量。因为这两项原料数据会直观地反映环境中 SO_2 的排放，而煤炭在科学界已有定论，是产生 SO_2 的主要原因。

6.2.1.4 模型的建立

改进后的环境库兹涅茨曲线对经济因素有进一步的阐述，其中包括技术变量等其他因素。因此，本书认为影响大气污染物 SO_2 排放（S）的因素除去经济增长变量（G）外，还有环境规制力度变量（Ec）和能源结构变量（En）。

京津冀三地的大气污染物影响因素函数可表示为：

$$S = f(G,\ Ec,\ En)$$

为了便于比较，先对方程两边取对数形式，得到计量方程为：

$$\ln(S_{dy}) = c + a_1\ln(G_{dy}) + a_2\ln(Ec_{dy}) + a_3\ln(En_{dy})$$

式中，a_1、a_2、a_3、c 是待估参数；d 表示不同地区；y 表示不同年份。

6.2.2 实证检验

6.2.2.1 北京市实证检验

对北京市相关数据进行回归估计，结果如表6-5所示。

表6-5 最小二乘回归结果（北京市）

变量	回归系数	标准差	t 统计量	概率值
C	18.12466	0.823121	22.01943	0.0000
$\log(G_{it})$	-0.506072	0.083372	-6.070055	0.0009
$\log(Ec_{it})$	0.001864	0.010992	0.169550	0.8709
$\log(En_{it})$	2.287065	0.360911	6.336920	0.0007
可决系数	0.996042	调整后的可决系数	0.994063	
F 统计量	503.3064	F 统计量对应的概率值	0.0000	

回归方程为：

$$\log(S_{dy}) = 18.1246 - 0.5060\log(Ec_{dy}) + 0.0018\ln(Ec_{dy}) + 2.2870\ln(En_{dy})$$

做异方差检验，随着数值变化不断提高，离散程度并未扩大；残差平方项 e^2 随 x 的变动趋势平稳。因此，模型不存在异方差。从表 6-5 中可以看出，模型的拟合优度为 0.996042，说明解释变量对被解释变量的解释程度大，线性影响强。F 统计量为 503.3064，对应的概率值为 0.0000，说明模型的整体显著性强。从各个解释变量的概率值可以看出，环境规制力度数据明显不显著，其他变量均显著。

6.2.2.2 天津市实证检验

对天津市相关数据进行回归估计，结果如表 6-6 所示。

表 6-6 最小二乘回归结果（天津市）

变量	回归系数	标准差	t 统计量	概率值
C	14.60222	1.293714	11.28705	0.0000
$\log(G_{it})$	-0.232933	0.144686	-1.609912	0.1270
$\log(Ec_{it})$	-0.315314	0.086831	-3.631354	0.0022
$\log(En_{it})$	8.088502	0.875863	9.234892	0.0000
可决系数	0.960238	调整后的可决系数	0.952782	
F 统计量	128.7971	F 统计量对应的概率值	0.0000	

回归方程为：

$$\log(S_{dy}) = 14.6022 - 0.2329\log(Ec_{dy}) + 0.3153\ln(Ec_{dy}) + 8.0885\ln(En_{dy})$$

做异方差检验，随着数值变化不断提高，离散程度并未扩大；残差平方项 e^2 随 x 的变动趋势平稳。因此，模型不存在异方差。从表 6-6 中可以看出，模型的拟合优度为 0.960238，说明解释变量对被解释变量的解释程度大，线性影响强。F 统计量为 128.7971，对应的概率值为 0.0000，说明模型的整体显著性强。从各个解释变量的概率值可以看出，除了经济增长数据显著性较弱，其他变量均显著。

6.2.2.3 河北省实证检验

对河北省相关数据进行回归估计，结果如表 6-7 所示。

表6-7　最小二乘回归结果（河北省）

变量	回归系数	标准差	t 统计量	概率值
C	16.23931	0.462284	35.12844	0.0000
$\log(G_{it})$	-0.121135	0.044626	-2.714435	0.0300
$\log(Ec_{it})$	0.050273	0.040852	1.230614	0.2582
$\log(En_{it})$	10.63114	0.498743	21.31587	0.0000
可决系数	0.992880	调整后的可决系数	0.989828	
F 统计量	325.3614	F 统计量对应的概率值	0.0000	

回归方程为：

$$\log(S_{dy}) = 16.2393 - 0.1211\log(Ec_{dy}) + 0.0502\ln(Ec_{dy}) + 10.6311\ln(En_{dy})$$

做异方差检验，随着数值变化不断提高，离散程度并未扩大；残差平方项 e^2 随 x 的变动趋势平稳。因此，模型不存在异方差。从表6-7中可以看出，模型的拟合优度为0.992880，说明解释变量对被解释变量的解释程度大，线性影响强。F 统计量为325.3614，对应的概率值为0.0000，说明模型的整体显著性强。从各个解释变量的概率值可以看出，环境规制力度的显著性不强，经济增长的显著性较弱，能源结构变量较为显著。

6.2.3　计量结果分析

综合来看，京津冀三地大气污染成因是有规律可循的。三地的经济增长与环境污染都呈负向关系。其中，北京地区所造成的影响最为明显，河北地区最不明显。可以看出北京人均 GDP 每上升1元，大气污染物中 SO_2 排放量下降0.5060万吨。河北地区的排放只有0.1211万吨的下降量。

从大气环境规制力度的角度看，只有天津起到了明显的减排作用。大气污染治理资金占总的地区生产总值的比例每提高0.01个百分点，大气污染物中 SO_2 排放量下降0.3153万吨。北京、河北的两项数据反而呈正相关，但北京地区的显著度不高，需做进一步分析。

煤炭资源占总化石资源的使用量对 SO_2 的贡献度在京津冀三地都十分明显，呈正向关系，分别为每提高一个百分点的煤炭使用率，SO_2 排放量提高2.2870万吨、8.0885万吨、10.6311万吨，可见河北省在煤炭使用上的问题十分突出和严重。

结果表明，环境库兹涅茨曲线只是一个客观现象，并非必然规律，在不同地区的经济增长指标与工业污染指标之间有着不同的表现形式。隐藏在环境库兹涅茨曲线背后的，其实是"先污染后治理"的传统经济增长模式，这一点在京津冀地区只有北京十分明显。

6.3　大气环境污染与经济变量关系总结

综上我们可以看出，京津冀三地对大气污染的环境规制是有所不同的。

从经济增长的角度来看，一方面，在稳定的产业结构和技术水平下，渐渐增加的经济规模对自然资源供应提出了更高的要求，也就是说污染物的增加，导致环境恶化。另一方面，在经济增长到一定阶段时，人们对良好环境的要求也会越来越强，有较高的意愿购买和使用对环境更为友好的产品，因此，经济规模的扩大对减低单位产出的排放强度和制定更为严格的环境标准有着积极的作用。经济增长是通过这两方面程度相比较的大小决定了对环境污染的程度。总的来看，在京津冀地区经济发展对大气污染都有抑制作用。可见，随着经济的增长，三地的大气污染都会得到进一步的控制，这也和经济发展可以带动高新环保技术的发展密不可分。人均收入提升的同时，京津冀地区会逐步对污染有所重视。但全地区范围内经济增长对环境污染的减轻作用渐渐变得不显著，说明环境规制和经济增长之间关系已走过倒"U"形的拐点。

从能源结构的角度来看，煤炭相对于化石能源的使用比例也和大气污染有一定正相关的关系，以河北尤为突出，可能的原因是河北的煤炭使用中有很大一部分是极其影响大气环境质量的劣质煤炭。但可以看到，全地区范围内煤炭的使用率有所下降，这对治理大气污染来说是一个好的兆头。

从环境规制力度的方面来看，京津冀三地中只有天津市废气处理资金的投入可以对大气污染有进一步的减轻作用。天津市随着环境规制上资金的投入，污染有着明显的改善。北京市作为全国最先发达的地区，对大气污染的治理已经走入新的时期，单纯靠资金投入已经不能满足大气污染治理的需要。河北省虽然在治污的投入比例上有所增加，但总量仍然较少，无法达到真正治理大气污染的程度。

基于以上结论，可以分析出造成三地差异的原因。在环境规制方面，京津冀有着很大的相似性，但北京同另外两地有着明显的区别。北京虽有少许优势，但仍急需利用能源转型来带动大气污染的治理。大气污染的下降对京津冀地区经济的增长都有着促进作用。

6.4 京津冀地区大气环境规制政策建议

6.4.1 对北京市的政策建议

通过研究我们发现，煤炭的消费和使用与大气污染物的排放有很大关系。北京作为北方各类网络产业及文化产业的中心，产业转型已经不是最大问题，反而是能源的消耗以及汽车燃油的使用成为了解决问题的关键。作为京津冀地区经济带动的排头兵，北京急需在深化能源改革方面做出表率。

早在 21 世纪初，北京便在国务院的督导下开始了"煤改气"工程，至今已取得部分成效。近年来，相关工作得到了进一步加强。有关部门承诺到 2015 年末，实现六环路以内全面无煤化，这样的燃煤锅炉改造工程将使整个北京市在采暖季减少 SO_2 排放 4204 吨，并最终可使北京地区大气环境有所改善。油品方面，北京的汽柴油品质在京津冀三地中都较为优质，应将这些调控的优势推广至津冀两地。因此，一方面严格控制高耗能行业发展，逐步淘汰区域内高耗能产业；另一方面降低能耗，提高能源的使用效率，这是北京急需改进的两点。

6.4.2 对天津市的政策建议

通过研究我们发现，天津地区的经济增量在全国名列前茅，已经可以开始逐步淘汰落后的第二产业，不再通过其拉动经济。在大气环境与经济增长的关系中，正处于环境库兹涅茨曲线的拐点，也是最关键的时期。天津目前需依托滨海新区，进行经济产业转型。天津可以通过更新研发网络和区域内高科技嫁接，对传统产业进行部分高端化改造。高技术产业具有附加值高、能耗低等特点，所以继续学习北京市的成功经验，可以进一步降低污染。例如，自行车和现代中药产业近年来的污染排放都在迅速降低。

作为环渤海地区最大港口，天津还可以依托优越的交通区位优势和产业基础，将新产业集群加速聚集，如风电设备产业，使天津成为北方的风力发电中心，进一步减少煤炭的使用，进而改善空气质量。

6.4.3 对河北省的政策建议

数据分析部分已经指出，河北地区的第二产业已经十分庞大臃肿。其能源改革与产业转型并不是很容易。近十年来，河北省作为京津两地部分污染企业的迁入地，不同于北京、天津地区有着较为成熟的第三产业。因此，在转型尚不能满足大气污染治理的前提下，短期内河北省急需解决重点污染企业废气排放不达标、无视法律法规阻碍法律法规执行等问题。

河北地区应对高污染产业进行合理的管理，将排污费的改革进一步深化，鼓励高污染企业进行技术创新，对拥有地方政府保护伞的排污企业进行严密监管。同时，要与京津两地充分做好资源共享，引进先进的治污技术，在污染源加强防控。更要深抓落实，保证环境规制各项政策可以像京津两地一样得到妥善执行。不能只作为京津两地重污染企业的迁入地，只靠工业发展经济，而是应向天津、北京争取优势资源，完善产业创新，逐步淘汰落后产能，才能最终对大气污染现状有根本的改观。

6.4.4 京津冀地区总体政策建议

数据分析部分虽对京津冀地区大气污染程度做了比较，得出河北省污染程度较为严重，但三地大气环境实际给人的直观感受没有过于明显的区别。也就是说，目前的状况是三地同时污染，也继续同时治理，同时统筹规划，不能三地分地而治。因此，在进一步推进京津冀地区一体化协调可持续发展的同时，还应做到以下几点：

第一，加强环保法制建设。从经济学的角度来看，生产的外部不经济是产生污染的主要原因。一方面，部分工业企业没有将工业生产过程中所排放的污染物对周围环境的损失计入生产成本，通常需要政府通过法律法规强制企业执行，才能将这一外部成本内部化。另一方面，满足人们日益增长的环境需求，是切实维护人民利益的事情，政府出于此种角度，也应进一步加强法制建设，为大气污染受害者提供法律咨询服务，完善法律援助机制。

短期内，环境规制仍需靠法律手段得以解决。党的十八大以来，我国的法制建设得以被进一步重视。及时将大气污染中出现的新问题纳入法律规定并落实执行，给予环保部门足够的权利。我国污染追责制度依然没有得到足够的重视，并没有用严格的处罚制度使污染企业意识到环境污染问题的严重性，更有不少企业没有环保的责任意识。因此，法律制度的宣传与建设是京津冀地区急需解决的问题。

第二，完善大气监督体制。目前，京津冀地区对大气环境的信息公开和监督还处于世界较为落后的位置。如在2011年，区域内各地才逐步公布大气污染中细颗粒物（PM2.5）的数据。大气环境规制的完成与实现，急需一个健全的大气监督体制。这不能只靠环保部门对大气污染的监管，健全检测公开制度、完善举报制度才是重中之重。

环保部门要自觉接受大众监督，积极听取群众意见，接受公众建议。奖励优先节能减排的单位与个人，在媒体中揭露严重污染大气环境的反面典型。明确各方监督权限，提高媒体及社会的舆论力度，最终使整个社会拥有完善的监督体制。

第三，广泛号召公众参与。很多时候，对大气污染的治理依旧停留在官员和政府自上而下、依靠行政任务式的手段来推动，这更造成了部分地区的有关政府部门臃肿和不作为的情况发生。调动公众的参与度，可以减少政府在大气污染治理方面的压力。当公众的健康因环境污染而受损时，政府合理地开放公众参与的渠道，还可以疏解因大气污染而造成的公民不良情绪。可见，这种方法有一举两得的效果。

首先，应开展一定的环保教育工作，从居民生产生活入手，强调环保的重要性。京津冀地区尤其是河北省部分落后地区，居民对大气环境污染危害的认识程度和深层了解都不够全面，开展环保教育工作刻不容缓。其次，应扩展公众参与渠道，建立环保部门与公众对话的常年有效机制。最后，对支持环保工作的组织与个人设置奖励制度。最终实现全民参与环保和大气污染共同治理。

第四，学习发达国家经验。部分西方发达国家和中国一样，走的是"先污染后治理"的道路。因此，学习和借鉴各国经验也是我国治理大气污染的一条切实可行的方案。例如，从城市设计的角度入手，北京地区已经开始在2014年规划多条城市通风道，这是采用了洛杉矶等城市的经验。另外，加强与发达国家大气环境技术的交流，加快将环保技术与国际接轨的速度也应受到重视。

最为重要的是，积极利用国外的先进技术减少工业污染，高度重视技术的引进，从而缩短技术创新时间、减少创新失败风险、加速科技进步步伐，最终实现学习与推广并行，在干中学得对大气污染治理最为有效的解决方法。

07

中国环境规制与经济增长关系的实证研究

7.1 中国环境规制与经济增长现状

7.1.1 中国环境规制现状

7.1.1.1 环境规制手段

我国的环境规制在新中国成立至20世纪70年代末这段时期从无到有地建立起来；80年代末，由于污染严重，环境管理加强；1996年确立了统一监管与分级分部门规制相结合的现行环境规制体制；21世纪提出要构建"资源节约型、环境友好型"社会。

一般地，政府进行环境规制的手段主要有强制性手段、经济手段和技术手段，这是一个渐进的过程。我国的环境规制制度共经历了三个阶段，分别是以命令与控制政策进行规制阶段、经济激励政策推广运用阶段、以信息手段和公众参与为特色的政策创新阶段。

目前，我国的命令与控制政策主要有环境影响评价制度、"三同时制度"（即新扩改项目和技术改造项目的环保设施，必须与主体工程同时设计、同时施工、同时投产使用）、限期治理制度和排污许可证制度。经济激励政策主要有环境税收、押金返还政策、可交易许可证。以信息手段和公众参与为特色的政策主要包括信息公开计划或项目、自愿协议、环境认证和环境听证制度。

当前我国主要运用命令与控制政策，并积极探索，实现三阶段政策并行，重点发展信息手段，建立公众参与的环境规制体制。现阶段，中国环境规制面临很多问题，如环境规制标准偏低、部分政策缺乏可行性和成本有效性、经济激励政策和信息披露政策应用范围小等。在使用命令与控制政策时，虽然见效快，但效率不高且不利于激发企业进行技术创新，而利用经济激励政策虽然灵活、节约管理成本、富有激励性，但主要是末端治理，有较高的实施成本，难以有效地减少环境污染。因此，要解决我国环境规制管理中存在的问题，以信息手段和公众参与为特色的政策制度是一个良好的发展方向，具有实施成本低，能充分调动企业、公众参与环境治理的优点。

7.1.1.2 环境规制力度

从环境规制力度的角度，可以选取工业污染治理完成投资额作为衡量指标，考察环境规制力度的发展变化和现状。中国环境规制体制是统一监管和分级分部门相结合的，各个地区的环境规制因地区差异而不同，所以分别从全国、东部、中部、西部来分析环境规制力度。其中，东部包括北京、天津、河北、辽宁、上海、江苏、浙江、福建、山东、广东、海南11个省和直辖市，中部包括山西、吉林、黑龙江、安徽、江西、河南、湖北、湖南8个省，西部包括内蒙古、广西、重庆、四川、贵州、云南、陕西、甘肃、青海、宁夏、新疆11个省、自治区和直辖市。全国数据为三个地区的总和。

表 7-1　2004~2012 年中国工业污染治理完成投资额

单位：万元

年份	东部	中部	西部	全国
2004	1745043	713020	622996	3081059
2005	2917349	908935	755625	4581909
2006	2679550	1158253	1001552	4839355
2007	2877418	1496607	1149664	5523689
2008	2710071	1435788	1280542	5426401
2009	1951345	1282486	1192378	4426209
2010	1764983	1055589	1149200	3969772
2011	2036281	1008633	1397071	4441985
2012	2540761	1063525	1398511	5002797

数据来源：国家环保局网站。

从表 7-1、图 7-1 可以看出，2004~2012 年中国工业污染治理完成投资额总体趋势是在波动中上升的。2012 年相对于 2004 年，全国和东中西部完成投资额分别增长 62.37%、45.6%、49.16% 和 124.48%，西部地区完成投资额增幅最大。2007~2008 年，各地区的完成投资额均达到一个高峰，然后呈下降趋势，从 2010 年开始转为上升。总的来说，东部地区的规制力度要大于中西部地区，中部地区在 2004~2009 年规制力度大于西部地区，2010~2012 年西部地区规制力度超过中部地区。

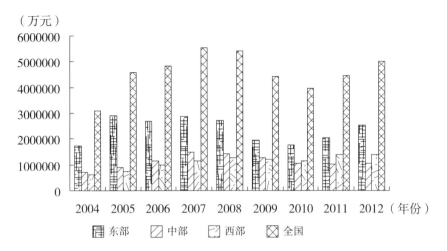

（万元）

图 7-1　2004~2012 年中国工业污染治理完成投资额

数据来源：国家环保局网站。

7.1.2　中国经济增长现状

从表 7-2、图 7-2 中可以看出，全国 2005~2012 年的 GDP 增长率除了 2008 年为 9.44% 以外，其余年份均在 10% 以上，说明我国经济增长势头良好。与 2004 年相比，2012 年全国和三大地区的 GDP 增长率分别为 235.56%、222.39%、259.36% 和 294.10%，各个地区的 GDP 都是逐年上升的，其中西部地区增幅最大。总的来说，东部地区 GDP 远远超过中西部地区，中部地区大于西部地区，三大地区的差距在逐年扩大。

表 7-2　2004~2012 年中国 GDP 数据

单位：亿元

年份	东部	中部	西部	全国
2004	198976.82	39488.95	28724.86	267190.63
2005	237192.48	46545.14	33837.92	317575.54
2006	277045.74	53967.49	40055.62	371068.85

续表

年份	东部	中部	西部	全国
2007	330388.06	65359.77	48842.63	444590.46
2008	388170.32	78781.03	60052.92	527004.27
2009	423773.80	86443.31	66532.12	576749.23
2010	500975.88	105145.56	80901.03	687022.47
2011	587162.90	127624.70	99629.13	814416.73
2012	641476.94	141908.57	113203.80	896589.31

数据来源：国际统计局网站。

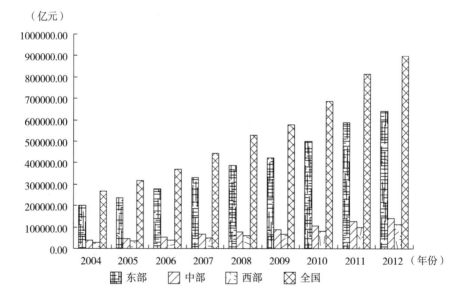

图 7-2　2004~2012 年中国 GDP 增长情况

数据来源：国家统计局网站。

从图 7-3、图 7-4 可以看出，全国各地区的城乡居民人均可支配收入是逐年上升的，2005~2012 年，全国和东中西部的城镇居民人均可支配收入年增长率分别为 12.38%、12.25%、12.62% 和 12.39%，其中，增幅最大的是中部地区。2005~2012 年，全国和东中西部的农村居民人均可支配收入年增长率分别为 13.15%、12.64%、13.64% 和 13.76%，其中，增幅最大的是西部地区。总的来说，2004～2012 年，全国和东中西部的农村居民人均可支配收入增长速度大于城镇居民人均可支配收入，农村居民人均可支配收入西部地区增长最快，城镇居民人均可支配收入中部地区增长最快。从绝对量上看，城镇居民人均可支配收入基本是农村居民人均可支配收入的两倍以上，差距较大。

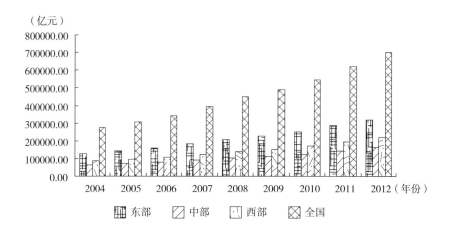

图 7-3 2004～2012 年中国城镇居民人均可支配收入对比

数据来源：国家统计局网站。

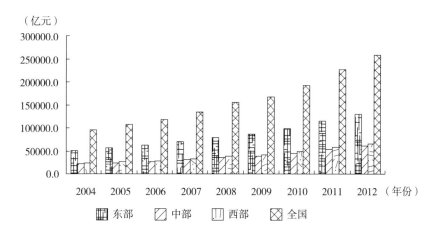

图 7-4 2004～2012 年中国农村居民人均可支配收入对比

数据来源：国家统计局网站。

7.2 中国环境规制与经济增长
关系的实证分析

7.2.1 模型的建立

7.2.1.1 模型的说明

由于面板数据具有精确度高和信息量大的优点，较之时间序列数据可以反映不同截面之间的不同，较之截面数据可以反映截面随时间的变化，具有全面、动态的效果。因此，本书采用面板数据模型对环境规制与经济增长的关系进行研究，选取了全国除港澳台和西藏之外的 30 个省、自治区和直辖市 2004~2012 年的相关数据建立模型，分为东部、中部、西部地区进行比较分析。其中，东中西部的划分如上文所述。

7.2.1.2 数据来源与变量的选取

本书选取的数据是中国东、中、西部省份 2004~2012 年的省际面板数据，数据来源于国家统计局网站。

本书主要研究环境规制与经济增长的关系，而环境规制对经济的作用有很大部分取决于环境规制对技术进步的作用，所以，本书采用以罗默等为代表的研究与开发增长模型，根据该模型，在不考虑资本的情况下，经济增长主要受劳动和技术进步的影响。因此，本书选取了城镇居民消费支出、国内专利申请受理量、工业污染治理完成投资额分别代表影响经济增长的劳动、技术和环境规制因素，以各个省份的 GDP 作为代表经济增长的变量。下面分别对所涉及的变量作简要说明。

国内生产总值（GDP）。经济增长一般指宏观经济增长，常用国内生产总值（GDP）来衡量，指一国或地区在一定时期内最终产品和服务的增加。GDP 受各种因素的影响，是一定时期内各种因素作用于经济的反映。

工业污染治理完成投资额（E）。除环境立法之外，工业污染治理是政府环境规制的一大体现。在对环境的破坏中，工业污染是最严重的一部分，而工业污染治理完成投资额不仅是重要的环境规制措施，同时还可以反映政府环境规制的力度。

城镇居民消费支出（L）。本书选取城镇居民消费支出作为劳动因素的代表，一是因为居民的消费支出大部分来源于劳动收入，二是因为居民的消费支出能促进企业生产经营，是拉动经济增长的重要力量。

国内专利申请受理量（N）。随着知识产权制度的完善和人们维权意识的提高，更多的科研人员为自己的研发成果申请专利，因此，选择专利申请受理量作为解释变量，不仅能反映科研成果，还能在一定程度上反映技术进步及其带来的经济产出。

7.2.1.3　模型的建立

本书认为，影响经济增长的因素有环境规制（E）、城镇居民消费支出（L）和国内专利申请受理量（N）。各地区的经济增长函数可表示为：

$$GDP = f(E, L, N)$$

具体的函数形式表示为：

$$GDP_{it} = \alpha\, E_{it}^{\beta 1}\, L_{it}^{\beta 2}\, N_{it}^{\beta 3}$$

式中，i 表示不同地区，t 表示不同年份。

通常面板数据有两种分析模型：固定效应模型和随机效应模型。由于两种模型的估计结果不是一致的，所以为了获得更精确的估计结果，需要用 Hausman 检验来判断模型形式。

为了便于比较，先对方程两边取对数形式，得到计量方程为：

$$\ln(GDP_{it}) = \alpha + \beta_1 \ln(E_{it}) + \beta_2 \ln(L_{it}) + \beta_3 \ln(N_{it}) + \varepsilon_{it}$$

式中，α、β_1、β_2、β_3 是待估参数，ε 代表其他没有在式中表示出来的影响经济增长的因素。

7.2.2　实证检验

7.2.2.1　各变量的描述性统计

各变量的描述性统计如表 7-3 所示。

表 7-3 各变量的描述性统计

变量	对应地区	均值	标准差	最大值	最小值
国内生产总值（亿元）	东	9.4760	0.8826	10.4546	7.3096
$\log(GDP_{it})$	中	9.1042	0.3388	9.7312	8.7283
	西	8.3307	0.7905	9.4209	6.8539
工业污染治理完成投资额（万元）	东	11.8139	1.1858	13.2811	8.8709
$\log(E_{it})$	中	11.6279	0.6177	12.6600	10.9785
	西	11.2238	0.7606	11.9348	9.2528
城镇居民消费支出（元）	东	9.4417	0.2524	9.8348	9.0807
$\log(L_{it})$	中	9.1066	0.0620	9.2042	9.0466
	西	9.1333	0.0989	9.3272	9.0102
国内专利申请受理量（项）	东	10.2231	1.4188	11.6477	6.7038
$\log(N_{it})$	中	9.2017	0.5898	9.9678	8.4689
	西	8.1792	1.1650	10.0580	5.9945

7.2.2.2 东部地区实证检验

（1）单位根检验。为了保证数据的平稳性，需要利用 Eviews 对序列数据进行单位根检验，零假设为"序列存在单位根，是非平稳的"。如果接受零假设，则序列是非平稳的，需要对序列进行逐阶差分，然后再次检验，直到序列平稳为止。

经过多次检验，$\log(E_{it})$ 是平稳的，有截距项而没有趋势项；$\log(GDP_{it})$、$\log(L_{it})$、$\log(N_{it})$ 是一阶单整的，前两者有截距项而没有趋势项，后者既有截距项又有趋势项。

（2）协整检验。进行平稳性检验后，为了验证变量之间是否存在长期稳定的关系，需要对序列进行协整检验。在确定模型形式后对模型进行回归估计，然后检验残差项的单整性，如果残差项是平稳序列，则说明变量之间是协整关系。

（3）Hausman 检验。利用 Eviews 对数据模型进行 Hausman 检验，零假设是

"方程的残差项与解释变量不相关",若接受零假设,则采用随机效应模型;若拒绝零假设,则采用固定效应模型。检验结果如表7-4所示。

表7-4　H检验结果（东部地区）

Test Summary	Chi-Sq. Statistic	Chi-Sq. d. f.	Prob.
Cross-section random	76.7492	3	0.0000

由表7-4可以看出,Hausman统计量为76.7492,相对应的概率为0.0000,在0.05的显著性水平下拒绝零假设,所以应该采用固定效应模型。

（4）回归估计及结果。采用固定效应的回归模型进行回归分析,回归结果如表7-5所示。

表7-5　最小二乘回归结果（东部地区）

变量	回归系数	标准差	t统计量	概率值
C	-3.4983	0.3338	-10.4786	0.0000
$\log(E_{it})$	-0.0117	0.0105	-1.1146	0.2682
$\log(L_{it})$	1.3044	0.0585	22.2837	0.0000
$\log(N_{it})$	0.0780	0.0273	2.8600	0.0053
可决系数	0.9974	调整后的可决系数	0.9970	
F统计量	2507.1580	F统计量对应的概率值	0.0000	

回归方程为:

$$\log(GDP_{it}) = -3.4983 - 0.0117\log(E_{it}) + 1.3044\log(L_{it}) + 0.0780\log(N_{it})$$

对回归方程的残差项进行单位根检验,结果发现残差项是平稳的,因此,变量之间存在协整关系。从表7-5中可以看出,模型的拟合优度为0.9974,说明解释变量对被解释变量的解释程度大,线性影响强。F统计量为2507.1580,对应的概率值为0.0000,说明模型的整体显著性强。从各个解释变量的概率值可以看出,除了工业污染治理完成投资额显著性较弱,其他变量均显著。

7.2.2.3　中部地区实证检验

（1）单位根检验。为了保证数据的平稳性,需要利用Eviews对序列数据进行单位根检验，零假设为"序列存在单位根，是非平稳的"。如果接受零假设，则序列是非平稳的，需要对序列进行逐阶差分，然后再次检验，直到序列平稳为止。

经过多次检验，$\log(E_{it})$ 是平稳的，有截距项而没有趋势项；$\log(GDP_{it})$、$\log(L_{it})$、$\log(N_{it})$ 是一阶单整的，均有截距项而没有趋势项。

（2）协整检验。进行平稳性检验后，为了验证变量之间是否存在长期稳定的关系，需要对序列进行协整检验。在确定模型形式后对模型进行回归估计，然后检验残差项的单整性，如果残差项是平稳序列，则说明变量之间是协整关系。

（3）Hausman 检验。利用 Eviews 对数据模型进行 Hausman 检验，零假设是"方程的残差项与解释变量不相关"，若接受零假设，则采用随机效应模型；若拒绝零假设，则采用固定效应模型。检验结果如表 7-6 所示。

表 7-6　H 检验结果（中部地区）

Test Summary	Chi-Sq. Statistic	Chi-Sq. d. f.	Prob.
Cross-section random	17. 4300	3	0. 0006

由表 7-6 可以看出，Hausman 统计量为 17.4300，相对应的概率为 0.0006，在 0.05 的显著性水平下拒绝零假设，所以应该采用固定效应模型。

（4）回归估计及结果。采用固定效应的回归模型进行回归分析，回归结果如表 7-7 所示。

表 7-7　最小二乘回归结果（中部地区）

变量	回归系数	标准差	t 统计量	概率值
C	-4. 1579	0. 4730	-8. 7911	0. 0000
$\log(E_{it})$	0. 0009	0. 0257	0. 0358	0. 9716
$\log(L_{it})$	1. 4224	0. 0701	20. 2834	0. 0000
$\log(N_{it})$	0. 0324	0. 0295	1. 1007	0. 2753
可决系数	0. 9859	调整后的可决系数	0. 9836	
F 统计量	426. 1119	F 统计量对应的概率值	0. 0000	

回归方程为：

$$\log(GDP_{it}) = -4.1579 + 0.0009\log(E_{it}) + 1.4224\log(L_{it}) + 0.0324\log(N_{it})$$

对回归方程的残差项进行单位根检验，结果发现残差项是平稳的，因此，变量之间存在协整关系。从表7-7中可以看出，模型的拟合优度为0.9859，说明解释变量对被解释变量的解释程度大，线性影响强。F统计量为426.1119，对应的概率值为0.0000，说明模型的整体显著性强。从各个解释变量的概率值可以看出，除了工业污染治理完成投资额显著性较弱、国内专利申请受理量显著性不强，其他变量均显著。

7.2.2.4 西部地区实证检验

（1）单位根检验。为了保证数据的平稳性，需要利用 Eviews 对序列数据进行单位根检验，零假设为"序列存在单位根，是非平稳的"。如果接受零假设，则序列是非平稳的，需要对序列进行逐阶差分，然后再次检验，直到序列平稳为止。

经过多次检验，$\log(E_{it})$、$\log(GDP_{it})$、$\log(L_{it})$、$\log(N_{it})$ 是一阶单整的，均有截距项而没有趋势项。

（2）协整检验。进行平稳性检验后，为了验证变量之间是否存在长期稳定的关系，需要对序列进行协整检验。在确定模型形式后对模型进行回归估计，然后检验残差项的单整性，如果残差项是平稳序列，则说明变量之间是协整关系。

（3）Hausman 检验。利用 Eviews 对数据模型进行 Hausman 检验，零假设是"方程的残差项与解释变量不相关"，若接受零假设，则采用随机效应模型；若拒绝零假设，则采用固定效应模型。检验结果如表7-8所示。

表7-8　H检验结果（西部地区）

Test Summary	Chi-Sq. Statistic	Chi-Sq. d.f.	Prob.
Cross-section random	24.7044	3	0.0000

由表7-8可以看出，Hausman 统计量为24.7044，相对应的概率为0.0000，在0.05的显著性水平下拒绝零假设，所以应该采用固定效应模型。

（4）回归估计及结果。采用固定效应的回归模型进行回归分析，回归结果如表7-9所示。

表7-9　最小二乘回归结果（西部地区）

变量	回归系数	标准差	t 统计量	概率值
C	−6.0206	0.3160	−19.0509	0.0000
$\log(E_{it})$	0.0440	0.0131	3.3488	0.0012
$\log(L_{it})$	1.4633	0.0566	25.8573	0.0000
$\log(N_{it})$	0.0603	0.0250	2.4139	0.0179
可决系数	0.9965	调整后的可决系数	0.9960	
F 统计量	1879.4770	F 统计量对应的概率值	0.0000	

回归方程为：

$$\log(GDP_{it}) = -6.0206 + 0.0440\log(E_{it}) + 1.4633\log(L_{it}) + 0.0603\log(N_{it})$$

对回归方程的残差项进行单位根检验，结果发现残差项是平稳的，因此，变量之间存在协整关系。从表7-9中可以看出，模型的拟合优度为0.9965，说明解释变量对被解释变量的解释程度大，线性影响强。F统计量为1879.4770，对应的概率值为0.0000，说明模型的整体显著性强。从各个解释变量的概率值可以看出，各解释变量均显著。

7.2.3　计量结果分析

7.2.3.1　东部地区

从回归方程可以看出，在东部地区，工业污染治理完成投资额对经济增长的回归系数为−0.0117，说明其对经济增长有负向作用，每增加10000元的污染治理投资额，GDP会减少117万元；城镇居民消费支出对经济增长的回归系数为1.3044，说明其对经济增长有很大的促进作用，每增加1元居民消费支出，GDP就增加1.3044亿元；国内专利申请受理量对经济增长的回归系数为0.078，说明专利申请受理量每增加一项，GDP就增加780万元。

比较可知，在东部地区，居民消费支出的回归系数较高，即其对经济增长的正向作用较显著。其次是专利申请受理量。从显著性概率值来看，对经济增长的影响是显著的；从回归系数来说，其对经济增长的正向作用没有居民消费支出大。代表环境规制力度的工业污染治理完成投资额的回归系数为负，说明其与经济增长之间的关系是负相关的，但从概率值来看，工业污染治理完成投资额对经济增长的作用不显著。

7.2.3.2 中部地区

从回归方程可以看出，在中部地区，工业污染治理完成投资额对经济增长的回归系数为 0.0009，说明其对经济增长有促进作用，每增加 10000 元的污染治理投资额，GDP 会增加 9 万元；城镇居民消费支出对经济增长的回归系数为 1.4224，说明其对经济增长有很大的促进作用，每增加 1 元居民消费支出，GDP 就增加 1.4224 亿元；国内专利申请受理量对经济增长的回归系数是 0.0324，说明专利申请受理量每增加一项，GDP 就增加 324 万元。

比较可知，在中部地区，居民消费支出的回归系数较高，即其对经济增长的正向作用较显著。其次是专利申请受理量，但从显著性概率值来看，其对经济增长的影响是不显著的。代表环境规制力度的工业污染治理完成投资额的回归系数为正，说明其与经济增长之间的关系是正相关的，但从概率值来看，工业污染治理完成投资额对经济增长的作用不显著。

7.2.3.3 西部地区

从回归方程可以看出，在西部地区，工业污染治理完成投资额对经济增长的回归系数为 0.0440，说明其对经济增长有推动作用，每增加 10000 元的污染治理投资额，GDP 会增加 440 万元；城镇居民消费支出对经济增长的回归系数为 1.4633，说明其对经济增长有很大的促进作用，每增加 1 元居民消费支出，GDP 就增加 1.4633 亿元；国内专利申请受理量对经济增长的回归系数是 0.0603，说明专利申请受理量每增加一项，GDP 就增加 603 万元。

比较可知，在西部地区，居民消费支出的回归系数较高，即其对经济增长的正向作用较显著。其次是专利申请受理量，从显著性概率值来看，在 5% 的显著性水平下，其对经济增长的影响是显著的。代表环境规制力度的工业污染治理完成投资额的回归系数为正，说明其与经济增长之间的关系是正相关的，从概率值来看，工业污染治理完成投资额对经济增长的作用很显著。

7.3　政策含义

7.3.1　中国环境规制与经济增长关系总结

通过前文的实证分析可以看出，我国环境规制与经济增长的关系是有地区差别的。在东部地区，环境规制与经济增长是负相关的；在中西部地区，环境增长与经济增长呈现正相关的关系。但是，在 5% 的显著性水平下，环境规制对东部地区的负向作用和对中部地区的正向作用是不显著的，对西部地区的经济增长则有显著的促进作用。城镇居民消费支出对三个地区的经济增长均有显著的推动作用，其中，对西部地区的作用最大，其次是中部，最后是东部。国内专利申请受理量对三个地区的经济增长都有促进作用，其中，对东部地区的作用最大，其次是西部地区，对中部地区的影响不显著。

基于以上结论，可以分析出造成三大地区差异的原因。首先，在环境规制方面，我国老工业基地绝大多数集中在东部地区，中西部地区的工业并不发达，所以环境污染的状况东部更加严重，如近年引起极大关注的雾霾天多出现在东部城市。东部城市的工业企业也很集中，加上长时间的污染，治理投资比中西部需要更多资金，企业受环境规制的影响也更大。但由于东部地区技术和人力资本丰富，可以通过采用创新技术和管理方法来提高效率、降低成本，从而对环境规制带来的成本进行补偿，因此，东部地区环境规制对经济增长的负向作用不显著。对于中西部地区，农业在传统上占据主要地位，工业欠发展，所以工业污染没有东部地区严重。为了加快中西部发展，国家实行的西部大开发和中部崛起政策十分注重发展地方特色产业，并且兼顾环境保护，地方政府对污染治理也给予了充分的重视，治理投资额与东部地区相差不多。因此，环境规制可以促使企业选择一些更环保、更有发展前景的产业项目，有利于中西部地区经济增长。其次，城镇居民消费支出是拉动经济增长的"三驾马车"之一，对三大地区均有显著的正向作用。在东部地区，由于传统优势，投资和出口对经济增长的拉动作用很强，所以消费的作用相对稍弱；而在中西部地区，没有成熟的投资环境，也没有成熟的进出口产业体系，消费是拉动内需、发展经济的主要渠道。最后，国内专利申请受理量代表了影响经济增长的技术因素，在东部地区，人口密集、人才集中，以技术密集型和资本密集型产业为主，第三产业发达，因此，技术是影响经济增长的重要因素。近年来，西部地区由于政策优势，与东部发达地区建立起帮扶机制，大量引进人才和技术，因此技术对该地区经济增长起到很大的促进作用。

7.3.2 完善我国环境规制的对策建议

7.3.2.1 适用全国的政策建议

（1）完善环境规制法律体系。目前，法律手段是环境规制的主要手段，以法律法规的形式将环境保护的义务确立下来是使企业和公众加入到环境保护队伍中的第一步。要完善环境规制的立法和执法，借鉴发达国家的经验，及时将新出现的环境问题和相关刑事责任纳入法律条文中，在处理问题时有法可依，同时注重执法公正严格，通过严厉的惩罚让环境保护的意识在全社会范围内建立起来。中国的环境污染问责案件相对较少，很多企业没有承担环境保护的责任和义务的意识，因此，要加强环境规制法律法规的宣传，不仅将环境保护作为一种社会责任，还要作为一种法律义务。

（2）完善环境规制标准体系。环境规制的执法首先需要确定一个科学合理的标准体系，只有这样才能去衡量环境污染的责任和量刑，也只有这样才能促进企业去达到一定的标准，进而超越标准。在建立环境规制标准时，我们要积极与国际接轨，向国际先进标准靠拢，建立一个权威公正的认证机构，以确定产品的技术标准、项目的环境标准，促进企业进一步提高技术、加强环保。

（3）建立健全环境规制体制。环境规制要想圆满实现，需要一个健全的体制。目前我国有关的机构部门责任划分不明确，遇到问题难以高效率地解决，事后问责主体也不够明确，不利于监督。因此，首先要确定环境规制管理的单位机构，由其统一调度，行使权力；其次要建立独立的监督机构，明确监督权限，注重社会监督，提高舆论媒体和社会公众的参与度，积极听取民众意见，形成全民监督。

7.3.2.2 针对东中西部的政策建议

（1）对东部的政策建议。像许多发达国家一样，东部地区走了"先污染后治理"的老路子，现在，东部地区虽然经济实力在全国领先，但环境问题也十分突出，因此，东部地区尤其要重视环境治理。首先，要加大环境污染治理力度，不让环境成为经济的桎梏，保持经济的可持续发展；其次，要加快产业升级，改善高污染的工业部门，鼓励技术创新，发挥技术优势，减轻环境污染；最后，要合理布局工业区，对高污染产业统一管理，合理收取排污费，充分发挥市场的作用来减轻污染。

（2）对中部的政策建议。近年来，中部地区的经济发展取得了良好的成绩，产业结构也在发展中获得了一定程度的升级，第一产业的主导地位逐步被第二产业和第三产业所取代。在这样的情况下，中部地区要积极治理已有污染，坚决严格控制污染问题，然后利用地区优势，向东部引进资本和技术，向西部利用资源和能源，重点发展生态农业、环保工业以及餐饮、旅游、娱乐等第三产业，实现环境和经济的双赢。

（3）对西部的政策建议。西部地区向来地广人稀，能源资源丰富，有得天独厚的自然条件，但这些优势没有得到充分利用。借着西部大开发的契机，要积极吸取东中部的发展经验，切不可以牺牲环境为代价来谋求发展。在发展中要重视资本和技术的作用，加快产业升级，重点发展地区特色农业、现代轻工业和旅游业等第三产业。此外，要加快对外开放的步伐，加强与中西部的交流，利用与多国接壤的地理优势，加强国际交流，发展国际贸易和国际旅游业。

08

结论、政策设计及研究展望

8.1 总结论

对于发达国家来说，环境问题可能已经不是一个非常受关注的问题，因为大多数发达国家已经处于工业化后期，制造业在国内生产总值中所占的比例并不是很高，完备的法律制度和国民普遍较高的环保意识也使环境政策能够被严格执行。而我国依然是一个发展中国家，作为"世界工厂"，制造业创造的产值占我国工业增加值的比重非常高，环境法律法规仍不完善，"公众参与"力度远远不够，政治锦标赛体制使地方政府监管不力。正是因为存在这些问题，虽然新《环境保护法》已经施行，但环境状况非但没有好转，事实上一直在恶化，在有些地区甚至还有加速的趋势，以至于《环境保护法》被普遍认为是执行力度最差的一部法律。

法律可操作性差只是问题的一个侧面，更为关键的是有法不依和执法不严的现象。客观上，在我国这么一个人口大国，就业压力巨大，产业结构不合理，居民收入水平不高，人们希望改善生活的愿望十分强烈，在环境和经济增长发生冲突的时候，环境通常为经济增长让路。主观上，人们通常认为严格的环境规制政策必然导致企业的生产成本上升、竞争能力下降，地方官员为了追求短期政绩，不惜以牺牲环境质量为代价。

主客观两方面的因素使我国的环境问题成为一道难解的题。但是，问题不能永远拖而不决，已有的经济发展模式遇到了瓶颈，姑且不说自然环境一旦超过承载阈就难以恢复，就是环境污染造成的如肺癌等多种疾病发病率的提高，对农业、渔业、旅游业等相关产业带来的直接经济损失就十分巨大。近年来，环境污染治理和环境污染损害造成的成本越来越高，超过了我国国内生产总值的5%。依然遵循先前的经济增长模式，可持续发展就是一句空话。

况且，环境规制也未必造成地区竞争力的下降，遵从环境规制造成的短期负担可以全部或者部分被技术创新、生产率提高和先动优势所弥补，但前提是设计良好的环境规制工具。这在现实生活中也可以得到论证，越是经济发达的地区，越要实行严格的环境规制政策。近年来，广东、江苏等发达省份提出"腾笼换鸟"的发展战略，也是在这一背景下出现的。本书正是依据上述现象，探讨了环境规制和地区竞争力之间的关系，结论如下：

8.1.1 环保标准的不断提高才能实现长期均衡增长

"先污染后治理"的发展方式不可持续，环保标准的不断提高才能实现长期均衡增长。环境保护问题始终是一个权衡问题，以牺牲环境质量为代价的经济发展方式固不可取，而以停止经济增长以换取优良环境的主张也不可行。在同时包含消费水平和环境质量的效用函数中，只有实现环境保护和经济增长的双重目标，无限期寿命消费者的效用才能最大化。在选择污染治理路径时，仅仅增加环保投入的"末端治理"方法是不可持续的，污染治理投资份额和经济增长之间存在着反向关系，在增加污染治理投入对环境质量改善的边际贡献率递减的情况下，平衡增长路径将无法实现，"后治理"付出的代价远远超过"先污染"取得的收益。在增加污染治理投入的同时，采取"源头控制"的方法，逐步提高环境污染标准及执行力度，企业将按照严格的环境标准推广清洁技术、不断改革创新，随着人力资本的积累和清洁生产技术的运用，就可能实现长期平衡增长路径和经济增长、环境保护"双赢"的目标。

8.1.2 环境规制提高了地区全要素生产率和技术水平

从短期来看，环境规制确实使企业处于不利地位，但从长期来看，环境规制提高了地区全要素生产率水平，其中技术进步起了关键性作用。环境规制对于技术创新的影响在短期内是负向的，因为污染治理要占用一定的资源，影响企业的科技创新投入，但从实证分析来看，环境规制对于天津市技术水平的影响是显著正相关的，因为环境规制迫使企业增加知识资本投入，创新环保技术，降低治污成本，增强产品的竞争力。从全要素生产率的分解来看，天津市的全要素生产率进步主要依靠效率改变和规模效应。

8.1.3 环境规制制度的有效性依赖诸多因素

环境规制制度能否有效，还要依赖于良好的机制设计和法律制度及管理体系保障。政府的环境政策能否落到实处，一是依赖于法律制度及管理体系，二是依赖于机制设计。我国的环境法律法规存在的最大问题就是缺乏对政府环境责任的认定以及没有体现"民众参与"的作用。由于没有具体规定地方政府为当地环境恶化承担什么样的责任，地方官员从"理性"的角度出发放任污染主体的排污行为；由于没有"民众"的声音，对企业和政府的监督不能落实到实处。从环境管理体制看，环保部门的干部任免和经费支出都来自地方政府，没有真正的执法和裁量的自主权。

在环境规制工具的设计方面，命令—控制型规制工具的缺点是实施成本较高、激励效应较差，但其优点是操作方便简单。基于市场的环境规制工具能够有效激励企业进行技术创新，且实施成本较低，但有赖于良好的市场机制和法律保障。因此，命令—控制型环境规制工具和基于市场的环境规制工具是互补作用，天津市政府应在采取命令—控制型规制工具的同时，加大市场激励型环境规制工具的推广力度，使两者相互补充，相得益彰。

8.2 提高环境规制经济激励效应的政策设计

天津经济的持续高速发展给环境带来了巨大压力。那么，环境规制是否会对天津的经济增长造成不利影响？本书的实证结果表明，环境规制并未对天津的经济增长造成明显的不利影响。这主要是因为，无论环境规制的直接机制还是间接机制，它们对经济造成负影响的同时，也产生了正影响。如何提高环境规制对经济的激励效应？考虑到天津市的现实，由于环境规制体制、环境规制工具和经济发展不平衡等方面具有特殊性，可通过完善政策设计更好地发挥环境规制对经济的促进作用，将环境规制的负面影响降至最小，以实现环境与经济相容的均衡发展模式。根据本书和相关文献的研究结论，我们至少可以在以下几个方面有所作为。

8.2.1 形成和完善和谐发展理念

8.2.1.1 从可持续发展理念到和谐发展理念

发展都是在一定发展理念支配下进行的，发展理念作为一种非正式的制度安排，对发展战略、发展过程及其结果都会产生极其重要的影响。可持续发展观作为 20 世纪 80 年代兴起的一种全新的发展理念，对人类传统的发展理念形成了冲击。

进入 21 世纪，中国共产党在中国特色社会主义的建设实践中，逐步提出了"科学发展观"和"社会主义和谐社会"的新型发展战略思想。于是，以科学发展观为核心的"和谐发展"理念应运而生，为中国未来的发展确立了指导性原则。

（1）可持续发展理念。生存和发展始终是人类社会的两大基本问题。在初步解决了基本生存问题之后，人们所考虑的基本问题就是自身的延续和发展问题。自工业革命以来，人类创造了前所未有的物质财富，加速推进了文明发展进程。与此同时，人口剧增、资源过度消耗、环境污染、生态破坏和贫富差距拉大等问题日渐突出，成为全球性的重大问题，人类已不同程度地尝到了环境破坏带来的苦果。环境问题严重阻碍着经济的发展和人民生活质量的提高，继而威胁着全人类的生存和未来发展，人类不得不重新审视和深刻反思所走过的经济社会发展历程，逐渐认识到目前人类的思维方式、生产方式、生活方式和消费方式潜伏着从根本上破坏自身发展的可能性。为此，需要从着眼于人类长远发展的大视角出发，重新考虑人类的发展、文明的延续等问题。

伴随着人们对公平作为社会发展目标认识的加深，同时对全球范围内范围更广、影响更为深远、解决难度更大的臭氧层破坏、全球变暖、生物多样性消失等全球性环境问题认识的深化，可持续发展思想在 20 世纪 80 年代逐步形成。

对于"可持续发展"概念的界定，不同国家各有其结合本国国情的具体解释，目前国际社会最为广泛采用的解释，是 1987 年由挪威前首相布伦特兰夫人领导并主持编写的《我们共同的未来》报告中提出的可持续发展概念："可持续发展是既满足当代人需要，又不对后代人满足其需要的能力构成危害的发展"。这一概念的内容很广，既包含当代人的需要，又包含后代人的需要；既包含国家主权、国际公平，又包含经济、社会、生态三方面的和谐统一。

可持续发展是 20 世纪人类发展观最重要的突破和进步，开辟了有利于人类时代发展的正确途径，是国际社会在未来发展上达成的共识。它提出的目的是要在人与自然和人与人的关系不断优化的前提下，使经济效益、社会效益和生态效益有机协调，从而使社会的发展获得可持续性。所以，可持续发展观应遵循以下四个基本原则：

一是公平性原则。公平性是可持续发展的核心，可持续发展强调的公平性包括两个方面：一是强调代际之间的公平。代际公平，强调要在代际之间树立起公正、公平和平等意识，为子孙后代预留充裕的资源发展空间，提供良好的发展条件，走一条功在当代、利在千秋，既满足当代人的发展需求，又不对后代人满足其需要的能力构成危害的可持续发展之路。二是强调代内之间的公平。代内公平即代内平等，它强调当代人与当代人之间对自然资源和社会产品有同等的分享权利，使发展尽可能在发达国家与发展中国家之间、富人与穷人之间寻求公正与公平，让发达国家或富人更多地承担社会责任。

二是持续性原则。持续性原则的核心是要求人类的经济建设和社会发展不能超越自然资源与生态环境的承载能力。这意味着可持续发展不仅要求人与人之间的公平，还要顾及人与自然之间的公平。资源与环境是人类生存与发展的基础，离开了资源与环境，就无从谈及人类的生存与发展。所以，发展必须有一定的限制因素，应充分顾及自然资源的耗竭速度及资源的临界性。换句话说，人类需要根据持续性原则调整自己的生活方式，确定自己的消耗标准，使人类的生产生活活动限制在其能承载的限度内，尽量不要超出环境的容量。人类发展一旦破坏了人类生存的物质基础和前提条件，其发展本身也就衰退了。

三是协调性原则。可持续发展的协调性是指以人为本的经济、社会、自然的可持性，即在促进经济增长的同时，要保护环境和实现资源的永续利用。基于这一原则，可持续发展的内容涵盖了经济、社会、生态的可持续发展。经济可持续发展，要求改变传统的以"高投入、高消耗、高污染"为特征的生产模式和消费模式，实施清洁生产和文明消费。社会可持续发展，强调普遍改善人类的生活质量，提高人类的健康水平，创造一个保障人们平等、自由、人权和免受暴力的地球社会环境。生态可持续发展，要求经济发展与自然承载能力相适调，保持以可持续方式使用自然资源和环境。

四是共同性原则。由于世界各国历史、文化和发展水平的差异，可持续发展的具体目标、政策和实施步骤不可能是唯一的。但是，可持续发展作为全球发展的总目标，所体现的公平性原则和持续性原则，应该是共同遵从的。在经济社会发展日益全球化的今天，资源与环境问题是21世纪全球的"通病"，是人类面临的共同挑战。

危及全球的环境问题具有共同性的特点，因而在解决这些问题时，要求人们可持续发展的价值观念和道德准则的普遍认同，要求打破民族和国家、种族和行业的界限，把可持续发展作为人类共同的选择。要实现可持续发展的总目标，就需要人类采取共同的行动，为实现人类自己及其后代在一个比较符合人类需要和希望的环境中过着幸福的生活，要求世界各国政府、国际组织、团体、企业和公民个人更多地承担责任，平等地从事保护地球、保护环境的共同行动，开展跨境、跨地区的国际合作。

可持续发展理论坚持公平性、持续性、协调性和共同性原则，主张经济、社会和生态各方面的持续发展，指出了人类发展的未来道路，说明了人类未来生存、和平发展的基本思路，已成为各国可持续发展的必然选择。但是，可持续发展理论提出以来，无论在理论研究上还是在实践上的效果都不显著，社会发展的"应然"和"实然"之间还存在着一个鸿沟，造成这种落差的重要原因就是现实中的传统价值观和生态伦理学的价值观存在残缺，这种现实残缺的存在阻碍着可持续发展的战略实现。当今世界上还没有任何一个国家或地区真正按照可持续发展的理念去调整和改变自己的发展战略。经济学领域的研究大多从治理外部性来看待可持续发展，而且经济学理论上的资源和环境的不确定性极易造成可持续发展研究的理论难题。在实践中，工业化和市场化也培养了人们的贪婪动机和征服手段，从而危及人与自然的和谐。

（2）和谐发展理念分析。新中国成立以来，中国政府一直以经济的增长作为衡量社会进步的主要指标。在这种发展理念的指导下，国家在20世纪五六十年代开展了"大跃进"运动。"大跃进"的后果是中国的资源和环境遭受了巨大的破坏，中国的国民经济陷入了一片混乱。改革开放后，国家的发展理念仍然是以发展经济为第一要务，政府主导的粗放型经济增长方式成为多年来经济快速增长的主要动力，而同时，政府并没有重视经济、社会和自然的协调发展。随着改革发展的不断推进，这种经济增长方式的负面作用越来越突出，并在一定程度上成为近几年经济过热、土地失控、资源浪费、环境恶化以及宏观经济波动的重要原因。

面对可持续发展理念在理论和现实上的脱节，2003年10月，党的十六届三中全会第一次明确提出了"科学发展观"的概念，并对这一发展观做出了精辟的表述："坚持以人为本，树立全面、协调、可持续的发展观，促进经济、社会和人的全面发展"，坚持"统筹城乡发展、统筹区域发展、统筹经济社会发展、统筹人与自然和谐发展、统筹国内发展和对外开放"。科学发展观的提出，是中国20多年改革开放和现代化建设实践宝贵经验的总结和升华，是21世纪全面建设小康社会的必然要求，是中国社会主义现代化建设指导思想的重要发展。

和谐发展的理念正是在科学发展观的基础上逐步形成的，和谐发展的核心就是科学发展观。从发展的概念来讲，和谐发展是坚持经济增长基础上的量的扩张与质的提升的统一；从发展的本质来讲，和谐发展是坚持生产力发展与以人为本的全面发展的统一；从发展的社会角度来讲，和谐发展是物质文明、政治文明和精神文明的相互协调；从发展与自然界的关系来讲，和谐发展是坚持人与人、人与社会、人与自然相和谐的发展；从发展的动力来讲，和谐发展是坚持理论、体制、科技、管理创新的发展；从发展的效果来讲，和谐发展是坚持经济效益、社会效益、生态效益的统一。从总的发展趋势来讲，和谐发展是上述各方面的和谐统一。

在和谐发展观中，发展与和谐是内在的不可分割的统一体。既要以经济、社会全面发展来保证社会的整体和谐，在发展中实现和谐，又要以社会的和谐来推进社会的全面发展，以和谐促进发展。发展本身并不是人类的终极目标，发展仅仅是社会进步的一个过程，和谐发展也只是整个社会发展过程中的一个目标和阶段。新时期，我们所主张的发展目标，最终要落实到构建社会主义和谐社会上，离开构建和谐社会这个大目标，发展就失去了目的和意义。在发展基础上的和谐社会，体现了追求"和谐的发展与发展的和谐"的境界，即在发展中寻求和谐，在和谐中实现发展。相比可持续发展，和谐发展的理念是中国共产党在新的历史时期，结合中国现实国情和当今时代特点进行的理论创新。

首先，和谐发展的理念体现了发展观上的与时俱进。与时俱进要求党的全部理论和工作要体现时代性，把握规律性，富于创造性。发展理论只有坚持与时俱进，才能真正回答好什么是发展、为什么要发展、怎样才能发展、如何评价发展等基本问题。和谐发展使中国特色社会主义的总体布局由"三位一体"发展为"四位一体"，赋予中国特色社会主义发展战略以新的时代内涵。在推进三大文明建设的同时，还要关注社会问题，把三大文明建设的成果体现到社会的和谐发展上，让人们普遍分享发展的成果，使人与人、人与社会、人与自然之间和谐相处，体现出"和谐的发展与发展的和谐"的新境界，反映了党对如何建设中国特色社会主义的认识在不断深化，对科学发展的理解更加全面，标志着党在治国理政方面已经达到了一个新的高度。正是在这样的大背景下，可持续发展观才被中国共产党人赋予了更加鲜明的时代特色与活力，从而解决了可持续发展理论与实践相脱节的关键问题。

其次，和谐发展的理念体现了人本性和目的性的统一。虽然公平性是可持续发展观强调的基本原则之一，但是它并没有明确发展的最终目的——人的全面发展。和谐发展观则强调"以人为本"，明确了发展的最终目的性。把"以人为本"这个和谐发展理念的核心提出来，深刻揭示了中国共产党执政的本质和目的，是党的执政理念的重大创新。总之，发展的目的是满足人民日益增长的物质文化需要，实现好、维护好、发展好人民群众的根本利益，不断促进人的全面发展。

最后，和谐发展的理念体现了发展的整体性和协调性的统一。和谐发展是全面的发展观。和谐发展强调"四位一体"的整体发展理念，要求在发展中以发展内涵的全面性为出发点，在发展中既要考虑经济指标的增长，又要考虑政治民主、科技进步、教育发展、生态环境保护、社会结构完善、文化的繁荣、收入分配的改善等问题。和谐发展是协调的发展观。和谐发展理念强调全面发展基础上的协调性，在发展中强调"统筹"和"协调"的原则，而可持续发展则忽视了经济、社会、环境、政治之间的协调关系。和谐发展理念的最终目标是实现经济发展与人口、资源、环境相协调，坚持走生产发展、生活富裕、生态良好的文明发展道路。

社会要和谐，首先要发展，离开发展，一切社会问题都难以解决。但是，发展必须坚持科学的发展，走和谐发展之路，在发展中着力改善民生，不断提高"在发展中保护环境，在保护中加快发展"的水平，逐步实现全体人民共同富裕、共同享有和谐社会的目标。

8.2.1.2 构建资源节约型、环境友好型政府

传统发展观把经济发展置身于整个自然生态系统之外，忽视了二者直接的、必然的联系，认为经济发展的目的就是追求各个经济指标的指数增加，漠视在追求经济利益最大化过程中发生的环境外部性问题。基于对这种不顾及人类未来发展的发展观的反思，以及全球化浪潮对经济社会发展与政府的影响的思考，构建符合人类未来发展趋势的资源节约型、环境友好型政府就成为历史的必然。

（1）传统发展观下政府职能的定位。第二次世界大战后，随着以经济增长为核心的传统发展观的兴起，许多刚刚获得独立的国家选择了这种发展战略。传统发展观的理论基础是"征服自然，人定胜天"的人地关系。这种发展观把人类向自然界无休止、无节制的索取看作是天经地义的，而自然界的反映则是无足轻重的。与传统发展观相适应，政府的职能定位主要为：

1）将经济增长作为政府的核心任务。在传统发展观下，政府的发展理念通常是以经济增长为主导，把经济增长等同于国民生产总值（GDP），经济增长的含义就是努力促进 GDP 的增加，只要 GDP 增加了，所有社会问题就会迎刃而解，社会的进步也就是自然而然的事情了。

2）将 GDP 作为衡量政府政绩的标准。在传统发展观下，衡量一届政府是否

合格、是否具有合法性的重要指标是 GDP。这种以 GDP 为导向的政绩考核标准在很大程度上扭曲了资源配置行为。一些地方官员为了自己的升迁片面地追求 GDP 的数量增长，而忽视了资源环境保护，甚至不惜以破坏资源环境为代价来发展经济，结果导致了许多"无效 GDP"的产生，使社会投资效率和经济效率低下，社会的全面发展受到严重破坏。

3) 将环境管理职能推到政府职能的边缘位置。在传统发展观下，政府往往漠视生态环境问题的存在，把经济增长作为社会发展的一剂包治百病的"良药"，认为只要经济发展了，其他社会问题就会迎刃而解。在这种情况下，环境治理的责任被推到了政府职能的边缘位置。

面对传统发展观所带来的资源掠夺性开发和利用、环境大面积污染等生态问题，人类必须对这种发展观下政府的定位进行反思。

（2）科学发展观统领下政府的价值取向。科学发展观以当代中国经济社会的发展为主要思考对象，其要义在于社会发展的全面性、协调性、系统性、长远性，而非简单的经济增长。社会全面发展是科学发展观的基本诉求，以人为本是科学发展观的本质与核心内容。科学发展观的提出是党和国家在 21 世纪对中国的改革开放和社会主义现代化建设指导思想的重大发展，也是中国政府改革的基本指导思想，它明确规范了政府改革的基本性质和最终目标。党的十六届三中全会明确了科学发展观要求下的政府管理是"公共管理"，这就在政府改革的范畴内，在理论上和实践上要求政府的行政管理职能发生质的变化，因而政府改革从根本上讲就是必须切实转变政府的职能，重塑政府的价值取向。

1) 树立以人为本的全面政绩观。以人为本是政府再造的根本价值取向，在民主政治的架构内，政府是按照公民意志而组建的，以为人民服务为宗旨并承担责任的权威性组织。政府创造政绩是为了发展，发展的目的是造福人民。这里讲的发展是以人为本，经济社会的全面、协调发展和可持续发展；这里讲的政绩是为实现这样的发展而创造的政绩。所谓全面的政绩观，就是既要看经济指标，又要看社会指标；既要看当前的发展，又要看未来发展；既要看城市的变化，又要看农村的进步；既要看经济总量增长，又要看人民群众得到的实惠；既要看经济发展，又要看社会稳定；既要看"显绩"，又要看"潜绩"。

2) 坚持经济与社会的全面、协调与可持续发展。经济发展是社会发展的前提和基础，也是社会发展的根本保证；社会发展是经济发展的目的，也为经济发展提供精神动力和智力支持。与人民群众日益提高的物质生活水平相对应的是他们对精神文化和健康安全等方面的需求也日益增长，他们对社会与经济共同发展的要求越来越强烈。然而，由于传统发展观的影响，长期以来人们把发展等同于经济增长，而对社会事业以及资源环境等问题重视程度不够。经济发展和社会发展存在着"一条腿长、一条腿短"的问题。因此，努力促进经济与社会全面、协调与可持续发展已成为政府管理的首要任务。

3）以实现公共利益作为政府管理的基本目标。政府的本质特性是公共性，政府的权力是一种人民赋予的公共权力。在现实中，政府通过解决种种公共问题来履行其管理职责。在公共问题背后隐藏的实质即是公共利益。政府只有明确了公共利益之所在，才能有效地制定、实施各种公共政策。作为一种由人民选举出来的公共组织，政府若是不以公共利益为其价值取向，最终必然要丧失其公共权力。因此，政府在实际管理过程中，必须处理好政府部门自身利益与社会公共利益的关系。

（3）构建资源节约型、环境友好型政府。中共中央"十一五"规划提出要建设资源节约型、环境友好型社会，首次把建设环境友好型社会定为国民经济和社会发展中长期规划的一项战略任务，这是结合中国现实国情、借鉴国际先进的发展理念，贯彻落实科学发展观要求的一项重大决策。

环境友好型社会是人与自然和谐发展的社会，通过人与自然的和谐来促进人与人、人与社会的和谐。具体说来，它是一种以人与自然和谐相处为目标、以环境承载能力为基础、以遵循自然规律为核心、以绿色科技为动力，坚持保护优先、开发有序，合理进行功能区划分，倡导环境文化和生态文明，追求经济、社会、环境协调发展的社会体系。人，本身也是自然界的一部分，没有整个自然界的环境，人就不可能生存、繁衍。节约自然资源、保护自然环境，也就是人的自我保护。建设环境友好型社会，既是一种环境伦理观念的普及，也是经济社会发展和环境保护的实践指南，更是构建和谐社会的重要组成部分。

自然、社会和政府是一种相互联系、互动发展的有机统一体。社会是自然的派生物，自然决定并影响、制约着社会，同时，社会对自然起着能动的主导作用和反作用。由于社会生成国家，国家又生成政府，由此政府代表着国家和社会。因此，自然与社会的关系就日益转变为自然与政府的互动关系：一方面，自然环境构成政府赖以存在和发展的基础，决定、制约和影响着政府及其管理；另一方面，政府及其管理又能动地反作用于自然环境。

从自然环境与政府的关系角度看，环境友好型政府所要表达的是一种以科学发展观为指导思想，实施可持续发展战略，以构建人、社会、环境和谐发展的环境友好型社会为目标，建立健全有利于环境保护的科学决策体系、优化规划设计、完善协调机制的资源节约型、优质服务型的政府发展模式。具体来讲，环境友好型政府是指按照一定的法定原则建立起来的充分体现环境友好理念的、动态的、最优化的组织机构体系，它包括中央和地方的行政机关。建设环境友好型政府是一个动态的优化过程，它不仅要培育各级政府资源节约、环境友好的价值观，还要对传统的经济社会运行模式进行改革。具体来讲，环境友好型政府有以下基本特征：

一是政府行政成本低，环境意识强。政府机关自身就是一个巨大的资源消费体。据有关部门测算，中国政府机构的能源消耗占全国消费总量的5%，其中电力能耗接近全国8亿农民的用电总量，单位建筑面积能耗超过美国政府机构1999年平均水平的33%。中国政府机构的公务招待费用和公务用车消费则高达每年9000亿元之多。因此，要构建环境友好型政府，必须加强对各级政府部门及工作人员节能意识和节能行为的培养；必须对公务用车、公务消费等制度进行改革，切实降低行政成本，打造节约型机关。各级政府应加强对资源节约、环境保护工作的组织领导，建立有效的协调工作机制；组织开展形式多样的宣传教育活动，积极倡导使用环境友好型产品，减少一次性产品的使用；提高每个政府工作人员的自觉行为，逐步形成节约资源和保护环境的生活方式和消费模式。

二是有合理的资源环境战略规划。建设环境友好型社会是一个长期的过程，因此，作为社会管理主导者的政府，必须有一个长期的地区资源环境战略规划，并与经济、社会等其他重要发展规划有机地结合起来，使眼前的各项措施与长远目标有机结合起来。环境战略规划应科学合理地明确环境友好型社会的发展目标、发展重点、路径选择、保障措施等基本内容，为制度、法规、政策的制定和实施提供坚实的科学依据。

三是有完善的环境政策引导机制。建设环境友好型社会必须充分发挥政府的引导作用，同时还要十分重视由于政府管理体制及其运行机制存在的缺陷和弊端，如造成资源配置不合理，生态环境遭到破坏，无法实现预定的政策目标，政府的管理体制失灵、运行机制失效等。环境和自然资源基本上属于公共产品，现代市场经济机制可以推动社会和经济不断发展，但市场本身不具备保护环境的能力，反而经常是环境破坏的动因。因此，政府要通过政策引导，激发企业、公众保护环境、节约资源的积极性，更多地利用经济手段，发挥经济杠杆的作用。

四是有科学民主的环境决策机制。历史经验告诉我们，最大的浪费及环境破坏出自于政府的决策失误。因此，环境友好型政府必须建立和完善政府对地区重大经济社会问题的科学化、民主化、规范化的决策程序。具体应做到：完善政务公开机制，扩大政务公开范围，提高行政行为的透明度；完善专家顾问咨询制度，保障公众的知情权、参与权和监督权；建立对行政权力的制约和监督机制，充分发挥行政系统内部监督、媒体舆论监督和社会监督的作用；强化人大监督，完善重大事项报告制度、质询制度、民主评议制度和政府规定备案制度；完善行政、司法监督制度，做到有权必有责、用权受监督，切实落实重大决策终身负责制度；等等。

五是有较强的环境危机处理能力。环境危机是指对人类健康和自然环境带来大规模损失或巨大损失风险的自然或人为的灾难。环境危机会使政府与工业处于极为困窘的境地。从其本身性质来说，环境危机很容易吸引媒体的注意，特别是在大众传媒时代，化学品排放、石油泄漏以及矿业灾难方面的新闻传播得非常快。这些问题的存在或反复的出现可能会引发社会秩序的混乱。在工业化快速发展的今天，自然与社会的关系日益转变成自然与政府的关系，能够及时有效地处理环境危机，是政府构建环境友好型社会的一项重要职能。因为市场本身不具备保护环境、处理环境危机的能力，所以政府作为一个公共物品的提供者，不仅要承担起保护环境和节约自然资源的责任，还要提高自身的环境危机处理能力。因此，坚持环境友好理念，节约资源，保护环境，具有较强的环境危机处理能力，成为现代政府实施公共管理的重要职能之一。

8.2.2　完善环境与发展综合决策机制

环境问题产生的原因之一，是经济和社会发展的决策过程中没有充分考虑环境影响，造成经济与环境关系的失调。为了保证天津市环保目标的实现，必须将环境与发展综合决策置于非常重要的位置，特别是建立和完善环境与发展综合决策机制。也就是说，通过建立并实行一套程序和制度，使环保部门能够参与审议对环境有重大影响的经济和社会发展的决策过程，提出相应的环保政策建议。因此，完善环境与发展综合决策的内在要求包括以下四个方面：

第一，制定管理高层的综合决策。在政策制定、规划、管理等层次上，加强对环境与发展问题的综合决策。在制定产业政策和调整产业结构、产业布局时，保证环保部门的参与，并充分考虑环保部门提出的意见和建议。

第二，制定各级政府可以执行的综合战略。各级政府和综合决策部门应贯彻执行可持续发展战略，按照经济与环境均衡发展的原则，遵循生态规律以及防治结合、综合整治的原则。

第三，完善综合决策的法律保障制度。制定完善的环保法律法规，将环保工作建立在法治基础上，不断完善环境法律体系，严格环境执法程序，加大环境执法力度，保障环境法规的有效实施。各级政府应建立重大决策的环境影响评价制度、决策咨询制度、决策的部门会审制度、决策的公众参与制度、决策的监督与责任追究制度等有关的综合决策制度。

第四，完善环境影响评价制度。环境与发展综合决策的主要途径是对重大决策实行环境影响评价制度，包括对重大经济和技术政策、发展规划、重大经济和流域开发计划进行环境影响评价；加强重大决策的研究和论证阶段，进行环境审议。对涉及公众环境权益的政策和立法建议、规划与建设项目，要充分听取公众和社会意见。重大建设项目在环境影响评价过程中，重视公众的参与，避免项目建成后的环境问题。

8.2.3 提高环境规制政策实施的有效性和效率

为了实现环境与经济的均衡发展模式，在努力构建现代化的环境法律体系的同时，更好地实施各项环境规制政策措施。第六次全国环保大会提出，环保工作的关键在于尽快实现三个转变：一是从重经济增长、轻环保转变为保护环境与经济增长并重，在保护环境中求发展；二是从环保滞后于经济发展转变为环保与经济发展同步，努力做到不欠账，多还环保旧账，改变先污染后治理、边治理边破坏的状况；三是从主要运用行政强制手段保护环境转变为综合使用经济、技术、法律和必要的行政办法来解决环境问题，提高环保工作水平。

提高环境规制实施的有效性和效率是现阶段中国工业化进程中的一个非常重要的问题。环境规制对污染者的影响程度不仅反映了规制政策的有效性和效率，也反映了被规制者应对环境规制措施的有效性和效率，以及转换环境规制带来的不利影响的能力和水平。当前我国已经建立了一套较为完善的环境法律法规体系、市场化工具（如排污收费、排污交易许可证）和行政手段来促使社会和公众关注环境问题。地方层面也已经建立起实施环境规制政策的鼓励措施和奖惩机制。然而，这些努力尚不足以应对经济快速增长所带来的环境压力与挑战，也不能够取得污染减排和自然资源保护所带来的潜在经济利益。总体上看，造成这一局面很大程度上在于实施问题，已经付出的努力缺乏有效性和效率低下。例如，"十五"计划中的一些主要计划指标没有完成，许多地区环境问题的严重性说明现阶段的环境规制体制存在一定缺陷。提高环境规制政策的有效性和效率，应从以下几方面着手：

第一，提高环境监控权威。使环保部门参与重大经济社会决策，提高环境环保部对地方环保局的监督管理能力。环境规制政策应优先考虑人的健康和重要的自然资源。

第二，在全国范围实施针对产品和工业/能源设施的环境法规，加强监测、监督与执法能力。

第三，建立科学的环保政绩考核机制，促使地方领导对上级政府和辖区居民承担更多的环境责任。环境规制实施的最大障碍在地方，原因在于地方领导的政绩考核指标、提高地方财政收入压力、对于所管辖区居民的责任与义务等使地方对经济发展的考虑优先于环境问题。克服这一弊端需要加强环境的监测、监督和执法力度，以建立一个更为综合的激励和审批机制。

第四，强化综合排污许可证管理，使其真正成为一个污染预防和控制的重要手段，进一步将环保纳入土地使用规划和法规及其他环保各项规划与法规之中。

第五，积极推行自愿型环境工具，除了继续实施经济手段和强制性手段外，大力倡导和运用鼓励性方式，以更加灵活的方式鼓励污染者主动实行比现行环保法规标准更高的环保标准。积极推动自愿工具的应用，不仅可以调动污染者的自觉性和主动性，而且可以降低环境成本，也是传统环境管理模式的重要补充和发展。

8.2.4　切实贯彻污染者付费原则

污染者付费原则就是将环境成本配置给产生它们的那些单位。这个原则能以适当的方式配置环境成本，刺激污染者去减少污染物排放；消除私人和社会成本之间的背离，并能使产品价格确实包含环境成本和传统要素成本。

贯彻污染者和使用者付费原则，就是从源头上预防和控制污染，使污染者承担污染防治和控制的合理成本，消除环境成本转移可能带来的经济利益。加强污染者付费和使用者付费原则的应用应从以下几点着手：

第一，评估如何调整与环境有关的税收或收费，使其更有利于环境目标的实现。

第二，提高污染付费费率，加强成本的回收（设施运行费和投资费用），提高污染设施的运行绩效，以促进企业和地区发展清洁技术，加大废弃物的循环利用投资，加大污染减排的投资力度，减少废弃物排放和二次污染，使废弃物处理和回收利用达到微利水平，提高循环利用废弃物的比较优势。

第三，扩大排污收费、使用者收费和排污交易的使用范围，增强其激励作用，并将实施中的社会因素考虑进去。

第四，确立全面实施污染者付费和使用者付费原则，加强环境融资，扩大融资渠道，提高公共环境支出分配的有效性和效率。

第五，通过运用价格政策、需求管理、引进清洁技术等综合手段，使价格充分体现资源与环境的社会价值，促使所有行业将能源消耗强度目标转变为富有挑战性的能源效率目标，形成经济上的比较优势。

第六，建立环境保证金制度。与控制固定资产投资规模的政策相结合，在核定行业污染排放标准的基础上，对新建项目统一征收环境保证押金，项目建成后排放达标再返还。

8.2.5 明确中央政策和地方政府环保事权和责任

为了理顺环境规制体系，应进一步明确中央政府和地方政府的环境责任，提高环保效率。第一，增强国家环保部门的权威。作为中央政府环保的综合管理部门，制定全国环境规制政策，负责环境资源总量的控制与管理，全国环境信息的收集、处理和披露，对地方环境部门进行评估和监测预警。完善和制定协调配套的环境与资源政策，统一进行环境与资源执法，统筹环境与资源管理，以提高决策和执法效率。

第二，进一步完善环境分级管理体制，明确划分中央政府和地方政府的环保事权。中央政府负责环境的宏观管理，地方政府负责地方环境管理，以利于中央政府对地方政府的环境监管，加大地方政府的环境责任，提高环境执法效率。地方政府应按照中央政府的总量控制要求，负责本行政区的环境管理，对本区域内的环境质量和事故负责。

第三，明确节能减排的责任在地方政府。弱化经济增长在地方政府政绩考核中的作用，有效控制不利于污染减排的政府行为。GDP 指标应以确保约束性减排指标实现为前提，完不成节能减排指标的，就应切实控制增量；在污染严重地区严格实行污染减排的"一票否决"制度；将干部政绩考核体系纳入环保指标，加大污染减排指标的考核权重。

8.2.6 完善跨部门、跨区域的利益协调机制

环境系统是相互依存的，是一个相互作用的复杂网络。污染物是通过环境系统使地区间相互联系的。环境规制政策必须考虑这些环境介质之间，减排、污染物排放和生产技术之间，以及污染物之间的相互依赖关系。为了有效实施环境规制应做到以下几点：

第一，设置跨部门、跨区域的环境管理协调机构，以协调部门间、行业间、地区间、企业与社会间有关环保的各种利益关系，地方和部门的短期目标与国家环保长期目标之间的矛盾与冲突。

第二，制定环保与经济发展相协调的环境规制政策，促进环境与经济均衡发展中各部门和区域间的协同作用。通过相关规定来保证欠发达地区在制定经济发展战略时考虑环境问题。

第三，进一步完善流域综合管理手段，改善水资源和水质管理，更加有效地提供与环境有关的服务，鼓励利益相关方的参与。

8.2.7 完善地方政府环境保护责任机制

8.2.7.1 中央政府与地方政府环境规制的权限

中央政府与地方政府两者的作用具有不可替代性。在明确两者权限的同时，赋予中央政府控制地方政府的相应权力，是中央与地方关系整体中不可分割的两个方面。立法控制、行政控制和财政控制是中央控制地方的主要手段。在世界现代化发展的进程中，中央与地方的关系显现出分权—高度集权—合理分权的历史轨迹。在中国，如何改革计划经济体制下高度集权的中央与地方间的关系，建立科学、合理和制度化的关系模式，已经成为中国政府体制改革的一个重要内容。作为环境规制主体的中央政府和地方政府，在中国政府体制改革中分别处于什么样的地位和起到什么样的作用，以及它们之间的权力如何分配，是分析地方政府环境规制不可缺少的前提。总的来看，中央政府的环境规制多是宏观的指导性的政策，而地方政府的环境规制多是具体的具有较强操作性的措施，地方政府的环境规制一般以中央政府的环境规制为依据而制定。

由于中国环境事业起步较晚，因此，在环境规制建设方面，中国政府很大程

度上借鉴了发达国家的经验。随着中国政府在环境保护领域认知程度的提高，一些环境保护和环境卫生方面的法律法规陆续出台并渐成体系，如《环境保护法》《海洋环境保护法》《水污染防治法》《固体废物污染环境防治法》《环境噪声污染防治法》《城市市容和环境卫生管理条例》《城市绿化条例》等。这些法律和法规的制定标志着中国的环境保护开始走上了不断发展和完善的轨道。

中国政府对环境领域的规制需要在两个层次上实现，即中央政府和地方政府共同作用才能使环境规制得以正常实施。2002 年 10 月开始实施的《中华人民共和国环境保护法》（以下简称《环保法》），为保护与改善生活环境和生态环境、防止污染和其他公害、保障人体健康进行了相应的规制。

第一，根据《环保法》的规定，国家环境标准由国务院环境保护行政主管部门——国家环境保护总局制定，省、自治区、直辖市人民政府对国家环境质量标准中未作规定的项目，可以制定地方污染物排放标准，并报送国务院环境保护行政主管部门备案。

第二，《环保法》对建设项目引起的环境污染、开放自然资源导致的环境破坏都做出了明确的规定。《环保法》明确指出，凡建设污染环境的项目，必须遵守国家有关建设项目环境保护管理的规定。建设项目必需的环境影响报告书，要对建设项目产生的污染和对环境的影响做出评价，规定防治措施，经项目主管部门预审并依照规定的程序报环境保护行政主管部门批准。环境影响报告书经批准后，计划部门方可批准建设项目设计任务书，而开发利用自然资源，必须采取措施保护生态环境。

第三，《环保法》对发生污染的行为也明确予以限制。《环保法》明确规定，产生环境污染和其他公害的单位必须把环境保护工作纳入计划，建立环境保护责任制度，采取有效措施防治在生产建设或其他活动中产生的废气、废水、废渣、粉尘、放射性物质以及噪声、振动、电磁波辐射等对环境的污染和危害。对那些污染严重又难以治理的企业，责令关、停、并、转、迁或限期整改等；对那些违反环境保护法律和法规的行为进行警告和处罚。

根据国家在环境保护方面制定的各种法律法规，各级地方政府也相应地制定了环境保护的地方性法规。地方性法规是指享有完整立法权和不完整立法权的地方人民代表大会及其常委会，在各自法定的立法职权范围内，根据法定程序制定的仅在本行政区域内发生法律效力的法律规范体系。享有地方性法规制定权的人民代表大会及其常委会有四类：一是省级地方人民代表大会及其常委会，是指省、自治区、直辖市人民代表大会及其常委会，其制定的地方性法规文件的法律效力限于各自的行政区域。省级地方人民代表大会及其常委会享有完整的地方立法权。例如，《河南省水污染防治条例》就是河北省人大常委会制定的地方性环保法规。二是经国务院批准的较大的市人民代表大会及其常委会，在河北省仅指唐山市和邯郸市。两市人民代表大会及其常委会享有不完整地方立法权，其制定的地方性法规必须经河北省人民代表大会常务委员会审查批准才能公布施行，其法律效力限于各自的行政区域。例如，《唐山市陡河水库水污染防治条例》就是唐山市人大常委会经批准制定的地方性环保法规。根据《立法法》的规定，经济特区所在地的市也属于较大的市，其人民代表大会及其常委会可以依法制定地方性法规。三是省（自治区）政府所在地的市人民代表大会及其常委会。在河北省石家庄市（省会市）人民代表大会及其常委会享有不完整地方立法权，其制定的地方性法规必须经河北省人民代表大会常务委员会审查批准方可公布施行，其法律效力限于该市行政区域，包括其所辖各县（市、区）。石家庄市已经制定了《石家庄市大气污染防治条例》《石家庄市岗南黄壁庄水库水源污染防治条例》《石家庄市民心河管理条例》等多部地方性法规。四是自治地方的人民代表大会及其常委会，如云南大理自治州，其人民代表大会及其常委会就享有不完整地方立法权。在河北省，仅指丰宁、围场等六个自治县。这六个自治县的人民代表大会及其常委会可以根据本地实际情况，制定适用于本行政区域的地方性法规，一般称为自治条例或者单行条例，但是必须经河北省人大常委会审查批准并经依法公布后方发生法律效力。

此外，享有规章制定权的地方人民政府也根据本地区的情况制定了许多地方性规章；例如，河北省制定的地方性规章有《河北省白洋淀水体环境保护管理规定》《河北省环境保护产业管理暂行办法》《河北省电磁辐射环境保护管理办法》《石家庄市城市市区环境噪声污染防治管理办法》等20多部。

像河北省一样，其他一些省份也制定了相应的环境保护的地方性法规和规章制度，对影响或破坏本地区环境的各种行为都做出了规定和限制。例如，上海市就制定了《上海市环境保护条例》《上海市一次性塑料饭盒管理暂行办法》和《上海市苏州河环境综合整治管理办法》等环境保护法规。这说明各级地方政府正在加强对环境保护的规制建设。

中央与地方环境规制权限的明确，使中央政府与地方政府在环境规制中各行其责，而从地方政府的环境规制权限来看，其对本地区的环境状况负有直接责任。

因此，必须在各地建立和健全环境保护责任制，使地区环境管理真正做到有法可依、有章可循、有责必究。

8.2.7.2 在各级地方政府建立健全环境保护责任机制

为全面落实科学发展观，加快构建社会主义和谐社会，实现全面建设小康社会的奋斗目标，必须把环境保护摆在更加重要的战略位置。国务院近日发布的《国务院关于落实科学发展观加强环境保护的决定》指出，要把环境保护纳入领导班子和领导干部考核的重要内容，并将考核情况作为干部选拔任用和奖惩的依据之一。各级地方政府一定要坚持环境保护这一基本国策，把环境保护的任务和责任层层分解落实到具体的领导干部和工作部门中去，切实建立起适合中国国情的环保责任机制。

（1）建立地方行政首长负总责制度。我国《宪法》第八十六条、第一百零五条明确规定："国务院实行总理负责制。各部、各委员会实行部长、主任负责制。""地方各级人民政府实行省长、市长、县长、区长、乡长、镇长负责制。"《国务院组织法》《地方人民政府组织法》对此也作了具体规定。宪法和法律的规定为地方政府行政首长负总责制度提供了依据和制度保证。正如邓小平同志所说："我们主张巩固集体领导，这并不是为了降低个人的作用，相反，个人的作用只有通过集体才能得到正确的发挥，而集体领导也必须同个人负责相结合。没有个人分工负责，我们就不可能进行任何复杂的工作，就将陷入无人负责的灾难中。在任何一个组织中，不仅需要分工负责，而且需要有人负总责。"

资源、环境是重要的公共产品，政府作为公共产品的提供者，保护环境、节约资源是其义不容辞的责任。中国的相关法律法规明确规定了政府及其在环境保护中的领导责任。《环境保护法》和国务院《关于落实科学发展观加强环境保护的决定》明确规定："地方各级人民政府，应当对本辖区的环境质量负责，采取措施改善环境质量"，"地方各级人民政府对本辖区环境质量负责，实行环境质量行政领导负责制"。地方行政首长作为地方事务管理的一把手，在落实环境保护政策中负有直接领导责任。但在现实中，遇上地方重大环境事故，如松花江污染事件，受到处理的往往是一些分管的副职领导。实际上，一些分管的副职领导往往对地方重点保护企业的环境问题无权过问，重要问题必须请示地方"一把手"。因此，如果地方行政首长不能承担起环境保护的首要责任，改变地区环境状况只能是一句空话。在目前中国的政治经济体制下，建立环保工作地方行政首长负总责的领导机制势在必行。

权力和责任是对等的，有多大权力就要承担多大责任，否则必然导致权力滥用。然而，当前最突出的问题是行政一把手普遍权力过大、责任过小，权力和责任严重失衡。虽然宪法和法律赋予了行政首长全面、具体的各项权力，但对行政首长应承担的责任却鲜有规定，即使有规定，也是既抽象又模糊。由于缺乏一部系统明晰的行政责任法典，行政首长的责任范围、大小、承担方式等均难以认定。

在权力约束机制上，按照法律规定，行政首长的一切职务行为应该向产生他的权力机关负责，然而，这种负责并没有强有力的程序和制度保障。在实践中，行政首长是否承担责任以及承担什么样的责任并不是通过人大来质询、审查和决定的，而且由于没有配套的人大监督行政首长的有力机制，人大也不可能及时发现行政首长的过失并追究其责任。此外，行政首长向人大负责的具体方式、程序、范围、行政连带责任的认定和承担方式，行政首长罢免、辞职的法定条件、理由、程序，行政首长缺位代理的程序和责任等制度均不完善、不健全。事实上，真正能对地方行政首长进行有效监督的只有上一级的政府部门。

尽管在程序上和制度上建立地方行政首长负责制还存在着诸多机制障碍，但还是有一些比较可行的办法正在实施，并取得了较好的效果。例如，浙江省湖州市就把环保目标分解为具体的工作要求和阶段目标，纳入各级政府及政府主要领导干部的任期责任内容，并在任期内逐年考核；湖州市政府规定：把保护环境业绩纳入干部晋升和评选一票否决的内容之中，并定期对环境保护目标责任制完成情况进行督查，定期发布各地主要污染物排放情况和环境质量状况，自觉接受社会舆论的监督。

基于湖州市的经验，笔者认为，要完善环保中的行政首长负责制，关键是要强化环保责任追究机制，加强对行政一把手的监督制约。首先，要完善人大对行政首长监督的具体制度，如可以通过定期的环境质询来实现对行政首长的过程监督。其次，可以建立有效的环境责任追究程序，如通过信息公开化建立起对行政首长的公众舆论监督网络，用公众舆论的力量来迫使行政首长重视环境保护问题。最后，可以引入绿色 GDP 的政绩考核机制，通过上一级政府来对下一级政府行政首长进行政绩考核，使环境保护真正成为地方政府行政首长眼中与经济发展同等重要的大事。

（2）落实政府及各部门环境保护工作负责制度。环境保护不是某一个人的事情，它需要各级地方政府、地方政府各个职能部门、各个行业共同努力才能做好。因此，我们要切实建立起政府及各部门的环境保护工作负责制度，把环境保护层层分解到政府的各个部门，通过层层分解、逐级落实的办法来做好环境保护工作。

首先，要贯彻落实各级政府、各部门对本辖区、本行业和本系统生态环境保护工作负责制，并实行严格的考核、奖罚制度，明确划分各级政府及其环保部门对环境保护工作的主要责任。

其次，地方政府在开发建设活动中，要明确资源开发单位、法人在生态环境保护方面的责任，把生态环境保护和建设作为资源开发活动的重要部分，建立和完善资源开发的生态环境保护机制，使资源开发的生态环境保护责任制落到实处。

最后，各级政府及其环境职能部门要检查区域宏观综合决策、生态功能区划和生态环境保护规划、自然资源开发和产业布局、经济社会与生态环境保护协调发展的执行落实情况，真正把生态环境保护和开发纳入各部门的发展规划中去。

（3）严格环境保护及相关职能部门的管理责任制。环境保护及相关职能部门肩负着环境管理和监督的责任，按照《环境保护法》赋予环境保护部门的职责，对辖区内环境保护工作实行统一监督管理。具体来讲，严格落实环境保护的管理责任，首先要进一步完善地方干部政绩考核制度，消除地方保护主义对环境监察工作的干扰。当前，环境指标在一些地方已经被纳入干部政绩考核的一部分，中央在制定经济发展规划时，也一直强调要经济社会发展与环境保护相协调，坚持一定程度的环境优先。但由于在发展经济与保护环境两者之间很难平衡，两者在发生冲突时，相关环境执法部门很难做到有效执法，很多时候只能服从服务于地方政府的"经济发展"大局，环境优先往往成为一句空话。所以，现行的以 GDP 为核心的干部政绩考核机制必须改善，要将环境作为与经济发展并重的一个指标来衡量地方各级领导干部的政绩，以消除地方保护对环境保护的干扰。其次要明确环境保护责任化的本质。环境保护责任是指环境相关部门分内应做的事，即职责和义务，如环境保护职能部门对环境管理、排污者治理污染都负有责任，水利部门对流域环境管理也负有责任等。环境保护责任也包括对应该做好而没有做好的事情应承担过失责任，如渎职者的责任、污染者的责任。环境保护管理责任化的目标就是要强化各相关主体的环境责任，使其承担起相应的职责和义务，并对因自身行为造成的环境过失承担相应的责任。环境责任制是环境责任化的主要形式，其实质是使环境管理者与被管理者各司其职、各负其责，高质量、高效率地完成各自承担的任务。

各级政府的环境保护局（厅）是各地区环境保护的主管部门，在环境保护中要认真履行统一监督管理职能，严格按照环境保护法律法规的要求，监督检查各项环境保护法律法规执行情况，及时查处各种环保违法行为。同时，公安、工商、城管等行政执法部门也要配合环保主管部门加强执法范围内的环境管理工作。

（4）完善环境保护工作奖惩制度。在 2008 年两会的政府工作报告中，温家宝总理强调要完善能源资源节约和环境保护奖惩机制。作为环保目标管理责任制的补充，环保工作奖惩制也同样重要。有章有法的环保奖惩机制能够更为有力、更为高效地促进环保问责制的落实，能够保证地方各级政府和污染源单位落实自己对环境质量的责任和义务。

奖惩，首先要弄清对象。无论是奖励还是惩罚，皆由责任而起，政府、企业和普通公民都有保护环境的责任，因而也都是环保奖惩的对象。首先，政府作为环境保护的第一责任人，对辖区环境应该履行法定的"监护"职责。基于此，温家宝总理提出要将节能减排指标等环保目标的完成情况纳入各地经济社会发展综合评价体系，作为政府领导干部综合考核评价和企业负责人业绩考核的重要内容。这种把环境指标纳入经济社会发展的综合评价体系，实际上就是对政府官员的一种奖惩机制。其次，企业作为环境污染的主体，对环境问题的产生负有直接责任。近几年，因企业管理不善而造成的特大事故屡屡发生，严重危害了人民群众的身体健康。我们国家对此也出台了一些政策，如之前的"零点行动"到"流域限批"，本质上都属于奖惩机制，其目的都是督促企业遵守国家环保方面的法律法规和排污标准。在地方上，扬州市出台了《节能减排专项资金管理暂行办法》，对完成 COD 或"502"减排任务的企业，每超过 1 吨奖励 0.1 万元（不包括污水处理厂和火电企业）；对通过技术改造、清洁生产实现零排放的企业，每家奖励 20 万元，在原有基础上削减 60% 的奖励 10 万元。这些措施成为企业重视环境保护的动力，有力地推动了扬州市环境质量的改善。最后，除了政府和企业之外，公众也是环境保护不可忽视的一股力量。尽管环境保护是每个公民的义务，应该更多地通过教育来引导他们的环境保护意识，使他们主动参与到环境保护中来，但是对于那些为环境保护做出积极贡献的人，政府还是有必要制定适当的奖励政策，以鼓励他们继续为环境保护事业而努力。相反，对那些危害环境、破坏环境的个人和行为要进行严厉惩处。

当然，完善环保奖惩机制关键还是看实施效果。在今年的人大会上，有代表以"胡萝卜不够甜，大棒不够有力"来评价我国目前的环保奖惩机制。这与目前很多地方仍以 GDP 论英雄、环保指标缺失、没有节能减排原动力有深刻关系。

当然，我国环保相关法律中罚款偏软、环保奖惩机制在许多地方还是空白也是主要原因之一。例如，现行法律允许环保部门对污染企业罚款的额度只有 10 万元，这样的处罚与企业偷排结余的成本相比杯水车薪；而对于那些环境友好企业，却又缺乏激励机制，把良好的环境信誉转化为经济效益的渠道不够顺畅。这样的奖惩机制难以调动企业治污的积极性。因此，只有当罚款数额大到足够抵消企业从违法排污中获取的利润时，只有当奖励数额大到足以弥补企业的守法成本额度时，企业防污治污的积极性和创造性才会充分发挥出来，才能变"要我治污"为"我要治污"，"违法成本低，守法成本高"的畸形现象才能逐步从国家的经济领域中消失。

总之，只有不断地完善环境保护奖惩机制，分清政府、企业和公众各自的职责，才能处理好中央和地方、政府和市场的关系，解决好动力和压力问题，最终把环境建设与社会建设结合起来，营造有利于环境保护的社会氛围。只有这样，才能不断形成环境保护与社会关系的良性互动，为全面实现节能减排目标、推动科学发展提供长效的制度机制保障。

8.2.8 "绿色 GDP"：中国特色的地方政府政绩考核机制

引发中国环境问题的因素很多，但主要原因是重经济发展、轻环境保护的人为因素，直接原因是追求 GDP 增长是硬政绩，而环境保护是"软政绩"。由此可见，要想从根本上缓解中国环境问题的严峻形势，最为直接有效的途径就是树立科学的政绩观，正确处理发展经济与保护环境的关系。为此，地方政府要认真把握经济发展与环境保护的平衡点，真正建立起适合中国国情的政绩考核机制。

8.2.8.1 辩证地看待传统的 GDP 指标

树立科学的政绩观，必须辩证地看待 GDP，克服单纯追求 GDP 的片面政绩观，将资源合理利用、环境质量变化和环保工作列为各级党政领导干部政绩考核的重要内容，激励各级领导干部牢固树立可持续发展的理念。

GDP 是一个国家（地区）所有常住单位在一定时期内生产活动的最终成果，它代表着目前世界上通行的国民经济核算体系。GDP 作为核心指标，成为衡量一个国家发展程度的统一标准。美国经济学家萨缪尔森将 GDP 比作描述天气的卫星云图，能够提供经济状况的完整图像。可以说，没有 GDP 这样的总量指标，政策制定者就会陷入杂乱无章的数字海洋而不知所措。党的十六大提出的 21 世纪前 20 年实现全面小康社会的主要目标也还是 GDP。

目前，世界各国 GDP 统计主要有两种方法，一种是收入法，它是全部要素所有者收入（如工资、利润、利息等）的汇总数；另一种是支出法，它是全部要素所有者支出（如消费品、投资品、政府采购和净出口等）的汇总数。收支两个数是相等的。GDP 能够准确地说明一个国家的经济产出量，较准确地表达出一个国家国民收入的水平。GDP 增长意味着一个有活力的经济体系，象征着一个健康的市场；GDP 下跌则意味着工作岗位的减少、经济衰退以及政府已经不适应于管理国家。但是，GDP 毕竟只是一个宏观经济统计总量指标，和任何指标一样，有其自身的种种不足，如果不加分析地将它绝对化，必将产生事与愿违的后果。GDP 作为目前世界上通行的国民经济核算体系，本身存在着一些缺陷。

首先，从经济学的角度看，GDP 只限于对经济中那些市场化、货币化了的部门进行评价，并不包括非市场经济活动，如家庭劳务、自给自足的活动等。同时 GDP 只是个流量指标，无法反映经济资产的存量规模与质量状况，它只能较充分地反映私人成本，对反映社会成本远远不够。

其次，从社会学的角度看，GDP 不能反映财富问题，只能反映当时新形成的劳动成果，不能反映财产损失的情况，不能反映社会就业、分配、社会保障等问题，也不能全面地反映人们的福利状况。

最后，从可持续发展的角度看，GDP 没有把资源损耗和环境破坏计算在内。从 GDP 中只能看出经济产出总量或经济总收入的情况，却看不出这背后的环境污染和生态破坏。环境和生态是一个国家综合经济的一部分，没有将环境和生态因素纳入其中，GDP 核算法就不能全面反映国家的真实经济情况，核算出来的一些数据有时会很荒谬，因为环境污染和生态破坏也能增加 GDP。

中国环境污染的规模居世界前列。在全国 GDP 总量中，环境污染的代价占10% 左右。而西部九省份生态破坏更加严重，环境污染造成的 GDP 损失占到13%。仅山西省每年环境污染损失就占到 15% 左右，而新增的 GDP 大约为 9%。然而，目前我国评价政府工作及其官员的绩效体系中，以 GDP 作为主要指标的现象仍十分突出。在这一导向下，一些干部把"发展才是硬道理"片面理解为"经济增长才是硬道理"，把经济增长又简单化为 GDP 决定一切，这种"以 GDP论英雄"的政绩观导致地区发展的畸形状态。因此，为了防止片面追求 GDP 的错误发展观，在地方政府官员考核中，除了考核 GDP 外，还要看当地经济发展的效率和质量有没有改善，经济社会发展是否协调，环境治理和清洁生产水平是否达标等。中科院可持续发展战略研究组提出用原材料消耗强度、能源消耗强度、水资源消耗强度、万元产值水资源消耗、环境污染排放强度、全社会劳动生产率六大综合指标来衡量干部政绩的思路值得借鉴。

8.2.8.2 建立绿色 GDP 国民经济核算制度

（1）绿色 GDP 的内涵及实施障碍。为了改善原有的以 GDP 为核心的国民经济核算体系，一些专家提出了推行绿色国民经济核算制度，即绿色 GDP。所谓绿色 GDP，是泛指在一国（或地区）的经济领土范围内，由所有常驻机构单位在一定时期内生产的、扣除资源消耗成本与环境降级成本之后的最终有效成果。联合国和世界各国政府从 20 世纪 70 年代后就开始对如何构建"以绿色 GDP"为核心的国民经济核算体系进行理论和实践的探索，但到目前为止，世界上还没有一套公认的绿色 GDP 核算模式，绿色 GDP 的实施也只是在个别国家和个别地区进行试验。这是因为，首先，从技术上看，如何估算各种自然资源耗竭和污染损失，是一个争议较大的问题，如大气中 SO_2 增加与人们患呼吸道疾病之间的关系还无法准确估算，因大气污染而增加的疾病成本、死亡的生命价值难以量化；其次，绿色 GDP 的实施改变了人们心目中发展的内涵与衡量标准，在扣除环境损失成本后，一些地区的经济增长数据大大下降，势必产生对地方政府及其官员政绩考核变革以及企业利润受损等诸多阻力；最后，统计指标连续性不够，这给污染的治理成本核算带来了困难，如目前的统计体系里只有污水的排放量，没有污水的产生量，无法算出污水的处理量。

面对绿色 GDP 实施中的困难，世界各国正在努力进行理论上和实践上的研究，并取得了许多具有操作性的经验成果。

（2）实施绿色 GDP 核算制度的经验与实践。

1）国外相关经验总结。从 20 世纪 70 年代开始，联合国和世界各国政府以及一些国际研究机构开始对"绿色 GDP"国民经济核算体系进行理论上和实践上的探索。

1978 年，挪威政府重点开始对矿物资源、生物资源、水资源、土地、环境资源、空气污染以及两类水污染物（氮和磷）进行核算，建立起了包括能源核算、鱼类存量核算、森林存量核算，以及空气排放、水排泄物（主要是人口和农业的排泄物）、废旧物品再生利用、环境费用支出等项目的统计制度，为建立绿色 GDP 核算体系奠定了重要基础。

芬兰政府借鉴挪威自然资源核算模式，也建立起了自己的自然资源核算框架体系，主要内容包括森林资源核算、环境保护支出费用统计和空气排放的核算等。森林资源和空气排放的核算采用实物量核算法，而环境保护支出费用的核算则采用价值量核算法。

墨西哥于 1990 年也率先实行了绿色 GDP。在联合国的支持下，墨西哥将石油、各种用地、水、空气、土壤和森林列入环境经济核算范围，将这些自然资产及其变化编制成实物指标数据，再通过评估将各种自然资产的实物量数据转化为货币数据。用这种方法计算出石油、木材、地下水的耗减成本和土地转移引起的损失成本以及环境退化成本。同时，在资本形成概念的基础上还产生了两个净积累概念：经济资产净积累和环境资产净积累。

世界一些著名的研究机构和专家也在绿色 GDP 的理论研究方面进行了不懈的努力，并取得了一系列的可喜成果。1971 年，美国麻省理工学院首先提出了"生态需求指标"，试图利用该指标定量测算和反映经济增长与资源环境的压力之间的对应关系。1972 年，托宾和诺德豪斯提出"净经济福利"指标，主张把都市中的污染等经济行为所产生的社会成本从 GDP 中扣除，并加进过去被忽略的家政活动、社会义务等经济活动。1973 年，日本政府提出"净国民福利"指标，主要是将改善环境污染所需的经费从 GDP 中扣除。1989 年，卢佩托等提出"净国内生产"指标，重点考虑自然资源的耗损与经济增长之间的关系。1990 年，戴尔和库伯提出"可持续经济福利"指标，考虑了社会因素所造成的成本损失，如财富分配不公以及失业率、犯罪率对社会带来的危害，更加明晰地区分经济活动中的成本与效益，如医疗支出等社会成本不能算作是对经济的贡献。1995 年 9 月，世界银行公布了用"扩展的财富"作为衡量全球或区域发展的新指标，该指标由"自然资本""生产资本""人力资本"和"社会资本"四大要素构成，专家们公认该指标比较客观、公正、科学地反映了世界各国各地区发展的真实情况，为国家拥有的真实财富及其变化提供了一种可比的统一标尺。

2）中国的实践探索总结。中国国内的一些著名研究机构和知名学者一直在跟踪绿色 GDP 核算领域的世界前沿研究成果及学术研究的动态与趋势，并就自然资源环境核算与国民经济体系的相互关系，将自然环境核算纳入国民资产负债（国民财富）核算的方式及途径，将资源环境因素纳入"生产账户"（GDP）的生产方式方法及核算途径，关于"中国综合经济与环境核算体系"的核算模式、核算理论、原则与方法等进行了深入研究，并取得了一定成果。例如，北京大学自 20 世纪 90 年代初开始，对环境核算及其与经济的综合核算开展了长达十多年的研究，初步完成 20 世纪 90 年代及 2020 年中国环境经济综合核算。根据他们的研究，整个 20 世纪 90 年代，中国国内生产总值 GDP 中至少有 3%~7% 的部分是牺牲自身生存环境（自然资源和环境）取得的。若按年均 GDP 增长速度为 9.8% 计，则其中有 4~6 个百分点为 GDP 与绿色 GDP 的差额。目前，中国已经在全国部分地市开始了绿色国民经济核算的试点，在一些即将出台的环境法律法规中，一些节约资源、保护环境的指标将被补充进去，对各级政府和党政领导干部的政绩考核也加上资源环境的指标。可以预见，随着这项工作的推进，中国绿色 GDP 核算将不断完善，能更加客观地反映国民经济增长的可持续情况。

（3）建立绿色 GDP 核算制度的意义。绿色 GDP 作为一种全新的科学指标体系，概括了可持续发展的主要方面和主要内容。它在考虑 GDP 在衡量经济增长中作用的同时，将经济现象、社会现象和环境问题都纳入其框架体系，避免了传统 GDP 的缺陷，为经济发展手段提供了全新的视角和思路。

首先，绿色 GDP 核算制度是人类发展史上的一次飞跃。从单纯追求 GDP 的经济数量增长到追求经济发展质的变化的绿色 GDP，本身就说明了人类对自身行为的反省，以及在社会发展理念上的根本转变。

其次，绿色 GDP 核算制度是一种全面的、科学的指标考核体系。绿色 GDP 涉及环境问题、经济问题和社会问题，概括了可持续发展的主要方面和主要内容，将经济现象、社会现象和环境问题都纳入其框架体系。因此，这一指标与传统的 GDP 指标相比更科学、更全面。

最后，绿色 GDP 核算制度为经济发展提供了全新的视角。绿色 GDP 的增长必须以现行 GDP 的增长和人文虚数的下降为前提。中国目前的环保产业还很薄弱，但它对绿色 GDP 的增长贡献最大，并且还能抑制人文虚数的下降。应该说，绿色 GDP 核算为大力发展环保产业提供了制度保障，而大力发展环保产业又是绿色 GDP 快速增长的增速剂。

8.2.8.3 倡导以绿色 GDP 为核心的地方政府政绩考核机制

长期以来，中国在"重经济、轻社会、轻生活"的指导思想下，把追求 GDP 的增长速度放在突出位置，由此引发了一系列问题。如今，各地发展指标体系正在发生新的变化，折射出以"以人为本"为根本要求的科学发展观，已成为各级政府的核心执政理念。从各地的政府工作报告、经济社会发展"十一五"规划和"两会"的议案、提案中，人们发现各地在制定新的发展规划时，指标体系出现了一些耐人寻味的变化：与人民生活息息相关的各种问题越来越占据更加重要的地位,"国计"更多地、也更密切地围绕"民生"展开。新的指标体系把绿色 GDP 作为政府官员政绩考核的重要内容加了进去。

(1) 注重绿色 GDP:地方政府政绩考核的理念转变。建立科学的政府绩效评估体系,是温家宝总理在《2005 年政府工作报告》中的要求。近年来,根据中央提出的树立科学发展观和正确政绩观的有关精神,各地积极进行政府绩效评估的试点和探索,积累了宝贵的经验,取得了明显的成效。

目前,一些地方政府政绩考核正在实现由以 GDP 为核心到以绿色 GDP 为核心的转变。

1) 从以经济建设考核为主向经济、社会建设全面综合考核转变。长时期以来,在对各级干部的考核中,过分注重对经济建设方面的考核,而忽视了对社会建设等领域的考核,结果造成了一些领导干部在工作中只重视抓经济建设,导致社会发展明显滞后于经济建设的现象。为了实现经济社会的全面协调发展,领导干部的政绩考核必须制定全面的考核指标体系,不能为了单纯的 GDP 数字而忽视了其他方面的均衡发展。例如,江苏省无锡市在考核领导干部中就设置了经济发展、资源环境、社会发展、生活质量四大类指标体系,其中 20 项为核心指标体系。在核心指标体系中,经济发展类只有 3 项,占 15%;资源环境、社会发展、生活质量类有 17 项,占 85%。把考核侧重点从经济领域向社会领域延伸,有利于引导各级领导干部进一步注重发展的全面性和协调性。

2) 从以 GDP 考核为主向坚持以人为本、强化民生指标考核转变。在以往的考核体系中,以 GDP 考核代替经济建设考核、以 GDP 排座次论英雄的弊端,导致一些干部把"以经济建设为中心"片面理解为"以 GDP 为中心",把"经济发展"片面理解为"经济增长"。党的十七大重点强调"要加快推进以改善民生为重点的社会建设",把"着力改善民生,提高全民健康水平"作为各级政府工作的一项重要任务来抓,各级政府正在积极响应。例如,无锡市根据科学发展观的要求,制定了"一淡化一强化"的考核体制(即淡化 GDP 考核、强化民生指标考核),使考核从单纯注重 GDP 转向以人为本,促使了各级干部更加关注经济发展的质量和效益,更加注重有关民生方面的社会建设。

3) 从重短期效应考核向突出长期效应考核转变。针对当前地方政府重视短期效益、轻视长远发展的普遍问题,在政绩考核中,要尽快实现由偏重短期效应考核向突出长期效应考核的转变。为此,首先要突出转变经济发展方式。例如,设置万元 GDP 能耗、工业集中区亩均土地投资强度和产出等指标,促使各级干部更加注重产业结构的优化升级,更加注重集约发展,更加注重发展的质量和效益。其次要突出科技创新，增加对科技创新的考核，设置与自主创新、科技创业有关的指标，引导各级干部更加关注自主创新和科技创业，不断提升区域发展的核心竞争力。最后要突出人与自然和谐发展，强化环境保护指标考核，引导各级领导干部将生态建设和环境保护贯穿于经济社会发展的全过程，提高可持续发展水平。

4）从统一标准的考核向分类指导、因地制宜的考核转变。由于各地区发展条件和工作基础不尽相同，在干部考核中不应该实行整齐划一的方法。要在考核中根据各地区发展的条件优劣、速度快慢、基础好坏，注重体现差别性、把握时序性、鼓励创造性，在具体指标值上不搞"一刀切"，在达标进度上不搞"齐步走"，而是实行分类考核、分时段考核，鼓励各级干部因地制宜、扬长避短，积极探索个性化、特色化的发展道路。例如，有些地方政府把不同区域自然环境的承载能力进行分类，对不同分类地区实行不同的绩效考核标准。

5）从以领导评价为主的考核向领导评价与群众评价相结合的考核转变。群众的眼睛是雪亮的，干部政绩好坏，群众看得最清楚。干部考核既应重视上级部门和分管领导的意见，又不能忽视群众的参与，要让广大群众了解各级干部在干什么、干得如何。特别是对与群众生活密切相关的指标考核，做到不以工作总结代替群众直观感受、不以统计数据代替实际发展水平、不以平均数代替大多数，在考核程序上增加民主测评、民意调查、政绩公示等环节，加大群众评价的权重。例如，枣庄市针对化工行业成为环保投诉案件的焦点问题，对该市新建、改建、扩建化工项目一律实行环境影响评价听证，让群众参与监督。

（2）绿色 GDP 核算：地方政府政绩考核的具体实践。

1）把节约资源、降低能耗与干部政绩考核挂钩。中央"十一五"规划建议提出了"十一五"时期单位 GDP 能源消耗要比"十五"期末降低 20% 的目标。为了完成这一目标，各地政府积极制定各种政策来降低能耗，一些省份甚至还特别制定了降低水资源消耗和污染物排放量的指标，而这些指标大多数是第一次出现在世人面前。北京市最早提出"十一五"期间水耗要降低 20%，其中 2016 年降低 5%；山西省提出万元地区生产总值平均耗水量年均下降 8.3%，5 年降低 35%，万元地区生产总值污染物排放总量年均下降 10%，5 年共降 40% 左右。在经济逐渐步入快速增长期的中西部省份，各地规划中也透露出不"唯项目论"、不走"先污染后治理"的老路，实现可持续发展的强烈信号，例如，陕西省 2016 年率先提出要建立节能降耗统计发布制度。

但根据 2017 年的统计数字，实际上，2006 年全国单位 GDP 能耗同比上升

0.8%，实现能耗下降 4%左右的目标并没有实现。社会发展的实践告诉我们，GDP 能耗指标的降低并不是一件容易的事情。因为经济快速增长对能源的需求，工业技术水平的提高，以及人们发展观念的转变都需要一个渐进的过程。如果没有良好的发展机制引导和制度保障，仅凭一腔热情是无法实现既定的战略目标的。针对发展现状与发展目标的困境，2017 年国家发改委明确规定："要把能耗标准作为项目审批、核准和备案的强制性门槛，遏制高耗能行业过快增长。"

为了落实这一规定，国家发改委与地方及中央重点企业签订了 45 份节能目标责任书。为了真正贯彻中央降低能耗的决定，一些地方已经开始从源头上严把能耗增长关，从严控制新开工高耗能项目。例如，山东省已确定 1000 户重点企业的主要节能指标；江苏等沿海地区也开始率先在省内公布各个地区的发展能耗指标，并与各级领导干部政绩考核挂钩，让各级干部在发展决策上把经济成绩与能耗成绩同步考虑。

从中国的发展现状来看，在新一轮的增长周期内，东部沿海等发达地区的经济增长方式正在逐步由粗放型向集约型转变。在部分省份，科技进步对经济增长方式质量的贡献率已经超过了 45%，这标志着这些省份的经济增长方式已经开始发生了较大转向。

2）把"幸福指数"作为政府政绩考核的和谐标尺。"让人民共享改革发展成果，促进社会和谐，维护社会稳定，提高全市人民的幸福指数"，是西安市 2017 年发布的《政府工作报告》的重要内容。这种把"幸福指数"作为衡量一个地方社会和谐与否的一个重要指标，已经摆上多数地方政府官员的议事日程。北京市政府也表示将开展幸福指数研究，推出一套幸福指标体系，并将其纳入和谐社会指标评价体系中，要将"幸福感"作为衡量北京市社会和谐与否的一个重要指标。研究和谐社会内涵、探索具体路径，使"和谐社会"由一种理念变成一系列可操作、可评测的指标，现成为很多地方政府关注的一个课题。在这方面，深圳市的"和谐深圳评价体系"对构建和谐社会提出了比较具体的指标内容，值得全国各地政府参照学习。

2016 年 10 月，针对我国国情和深圳市民的要求，同时汲取联合国、世界银行等机构的研究成果，深圳市政府提出了"和谐深圳评价体系"。该体系由一套客观统计指标和两套主观满意度评价问卷组成。其中，指标体系包括社会发展、社会公平、社会保障、社会关爱、社会安全和生态文明六大类的 35 项指标。这些指标构成一个社会和谐度的综合监测体系，它使和谐社会由一种理念变为一系列可操作、可测评的实践载体，也为考评政府及社会各方面发展提供了检测工具。"和谐深圳评价体系"的各项指标均标明具体的"责任部门",分解到公安、劳动社保、民政、环保等19个部门和机构。

深圳市在发展中坚持"有效益的速度"和"有速度的效益",在保持经济发展速度的同时,单位GDP能耗、水耗、用地不断下降,经济发展与生态环境关系日趋和谐。在"和谐深圳评价体系"的六大类内容中,生态文明是一个重要的"和谐标尺",万元GDP综合能耗增幅也成为其12个核心指标之一。从深圳市的发展中我们认识到,"和谐"和"幸福"也是可以用"尺"来衡量的。

3)重视"软指标"在政府政绩考核中的地位。经济发展是政绩,"绿水青山"也是政绩。多年来,发展指标一直存在"硬指标"和"软指标"之分。所谓"硬指标",就是以GDP、财政税收这类指标为核心的经济发展成绩;所谓"软指标",就是以城市污水处理、每万元生产总值能耗这类环境指标等方面的工作成绩。为什么一些地方和部门把环境保护等方面的工作成绩看成是"软指标"呢?原因在于现在单纯"以GDP论英雄"的政绩考核机制还没有完全改变。以往有些地方和部门考察干部政绩,只看经济指标完成情况,根本不看环境保护等方面的工作。虽然近几年中央一直强调树立科学政绩观,但是这些方面的工作成绩也往往被当作"参考项",而不计入考核成绩。也就是说,环境保护等方面的政绩在决定干部升迁当中的作用是微乎其微的。更有甚者,个别以牺牲生态环境为代价换取GDP增长非但没有受到处分,反而得到提升。

面对重"硬指标"而轻"软指标"的状况,如何让"软指标""硬"起来是各级地方政府面临的主要任务。在笔者看来,要想改变这种状况,首先应该树立绿色发展的理念,彻底改变以牺牲生态环境为代价换取GDP增长的发展观;其次应该建立科学全面的干部政绩考核机制,把对环境保护等方面的工作也像经济工作一样实行量化考核,实在难以量化的,就用民意调查得分替代;最后应积极引导公众参与环境的机制,使公众的环境参与和环境评价形成一种对地方政府官员的政治压力。

目前,一些地方政府已经从转变职能入手,重新对发展指标进行分类,逐渐淡化"硬指标"和"软指标"的界限。据报道,上海市的规划中共有五大类38项主要量化指标,过去指标体系中最受重视的经济增长率被归为预期性指标,而事关民生的环境、医疗卫生等指标则成为了约束性指标,被放在了突出位置。

长春市政府提出的国民经济和社会发展"十一五"规划目标的各项指标设定为导向性指标、预期性指标、约束性指标三类。国内生产总值、人均GDP、财政收入、固定资产投资总额及一些产业产值等指标都被列到预期性指标中；列入导向性指标的是城镇化率、全市森林覆盖率、城市居民人均可支配收入、农民人均纯收入等内容；而城镇开发就业岗位、城镇职工医疗保险人口参保率、城市污水处理率、每万元地区生产总值能耗等涉及公共服务或公众利益领域的内容成了约束性指标。

既重经济指标，又重民生指标，传统视野中的"软"指标正渐渐变"硬"，将公民满意度、幸福不幸福作为检验政府工作的终极标准，意味着"以人为本"的科学发展观正成为政府的核心发展理念。在各地相继通过的地方发展规划中，工业增加值、第三产业增加值、社会消费品零售总额、全社会固定资产投资总额、外贸出口总额、外商直接投资实际到位金额等正逐渐退出政府的指标体系，被节能、科技、社会发展等方面的新指标所取代。

4）在协调发展中再创新政绩。从近几年各地的发展指标可以看出，坚持发展的协调性，正确处理局部利益和整体利益的关系、短期利益和长远利益的关系，把改革的力度、发展的速度和社会可承受的程度有机地统一起来，充分调动一切积极因素和各方面的力量，在统筹兼顾、协调发展中创造出新的政绩，正在成为各级领导干部政绩观中的重要内容。发展速度一直领先于全国水平的浙江，把未来5年地区生产总值增长速度定在9%左右，相对于这个省"十三五"期间年均12.8%的增速，下降了将近4个百分点；上海、江苏、山东、广东等发达地区，也将"十四五"期间GDP增长速度纷纷调低。经济结构调整和运行方式的重新"定位"，是建立在不再比拼经济增长速度，而要兼顾经济与社会、环境协调发展这个指导思想之上的。

处理好经济建设、人口增长与资源利用、生态环境保护的关系，在发展经济的同时充分考虑环境、资源和生态的承受能力，保持人与自然的和谐发展，实现自然资源的永续利用和社会的持续发展。走出不计成本不求效益、以牺牲环境生态为代价、忽视社会公正、牺牲后人发展的"发展"误区，在经济社会可持续发展中创造出新的政绩，是近几年各地发展指标的显著特点。

落实科学发展观，要把可持续发展放在突出的地位，实现经济社会和人口资源环境的和谐发展，彻底改变单纯追求速度的考核指标。建立全面的政绩观，应强调以人为本，全面、协调、可持续发展的和谐发展观的综合指标体系，增加经济效益、投资效果、环境质量、安全生产等可持续发展的质量指标，并加强对考核目标的督促检查。

8.2.9　完善地方政府跨区域环境合作机制

8.2.9.1　规范地方政府间的无序竞争行为

在市场经济条件下，竞争不可避免。改革开放后，地方政府之间逐渐打破了"条条、块块"的束缚，各种交流与合作变得更加紧密起来。然而，由于地方利益的存在，地方政府在合作的同时也出现了相互之间激烈的竞争行为。竞争是市场经济发展的动力，没有竞争就没有发展。地方政府间的竞争在改革中起到了推动改革不断深入的作用。这种作用主要体现在：推动了宏观经济的高速增长；提高了地方公共产品质量和效率；推动了市场化改革的进程；约束了地方政府的掠夺之手。然而，人们在看到地方政府间竞争所产生的积极效应的同时，还应该清醒地认识到这种竞争背后的负面效应。

（1）破坏了市场法制秩序。因为缺乏完善的市场法律法规，地方政府间的竞争经常陷入无序的状态。更为严重的是，有一些地方政府为了取得竞争优势，根本不顾国家的相关法律法规的约束，擅自制定、出台地方性"优惠政策"。例如，有些地方为了招商引资，发展地方经济，不管产业结构是否合理，盲目引进一批高污染、高能耗的企业，使原本脆弱的生态环境更加恶化。在这些企业上马之后，又制定各种各样的保护性"土政策"来为这些企业保驾护航。这种以发展繁荣地方经济、营造宽松投资环境为由而实施的所谓"地方优惠政策"，在一定程度上破坏了全国统一的法制秩序。

（2）扭曲了市场的正常竞争。在市场经济中，地方政府的主要角色是提供规范的市场秩序，对扰乱市场秩序的无序竞争进行规制。然而，为了实现地方利益，许多地方政府往往参与到市场竞争中去，通过行政权力来直接干预市场。最明显的例子就是通过地区封锁或地区特殊保护来规避竞争压力。例如，烟、酒类消费品往往在其他地区会被禁止销售或限量销售。2005年7月，为了保护本地品牌"洛阳宫"啤酒的销售，洛阳市的一些行政主管部门通过种种理由查封了本地市场上其他一些啤酒品牌，为此引起了郑州、焦作一些啤酒企业的极端不满。这种地方政府"参与"的市场竞争，不仅扭曲了市场的价格信号，还使本地企业形成了严重的依赖心理，延缓了企业的成熟。

（3）造成了资源配置的不合理。地方政府为了赢得竞争，往往不愿意从大区域着眼来为自己的发展定位，不愿意从自身优势着手来发展自己的核心能力，而是担心缺乏某些能力会造成对其他地方的依赖，从而令稀缺资源外流，影响自己的竞争能力。在这种心理的支配下，各地区不惜花大力气投资兴建雷同的基础设施，引进相同或相近的企业类型，从而造成众多的重复建设，使资源未被有效地配置到最需要的地方。

地方政府间竞争的无序性使其在竞争的过程中产生了一些负面效应。如何使地方政府间的竞争由无序状态走向有序状态，是当前政府间关系研究的一个重点。目前的做法主要有两种：一是加强中央政府的政策引导功能，规范地方政府间竞争；二是完善地方政府间竞争的法律法规，推动地方政府间的合作。

首先，加强中央政府的政策引导功能，推动地方政府间的合作。有人认为，地方政府之间的无序竞争源于地方权力的扩张。因为地方政府经济利益相对独立化后，与中央讨价还价的能力增强，这导致"有令不行，有禁不止"的现象时有发生。在对待中央的环境政策上，地方政府也往往从本地利益出发，在"上有政策，下有对策"的软对抗中消解中央政府的政令和权威。因此，加强对中央的宏观调控甚至集权势在必行。

对中央的环境政策，符合本地利益的就执行，不符合的就不执行，这突出表现在企业排污费和环境税的收费标准上。中央制定的有关环境标准通常只是指导性的，一般有上限和下限，因而地方政府在实施的过程中，会根据自己的具体情况，或按最高标准执行，或按最低标准执行，而实际情况是一些排污大户有相当一部分是地方政府税收的主要来源，这时，为了激发企业的生产积极性，在排污标准上往往就低不就高，甚至会降低标准。这几年，中央在环境标准和环境执法上，往往三令五申，要求严格管理，不得随意降低标准，地方政府表面上执行，但是环境事故依然不断，重大事故年年都有。

为此，中央曾采取了一系列加强宏观调控能力的措施，但收效甚微。例如，近几年中央实行的中央与地方、地方与地方之间的干部交流制度，就是为了突破地方狭隘利益的封锁，打破地方保护主义和条块分割。然而，作为经济人，中央政府不一定会全知全能。相反，在很多时候，中央政府的规制也处在不完全信息状态。如果资源配置是否合理、产业结构是否合理、环境规制是否合理只有中央有发言权，那么合理的配置方法与产业结构就应该由中央统一部署，任何程度的分权都将导致"不合理"的配置。从地方政府的层面来看，代表本辖区的利益是其当然的职责，因此我们没有道理因为它们的狭隘性、自利性而对其横加指责。地方政府本来就应该而且也只能够代表自己管辖区的利益，这正是它们的优势所在。那些认为地方政府不应该只关注自己狭隘地方利益的思路，背后隐藏的理念即是朱光磊先生所谓的中央与地方的"职责同构"，即中央和地方政府之间的职能区分模糊，中央可以插手地方的事情，地方也有义务要从中央的角度来管理地方的事务。显然，这在实践中是难以做到的。

事实上，我们不能把中央宏观调控能力的减弱与地方政府权力的增大看作是一个此消彼长的过程。削减地方政府的权力，并不必然就能增加中央政府的权力。一味地强调所谓的"行政集中"，只会进一步加剧中央权力的衰落。研究表明，通过中央强制而导致的重新集权并没有令地方政府官员变穷，而是从扶助变为掠夺。且掠夺之手会比利人利己、增加未来税基的扶助之手掠取更多，更加严重地抑制经济的发展。

由于加强中央政府权力的措施在客观上损害了地方政府的自主性以及发展经济、保护环境的热情，于是有人提出通过中央政府的推动来促进地方政府间的区域环境合作，令竞争各方握手言和。这似乎是一个更好的选择，因为在这种协调方式下，地方政府成为行动的主体。这些年，在中央政府的推动下，各地相继建立了百余个不同形式的、不同规模的区域合作组织，其中经济组织居多，环境方面的跨地区组织较少而且在相互合作的机制方面还处在初始阶段，如泛珠三角区域"9+2"环境保护合作于2005年4月正式启动，但由于范围过大，牵涉的利益团体过多，在许多环境问题上始终不能达成一致。

实践表明，区域环境合作并不能在改善区域环境状况、避免恶性竞争中起到太大作用，因为一旦涉及行政上的障碍和利益分配问题时，这种合作便往往流于形式。地方政府间合作中的困境并非是由于地方政府无知或缺乏理性，相反，正是在完全理性的支配下，地方政府才会从自身利益出发选择能最大化自身利益的策略。如果背叛的个体收益大于合作的个体收益时，地方政府肯定会选择背叛来确立自己在竞争中的优势地位。

当双方由于个体的自利行为而不能达成有效合作时，就会有人想到通过第三方的力量来强制推行这种合作，这时中央政府就成为最佳的选择。有人认为，如果任何地区的事务都需要中央政府直接过问，无疑会增加其行政成本，何况中央政府又没有足够的信息来确保作出正确的决定。笔者认为，这种理解固然有一定的道理，但是，由于当前中国各地区间的合作机制还处在初级阶段，各项制度法规还很不完善，特别是在区域合作领域有些法规甚至还是空白，在这种情况下，让地方政府之间靠相互信任建立起契约关系还很不现实，所以最好的选择还是由中央政府通过政策上的引导、法制上的规范和行政上的强制力来推动地方之间合作机制的建立。尽管这种做法成本很高，但是在改革的探索中付出一定代价是必要的。因此，在跨区域环境规制中，由中央政府推动、建立跨地区环境合作组织在当前非常有必要。没有代表国家整体利益的中央政府的介入，跨地区环境问题必然延续着"公地的悲剧"。

其次，建立地区争端裁决机制，协调地方政府间关系。为了实现地区利益，地方政府在竞争中经常会采取诸如地方垄断、市场分割等不正当竞争手段，其后果就是导致地方政府间相互排斥、相互封锁的恶性竞争。对于这种行为所带来的不利局面，只有通过中央政府的直接干预才能改变。而中央与地方分权的制度化又阻碍了中央政府随意地干预地方政府的行为，因为中央的干预会在一定程度上挫伤地方政府从事创新的积极性。中央政府一般从宏观上制定全国的经济社会发展政策，而不可能事无巨细地对地方的发展规划和违规手段进行一一规定。因此，设立相当于中央权威的争端解决机关，来规范地方政府间的无序竞争，引导竞争向有益的方向发展，并对恶性竞争行为进行相应的制裁，就显得非常有必要。

目前，对于地方政府间的竞争行为往往通过一些区域协调组织来协调解决，如"泛珠三角"合作组织。但区域协调组织存在一个重要的缺陷，就是权威性不够，有些区域协调组织所形成的方案往往形同虚设，得不到各地区的有效遵守。因此，新建立的地区争端解决机关必须具有中央政府的权威性，可以代表中央政府处理一切地区事务。例如，各种跨越行政辖区的区域事项，都可以交由这一裁决机关进行审理，而不需要成立专门的协调组织。区域问题太多、层次繁杂，不可能就每一个重大区域问题都成立一个专门的区域协调组织，而设置具有司法性质的地方政府间竞争的争端裁决机关则是解决这一问题的切实可行之计。把这一机关作为司法机构，可以在一定程度上避免强制性的行政命令式解决方法。

从当前中国的司法机制来看，司法机关一般实行属地管辖制度。地方法院隶属于地方政府，最高人民法院只处理重大案件，涉及地区间案件，如贸易、环境纠纷等，只能由其中一方所在地的地方法院进行裁决，而地方法院人事权和财政全都依附于地方，导致地方法院地方化，成了地方利益的看门人。因而，地方法院的裁决很难保证独立性与公正性，以至于经常出现纠纷双方各自所在地方的法院对同一案件做出不同裁决的现象。为了保证裁决与执行的公正性与权威性，中国司法机构设置及人员属地化现象必须进行改革。或许我们可以借鉴美国的经验，即所有跨地区的争端不按归属地来管辖，而是统一由最高人民法院或其专设的法院管辖。为了适应社会发展的需要，有必要根据案件的性质（即法律归属）

设置直属中央层面的司法机构来处理涉及跨地区或者全国性的案件，而地方一层司法只裁判本地区内的各种纠纷，这样一来，中央一层的司法就能避免或者少受地方政府的影响。

从约束地方政府不正当竞争的角度来看，确实需要某种程度的中央集权；从通过制度规范来引导地方政府间良性竞争的角度来看，确实又需要在某种程度上扩大地方政府的权力。设置地方政府间冲突的中央裁决机关并把中央与地方的权力划分制度化，将会把地方政府置于中央政府的控制之下，这一方面使中央政府不能随意侵害地方的自主权，另一方面又防止了地方政府的权力过于膨胀。

8.2.9.2 探索跨行政区域环境合作机制

（1）完善跨行政区域环境法律制度。跨区域环境问题是当前中国必须关注和解决的重要社会问题。环境问题的区域性和跨区域性特点源于自然、技术、经济、管理方式以及社会、经济、政治和文化等的差异。随着跨区域环境问题日益严重，如何加强跨区域的环境管理，减少和避免环境持续恶化，努力实现不同区域间的环境公平，已成为中国政府亟待解决的热点问题。中国政府为了保护环境、解决环境问题，已制定了大量的环境法律法规，在保护环境过程中发挥了重要的作用。但是，跨行政区域环境管理的立法和法律实施中的问题依然存在。

首先，在跨区域环境法律制定方面存在缺陷。一是跨区域环境问题缺乏科学的综合立法。在当前中国制定的各种环境管理法中，还没有综合性的跨区域环境管理方面的法律法规，对国家确定的重要江河流域（如长江、黄河、淮河流域）也没有制定综合性的法律。已有的关于跨行政区环境管理方面的法律规范，大多分散于不同的法律法规之中，其级别和层次较低，缺乏权威性。二是跨区域环境规制强调行政管理权的配置，忽视法律手段的运用。例如，中国的环境管理体制一般以政府为主导，以环境行政主管部门为专门管理机构，以行政区域为单元分级、分部门进行管理，忽视了自然资源权利的归属和环境污染与破坏的事后救济，忽视了部门在其管辖范围内行使环境保护的职能。三是跨区域环境法律制度尚不健全。在众多的环境单项法中，环境资源市场化与环境责任社会化方面的法律规范并不多见，如水资源的有偿使用、水权交易、排污权交易制度尚没有完全建立，而环境损害保险制度、生态环境补偿的税费制度等均没有上升为法律制度。四是跨区域环境规制的权利和义务不对等。中国各级地方政府及其环境主管部门在环境管理事务中往往只有权力没有责任，或者是权力大于责任。

其次，在跨区域环境法律实施方面存在缺陷。一是重经济，轻环保。地方政府为了其短期经济利益，往往不顾相邻地区的环境利益，以牺牲整个区域的环境质量为代价，比较突出的是上游地区经常对下游地区实施环境负外部性的转嫁。二是对跨区域环境污染案件处理的执法力度有限。目前主要存在的问题是对刑事部分不够重视。我国以刑事处罚方式制裁环境污染者或破坏者的情况仍然较少。三是缺少对环境行政管理的有效法律监督，对环境主管部门的违规行为甚至侵权行为难咎其责。究其原因，地方政府在立法和政策制定方面重短期利益而轻长远利益，重政府政绩而轻可持续发展能力的短视行为，是导致跨区域环境管理法律不能有效实施的最主要根源。

鉴于跨行政区域环境规制中存在的法律制定与实施的缺陷，应该从以下几个方面来对其改进和进一步完善。

一是要完善跨行政区域环境管理法律规范体系。针对中国目前跨行政区域环境管理法律体系存在的问题，应该从三个方面来进一步完善：一要明确制定跨行政区环境管理立法的基本原则，既要坚持环境立法的一般性原则，又要根据跨行政区域环境管理的特点，确立符合中国基本国情的立法原则，如统筹规划、综合立法的原则。二要健全跨行政区环境法的基本法律制度，把诸如跨区域环境规划、环境审计、总量控制、排污权交易、生态利益补偿、生态税收制度、行政首长负责等制度以立法的形式加以确立。三要尝试建立国家、流域与地方立法相结合的互动的法律规范体系，对自然条件和保护目标相同或相似的环境区域，可由国家进行区域性立法。区域性立法在效力等级上属于国家立法，在区域内具有约束力。

二是要完善跨区域环境规制的管理及监督体制。一要完善跨区域环境管理体制，使各地方政府切实负起地区环境保护的责任，积极推广环境保护行政"一把手"负总责制和领导干部绿色 GDP 政绩考核制，把每一级政府的环境责任都落到实处。二要建立科学的多元化的环境监督体系。一方面，从立法、行政和社会公众的角度进行全方位的环境监督，彻底改变目前环境保护监督仅注重行政监督的现状；另一方面，要理顺环境保护监督管理的横向与纵向关系，强化环境保护部门统一监督管理的法律地位，加强跨界污染的行政监督检查。

三是构建有效的跨区域环境纠纷处理机制。跨区域环境纠纷的形成原因、危害后果、受害人范围、致害人主观过错认定等方面均有复杂性、特殊性和广泛性的特征，这些特征在客观上非常不利于对纠纷的及时有效解决。因此，必须坚持从实体法和程序法两方面入手来构建跨区域环境纠纷处理机制。一方面，要从诉讼参与人的范围、纠纷的管辖区域、诉讼的程序等方面入手，结合跨区域环境纠纷的特点，完善纠纷处理机制；另一方面，在诉讼主体方面，应当依法确立区域环境利益相关者、环境非政府组织、国家检察机关在跨行政区域诉讼中的诉讼主体地位。此外，还要明确地方行政首长在环境保护方面所必须承担的责任，并确保其严重行政过错要受到法律的制裁。总之，只有通过立法，明确跨区域环境污染纠纷的具体管辖，才能够保障相关诉讼得以顺利进行。

（2）建立跨区域环境合作组织。

1）中国跨区域环境合作组织的初步尝试。改革开放以来，随着当代中国市场化的进一步发展以及纵向政府间的分权化改革，地方政府在地区经济、社会发展中逐渐获得了一定的自主性。于是，在区域发展中，为了共同应对本区域经济、社会发展中的公共性问题，相关地方政府在中央政府的指导下或自发地联合起来，组建了大量跨地区的区域合作组织，如长三角经济合作组织。从实践来看，只要这些区域合作组织的发展在协调区域利益过程中并没有危及全国性的整体利益，中央政府是完全支持的。这些组织在发展过程中，一方面使相关地方政府间的相互依赖关系更加密切，另一方面也不断探索和完善着长期稳定的合作关系机制。由于参加这些区域合作组织的地方政府间不存在科层制下的领导与服从关系，因此这种合作体现出某种程度的"自主多元共治"特点。

国内专家学者对跨区域环境合作也提出了不少建议，如取消行政区域分割，建立单一政府；在行政区划之外成立跨区域的环保机构，统一治理环境；进行市场化运作，将环境治理"外包"；现行行政区划之间合作协同治理；等等。其中，设立跨行政区的环保机构一度被认为是一个比较有效的方法，但是现行行政体制对该措施的短期可行性提出质疑。因此，目前倡导构建合作机制和区域协同发展组织，以增进其解决能力，被认为是一种更好的模式。

目前，各地方政府在执行环境法律法规中存在不小差异，这些差异主要表现在环境法的执行力度、环境评估方法和标准、环境信息共享、环境污染的处罚等方面。环境治理的跨区域合作要想顺利进行，必须消除这些差异，制定统一标准。目前跨区域环境合作的难题就在于如何建立跨区域的合作机制。国外不少经验表明，缺乏相应制度是跨区域事务合作进程缓慢的主要原因之一，因此，建立起各种具有规划权和调控权的跨区域环境管理机构，来处理解决单一地方政府无力解决的跨地区环境问题显得非常必要。在中国，只有建立起地方政府间的协调与合作机制，才能强化地方政府在环境治理政策制定与执行的规范化和法制化，才有进行跨区域环境治理之可能。这些跨区域协调与合作机构的主要职能应该包括三个方面：一是通过区域的有关环境政策和规章协调区域内各成员间的关系；

二是确定区域环境工作的重点和方向；三是扮演上情下达的角色：代表中央传达中央政府的指示与有关精神，同时向上反映地方的情况。

在实践中，中国部分区域已经有了一些新的举措，其中就包括成立跨区域的政府间合作组织，这为跨区域环境治理提供了制度保障。例如，泛珠三角区域的"9+2政府框架协议"为泛珠三角区域环境保护合作提供了基础。但是泛珠三角区域框架协议只是一种初步尝试，其在发展中还存在着诸多制度障碍。

2）美国跨区域环境治理的成功经验。西方国家在处理跨区域事务方面积累了不少经验，如契约、伙伴关系及网络化等形态。美国对跨流域治理的成功经验就值得借鉴，下面以俄亥俄河流域的治理为例进行分析。

在美国，水污染的问题也经常会产生跨组织的协调结构，以协调政府机构、企业以及那些对污染物和污染物的排放负责的组织之间的多样化网络，在这个领域中发展起来的协调结构是复杂的组织间协调结构体系。例如俄亥俄河水治理协定就是在八个州之间（它们都受到俄亥俄河流域污染的影响）达成协议的结果。这个跨政府间组织由一个27人组成的委员会领导，其预算通过各成员议会的拨款获得，这一协定下产生的执行局在实施委员会政策和环境保护规制时充当了协调单位。此外，在美国的州环境治理中，因遭受环境污染的扩散化和日益增加的分散化危机，几个州努力协调它们的环境管理，采取一种将相关机构与进程进行重组的形式，所有的环境项目，以前是州公共卫生部门或卫生与人际关系部门的责任范围，现都服从于新的组织，这个新的组织是协调环境事务的单位，大约只有几个小的东南部和西部州仍旧保持旧有的环境管理模式。这种组织再造有两种模式：其一是超级机构，如纽约环境保护局和华盛顿生态部门；另一种是微型环境保护局，复制了环境保护局的结构和名称，如伊利诺伊环境保护局。尽管有些缺陷，但是这些跨地区组织的协调结构在协调州环境管理的实践中仍然是非常有效的，它们促进了组织间的交流、提高了负责环境控制的专门机构之间的互动。总之，有协调机构的情况好于没有的状况。

8.2.10 合作的治理：公众环境参与机制

8.2.10.1 在环境规制中重塑政府与公民的关系

（1）追求效率更要兼顾公平。中国政府的治理模式是以"管制型"为主的治理模式。从政府行为的导向和目标来看，20世纪80年代以来，以经济建设为中心的发展战略使得"效率优先，兼顾公平"的取向在政府行政管理活动中得到彻底的贯彻。但是，效率目标和公平目标在实际运作上却存在着矛盾，政府在把效率作为核心价值目标来追求时，经常忽视政府所应当重视与承担的社会公平、社会责任和服务质量。"具有充分公共性的公共行政是服务行政。只有在服务行政中，才能实现公共行政公正的价值取向。因为对于服务行政来说，根本的行政观念转化为以服务对象的满意为最高标准。如果说管理行政是以效率的追求为主要导向的，那么服务行政将把这种效率的追求附加到服务对象所获得的服务质量上来，从而带动整个行政行为系统为公共利益服务或者提供安全保障。"

从政府的价值取向来看，政府是实现"公共利益"的组织，具有所谓的"公共精神"。政府的"公共精神"就是具有维护社会公平与正义的责任与义务。政府"公共精神"实现的重要途径，是要在政府公共决策及其体制安排上出于无私动机与正当考虑，通过制度化的利益调整实现社会公正，显示政府的公正形象。

改革开放以来，中国虽然能够保持较高的经济增长率，但是却出现了更为严重的资源破坏和环境污染等社会问题，这些问题我们通常称为环境公平问题。环境公平是社会公平的重要内容。中国长期以来的粗放型发展模式已经成为当前环境不公平进而影响社会不公平的主要根源。环境问题既给政府行政带来了压力，又给政府带来变革的契机。党的十六大以来，在科学发展观的指引下，中国经济的发展在体现速度的同时，更加重视人们对环境质量和环境公平的追求，全面、协调、可持续的发展观正在逐步取代效率优先、忽视公平的片面发展观，成为当代中国政府的首要价值取向和目标。

（2）从政府本位到社会本位。政府自产生以来，一直是社会公共事务管理的主角，广泛地介入社会各类公共事务的管理，在其中起着主导性作用。政府的这种特殊地位和作用在一定程度上直接促成了人们对政府全能的崇拜，孕育了"只有政府、只能政府才能管理，只有政府、只能政府才能管好"的理念。在传统的公共事务管理中，只有政府、只能政府才是公共管理的主体，只有政府、只能政府才能有效履行公共管理的功能。除了政府，人们很难找到其他有效机制来管理社会公共事务。这就是所谓的政府本位的理念。在政府本位的理念下，政府与社会之间是一种截然不平等的关系，政府具有至高无上性和无限代表性，政府的管理和决策具有不可怀疑的虚拟合法性。这种政府治理模式，忽视了公民对行政活动的参与以及公众需求对政府行政行为的导向性作用；政府的功能主要是对社会进行管制，忽视了公民对政府行为的制约和监督。由此导致政府的行政管理活动日益凌驾于人民大众和社会之上的明显特征。然而，公共性和社会性是政府公共管理的基本特质。

公共性是指相对于私人管理，公共管理活动应该是一个更加透明、更加公平、更加具有社会责任感的过程。社会性指的是政府的公共管理是以社会公共事务的管理为轴心的管理，社会公共问题的解决是公共管理的逻辑起点。为了恪守政府公共管理的公共性与社会性，有效实现管理目标，政府本位的理念应该转化为社会本位的理念。在政府公共管理的社会本位理念中，政府已经不再是唯一的主体，只是重要的主体之一。政府、非政府公共组织和公民共同构成了实施公共管理、提供公共服务的三个管理主体，通过在社会公共事务管理中的"平等协商、良性互动、各尽其能、各尽其职"，充分发挥各类管理主体的优势，实现管理职能与管理能力的协调。

在传统的环境规制中，政府是环境政策的制定主体和执行主体。在政府本位的现实状况下，中国政府一直担当着环境治理的重任。公众和社会团体包括企业虽然也参与环境保护事业，但由于环境保护政策已把权力基本上授予政府，再加上公众由于受自身素质较低的影响，它们在环境规制中所起到的作用实际上非常有限。缺乏多元主体参与的环境治理体系，是中国环境保护政策执行效果不理想的重要原因。因此，充分发挥社会力量的作用，把环境规制的主体逐步由以政府主导转变到以政府、公众、社会组织、企业共治的四位一体治理模式，是环境治理的必然趋势。

（3）从政府主导到合作治理。中国传统的行政管理理念是与高度集权的计划经济体制相适应的，即政府是无所不知、无所不能的，政府于管理对象而言是至高无上的权威，并且这种理念也为绝大多数公众所认可。长期以来，公众习惯于充当被动的接受者，政府习惯于高高在上以管理者的姿态出现。多年以来的政府集权统治和权威政治的影响，导致政府与公众在公共决策制定上形成截然不同的两个阶层，彼此之间很少有相互的沟通和交流。

20世纪90年代以来，随着政府公共行政与服务理念的转变与生成，以服务型政府为代表的"新公共管理"开始出现。在这种模式下，政府管理和决策行为被认为是一个上下互动的过程，它主要通过合作、协商、伙伴关系、确立认同和共同的目标等方式实施对公共事务的管理，"其权力向度是多元的、相互的，而不是单一的和自上而下的"。在服务型政府所倡导的治理理念下，政府与个人的关系不是对抗关系，也不单纯是管理者和被管理者的关系，而是"不同但却一致"的利益关系，因而要求行动上必须相互合作。"行政主体对相对人的合作是通过为相对人提供服务实现的，相对人对行政主体的合作主要表现为配合与参与。"这种服务与合作的关系，意味着公共利益与个人利益关系的一致，意味着政府与公众之间的相互信任、支持与尊重，意味着现代公共管理的模式正在由政府为主导向政府与公民合作共同治理的模式转变。

环境问题关系到每个人的切身利益，保护环境就是保护我们自己。为了建立人与环境良性互动的关系，把最广泛的公众参与引入到环境管理事务中去，形成政府、企业、公众和社会团体的协作互动，必须实现环境管理模式由政府主导向政府与公民合作治理的模式转变。西方发达国家的一些经验表明，政府与公众合作的多元治理是环境善治的必由之路。

8.2.10.2　逐步完善公众环境参与机制

"保护环境，让地球更美好"是全人类共同的心愿。为实现这一愿望，不仅需要建立科学的环境管理体系，还要大力倡导公众参与环境保护活动，这是每个公民的权利和义务。作为环境规制的主体，政府在环境规制的过程中始终起着主导作用。企业为了自己的切身利益，与政府展开不断的博弈，在一定程度上影响了政府环境政策的制定，或者说在一定程度上也影响了地方环保法律法规的执行。鉴于地方政府在发展地方经济与环境保护政策上的左右偏移，引入公众参与环境政策的制定及其实施的机制逐渐引起了人们的重视。

（1）公众参与环境政策的重要性。公众是指与政府相对应的全体社会成员，是指作为政府公共政策和公共管理的服务对象而存在的所有民众个体和群众。所谓公众参与，指的是群众参与政府公共政策的权利。自20世纪60年代开始，一些国家公共行政部门的行政理念逐渐从以政府为中心转向以公众为中心，导致了政府与公众的关系正在发生着深刻的变化。公众参与意识的觉醒和非政府组织的不断成长，成为政府实施环境公共管理的基础和前提。面向公众，并主动推动公众及社会团体在法制背景下广泛有序地参与环境政策的制定和环境管理，已成为构建环境友好型政府的重要环节。

1）公众参与提高了环境意识。首先，公众需要有环境意识。人类社会的历史就是一部环境与社会之间的关系由不协调向协调逐步转化的历史。这个过程不仅是历史的进步过程，也是人类意识的进步过程，特别是人类环境意识的进步过程。环境意识是人类对于环境的本质特征、发展规律的一种认识，它能够有力地影响人们对于环境资源的开发、利用和有效配置。有了环境意识，将使人们达到一种新的境界——环境与社会协调发展的境界。缺乏环境意识，不可能达到这种境界，也不可能实现环境与社会的协调发展。其次，公众参与是确立环境意识的前提。参与是公众的一种愿望。在公众的环境意识尚未觉醒之时，公众可能不会有参与的愿望；在公众的环境意识已经觉醒的今天，公众将会产生强烈的参与愿望。这种愿望最初可能是自发的，但在参与的实践中将不断转化成自觉的行为。参与既是公众的一种权利，也是公众的义务。在公众的参与愿望从无到有、从自发向自觉转化的过程中，将会逐步确立越来越成熟的环境意识。再次，参与本身就是一种重要的环境意识。公众参与环境保护，参与环境与社会的协调发展，表明了公众具有一种保护环境的意识。在解决环境问题的过程中，需要有公众的参与，因为公众是环境改善的最大受益者，也是环境破坏的最大受害者；公众的呼吁是促使环境问题解决的最重要动因；公众的满意是环境问题解决好坏的最重要的指标。公众一定要通过参与去解决环境问题，因为参与是防止环境问题发生的重要条件，也是改善环境质量的有效手段；参与使公众找到了一条能够行使自己保护环境的权利之路，也使公众找到了一种能够履行自己保护环境义务的方式；参与使公众在实现自己愿望的过程中保护了环境，也使公众在保护环境的过程中实现了自己的愿望。最后，公众参与与环境意识相互促进。如果说提高环境意识需要公众参与，那么公众参与将进一步提高环境意识。如果说公众参与提高了整个国家的环境意识，那么环境意识的提高将进一步引导公众的深入参与。这种相互促进的结果将形成一个良性循环，这个良性循环促进环境与社会的协调发展。

2）公众参与是强化环境管理的根本保证。首先，环境管理需要公众参与。环境管理是在公众参与中实现的，没有公众参与就没有环境的协调与发展。公众可以通过提出宝贵的规划建议来参与环境规划，也可以发挥其环境监督作用，从而对环境的内部监督机制产生重大影响。其次，公众参与强化了环境管理。一方面，公众参与可以使环境决策的范围、目标发生很大变化，从而能够解决更多的环境问题。另一方面，公众参与往往能使环境法制和环境法治取得重大突破。可以说，没有公众参与就不可能实现环境决策的科学性和环境法制的完善。再次，公众参与是环境管理的重要形式。管理是一种组织行为，公众参与是环境管理的一种非正式行为。但是，公众参与经常可以把正式组织的环境管理和非正式组织的环境管理统一起来。公众参与可以使两种组织的环境管理行为找到相通的渠道，找到统一的媒介，找到使其能发挥作用的桥梁。最后，环境管理可以推动公众进一步参与。公众参与强化了环境管理，而强化后的环境管理将为公众参与提供一种更为有利的条件、更为健全的机制、更为完善的规范。

3）公众参与是加强环境保护的根本动力。环境保护需要公众参与。公众参与是促进环境保护、改善环境质量的根本动力。在环境保护领域里，公民有权通过一定途径或程序参与与环境利益相关的决策活动，从而使该项决策符合广大公民的切身利益。公众参与有利于政府对环境问题的全方位管理，可以加强政府决策的公开性、透明度，使政府决策和管理更符合民心民意和反映实际情况，有利于解决和处理环境问题，实现对环境问题的全方位、全过程管理。公众通过环境决策、环境信访、环境诉讼等法律途径参与环境管理监督，是政府行为的一种补充。在环境法中确立公众参与的原则是民主理念在环境管理活动中的延伸。随着现代各国对公众参与制度的重视和推广，公众参与环境保护的领域已从仅参与环境资源的监督管理，扩大到参与环境资源法的立法和司法救济。公众不但要参与有关环境与发展的决策，特别是那些可能影响到他们生活和工作的决策，更需要参与决策执行过程的监督。总之，只有真正实现了环境的公众参与，环境保护的各种政策机制才能在社会的监督之下不断得以完善。

在鼓励公众对环境参与的同时，还要加强公众参与的制度保障。公众参与制度需要自上而下和自下而上即公众和政府两方面的努力。从政府应为公众利益服务的职能和保护基本人权的角度上讲，政府应当在公众参与制度的建设过程中发挥积极的作用，可以建立一套合理有效的公众参与组织程序，完善环境信息公开、环境监察、环境影响评价等一系列与公众参与相关的环境制度，制定与公众参与相关的法律法规，从法律上确定公众参与的合法地位，保证公众参与的环境决策被顺利执行。同时，还要建立有效的公众参与渠道，提供尽可能多的真实可靠的环境信息，提高公众参与的效率，协调各种社会行为。只有这样，才能增加公众参与的预期收益，降低公众参与的成本，提高公众参与的积极性，让公众参与制度在解决环境问题中发挥其应有的作用。

（2）公众参与环境保护的具体途径。公众参与环境保护的具体途径可以分为三个层次：

1）公众对环境决策过程的参与。环境保护中公众的决策参与是指政府做出决策的过程要有公众参与。环境决策要有公众参与的意见，这是现代公民社会的显著特征。有人认为，立法参与也是决策参与的一种，因为立法也是一种决策状态或决策的结果。但决策本身不具备立法的特征，也不要求符合立法的原则。它们在意志属性、规范形式、实施方式和稳定程度方面存在明显的区别。二者的联系往往表现为思想内容上的指导与被指导关系，规范效力上的约束与被约束关系，实施过程中的相互促进关系。决策一般是行政机关的行为，更强调效率；而立法是立法机关的行为，更强调公平。

决策本身不具备国家的强制执行力，而立法以国家的强制力作后盾。简而言之，决策实际上是贯彻立法的一种方式而已。在环境管理决策中，公众的参与起着关键作用，一个好的决策就等于对法律的裁判，没有公众参与的决策立法形同虚设。为此，许多国家都对公众参与环境政策、标准的制定、环境规划、计划进行了不同程度的规定。

中国环境事务的公众参与决策主要表现在环境影响评价中。从20世纪90年代初开始，国家开始在环境影响评价中推行公众参与。1996年修订的《水污染防治法》《环境噪声污染防治法》，都规定了建设项目应当征求所在地单位和居民的意见。2002年颁布的《环境影响评价法》要求对有可能造成不良环境影响的专项规划和建设项目，把编制的环境影响报告书报送审批前征求有关单位、专家和公众的意见，并且要求环境影响报告书中要附有对有关单位、专家和公众的意见采纳或者不采纳的说明。2006年，国家环保总局发布《环境影响评价公众参与暂行办法》，这是中国环保领域第一部公众参与的规范性文件，这一办法不仅明确了公众参与环评的权利，而且规定了参与环评的具体范围、程序、方式和期限，有利于保障公众的环境知情权，有利于调动各相关利益参与的积极性。由此可见，中国公众参与决策的规定比以前更加明确。

2）公众对环境管理过程的参与。公众对环境管理的参与主要是指公众对环境行政执法的参与，也包括对其他环境保护活动的参与。环境管理参与是对环境决策参与的延伸，是环境行政管理工作的必要补充。公众的管理参与主要包括以下几个方面：一是参与环境管理过程以及环境保护制度实施过程，对环境管理中存在的问题提出意见或建议，监督环保管理机关的执法活动，检举和揭发各种破坏环境的违法行为；二是参与环境信息收集、整理、制作与发布，为政府制定环保法律、政策提供参考；三是参与环境技术的研究、示范和推广；四是参与、组建各种环保团体，开展公益性环境保护活动，参与环境保护工作的宣传教育、知识普及与法律援助，提高公众的环保意识和文化水平；五是完善环保信访制度，使公众有正规的环境权益表达渠道。

3）公众对环境救济的参与。环境救济参与是指当环境或公众的环境权益受到侵害时，人人都可以通过有效的司法和行政程序使环境得到保护，使受侵害的环境权益得到赔偿或补偿。这是公民环境权益实现的保障，也是公众环境参与有效性的保障。救济参与包括参与对他人权利的救济和由他人参与对自己权利的救济两个方面。救济越广泛，权利就越有保障。但是，中国的《环境保护法》

对参与环境救济的法律仅规定了个人权利受到侵犯时可通过诉讼救济自己的权利，而没有规定公益诉讼制度，这种不全面参与，实质上是排斥和限制了公众参与。

8.2.10.3 有效发挥环境 NGO 的作用

公众并非全都以个体出现，NGO 就是公众的一种集合型存在方式。现代社会的组织化程度越来越高，公众原生性的非组织特征正在逐步消失，代之而起的是有组织的活动。

NGO 中文译作"非政府组织"，是一个从西方引入的概念，大体是指政府与企业以外的社会组织。在中国，这一名称涵盖的范围很广，包括："社会团体、志愿组织""公民社会""社区组织""慈善团体"和"第三部门"等不同的名称。这些名称依各自的侧重点不同而有着不同的含义，使得这一领域的界定较为模糊。萨拉蒙（Salamon）把 NGO 的特征概括为五个方面：组织性、非政府性、非营利性、自治性和志愿性，这种概括得到了学术界的普遍认同。NGO 之所以能够在现代社会中立足并对社会生活发挥越来越重要的作用，除了社团领袖人物发扬志愿者精神、追求社群主义价值观和卓有成效的组织工作之外，客观的动因是市场和政府的双重失灵。在市场和政府双重失灵的情况下，NGO 以其特有的组织功能，将个人和群体的资源加以整合，在相当程度上发挥了协调公众对政府的态度、影响政府决策、改进政府公共产品的提供方式等方面的作用。

目前，NGO 对社会发展的推动和影响越来越大，已经成为与政府、企业等传统部门相比肩的力量，NGO 以其特有的机制，致力于各类社会事务，尤其是对社会公益事业发挥了巨大的作用。其活动范围覆盖了从科学、教育、卫生、环保、扶贫和提供基本社会服务等公益事业，到国际性的人权、环保以及和平事业等领域，有效地填补了政府和企业在社会领域中的一些空白。

环境 NGO 是指那些以环境保护和环境治理为目标的非政府组织。由于环境 NGO 在环境保护和治理方面有着不可替代的作用，所以从其诞生之日起就受到了广泛的关注和迅猛的发展。中国的环境 NGO 主要是在改革开放之后才有了不断的发展。目前，中国有关环保的社团有 1600 余个。与政府、企业等环境治理的主体相比，环境 NGO 在环境保护和治理中有着独特的作用。

一是教育和引导公众参与环境保护。公众的环境行为与其环境意识紧密相关。环境 NGO 在引导公众形成正确的环境行为方面起着重要的作用。国内外众多的环境 NGO 都积极通过各种渠道和形式，配合报纸、电视、杂志广泛宣传环境知识，开展环保科普宣传，推动全民环境意识的提高。环境 NGO 还利用每年的植树节、地球日等机会，在各种公共场合向社会和公众开展有意义的环境宣传活动，如开展环保知识竞赛、问卷调查和征文比赛等，有效地唤醒了广大公众保护环境、节约资源的意识，提高了人们从事环境保护和环境治理活动的积极性。例如，在开展环境教育中，"自然之友"以环境教育流动教学车的形式分别在城市和乡村中小学开展参与式环境教育，并从 2000 年开始派遣志愿者赴各地希望小学开展环境教育，同时开发编写适合儿童的环境教育读本，还对乡村教师进行环境教育技能培训。

二是推动并帮助政府制定、实施有效的环境政策。环境 NGO 来自民间，是社会公众自发形成的民间组织，直接代表和反映了公众的环境要求。一些环境 NGO 通过自己的实地调查和研究，为政府环境治理提供了许多可行性提案及建议，为环境治理提供了科学的依据。环境 NGO 中还聚集着一大批环保学家、动植物学家、经济学家等专业人士，他们以其深厚的环境专业知识，提出了许多有关环境保护和治理的针对性建议。此外，环境 NGO 的社会影响力非常广泛，拥有其他个人所不具备的沟通渠道和沟通手段。在许多国家，环境 NGO 为了公众环境权益而四处奔走和呼吁，有些诉求甚至最终成为政策或法律。政府对 NGO 的认可与 NGO 对政府环境治理的推动是一个双向的互动关系，具有双赢的结果。

三是对全社会的环境行为进行监督。环境 NGO 发端于基层，与群众有着广泛的、密切的联系，在发现可能的破坏环境行为的信息方面具有一定优势。由政府去对全社会的环境行为进行监督将会付出巨大的行政成本。现实中，许多破坏生态环境的行为都是在环境 NGO 的奔走呼吁中得以终止。例如，"自然之友""绿家园"等诸多组织在 1998 年为保护藏羚羊、金丝猴发起联合行动；重庆绿色志愿者联合会通过央视"经济半小时"披露 1998 年川西滥伐天然林事件。这些行动都起到了积极的作用，制止了生态破坏行为的延续。2003 年以来，中国环境 NGO 的行动更加活跃，参与了多起重大公共事件。例如，在 2005 年发生的圆明园湖底防渗工程事件中，多家环境 NGO 积极介入调查，联名提出五点推动圆明园善后的建议，并被国家环保总局予以采纳。

在这些事件中，环境 NGO 成功地通过媒体形成了广泛的社会影响和压力，大大提升了自身对环境事件的个案参与程度以及公众关注度，并在一定意义上取得了明显成效，推动了社会对环境问题背后的社会公正、文化保护、决策机制等进行反思。

8.3 研究展望

第一，环境规制对于产品价格的影响将是之后研究的核心。本书主要研究的是地区经济发展，因此没有考虑环境规制对于产品价格的影响。产品的价格变动是体现生产率水平、技术创新程度和企业竞争力的主要因素，环境规制对于产品价格影响的研究主要采用的是行业数据，由于研究的目的及数据掌握的问题，该研究将是之后学者研究的核心内容。

第二，空间溢出的问题。环境规制与国外直接投资（FDI）的关系研究将是下一个研究的热点，在中国改革开放进行到深入阶段时，如何进一步吸引外资，尤其是利用环保产业的发展吸引外资，同时产生行业发展的空间溢出效应，将是下一个研究的热点。

参考文献

［1］陈文华等.经济增长与环境质量环境库兹涅茨曲线的经验分析［J］.复旦学报，2004，70（2）：29-36.

［2］陈妍，杨天宇.北京经济增长与大气污染水平的计量分析［J］.环境与可持续发展，2007（2）：34-36.

［3］单豪杰.中国资本存量K的再估算：1952~2006［J］.数量经济技术经济研究，2008（10）：45-46.

［4］解垩.环境规制与中国工业生产率增长［J］.农业经济研究，2008（1）：12-16.

［5］金培.资源环境规制与工业竞争力关系的理论研究［J］.中国工业经济，2009（3）：1-18.

［6］李春生，王翊，庄大昌等.经济发达城市经济增长与环境污染关系分析——以广州市经济增长与废水排放关系为例［J］.系统工程，2006（3）：63-66.

［7］李达，王春晓.我国经济增长与大气污染物排放的关系——基于分省面板数据的经验研究［J］.财经科学，2007（2）：43-50.

［8］李钢，马岩，姚嘉嘉.中国工业环境管制强度与提升路线［J］.中国工业经济，2010（3）：16-26.

［9］李钢，姚晶晶，马岩.我国工业发展环境成本估计［J］.经济管理，2009（1）：21-36.

［10］李磊，张贵祥.京津冀都市圈经济增长与生态环境关系研究［J］.生态经济，2014（9）：167-171.

［11］李永友，沈坤荣.我国污染控制政策的减排效果：基于省际工业污染数据的实证分析［J］.管理世界，2008（7）：21-29.

［12］林秀梅，宋晓杰，郝华，方毅.我国地区工业竞争力比较研究［J］.当代经济研究，2007（9）：4-6.

［13］刘小铁，欧阳康.产业竞争力研究综述［J］.当代财经，2003（11）：

24-29.

　[14] 陆虹. 中国环境问题与经济发展的关系分析——以大气污染为例 [J].
财经研究, 2000 (10): 53-59.

　[15] 陆铭, 陈剑, 严冀. 收益递增、发展战略与区域经济的分割 [J]. 经
济研究, 2004 (1): 34-36.

　[16] 曲如晓. 环境保护与国际竞争力关系的新视角 [J]. 中国工业经济,
2001 (9): 38-41.

　[17] 沈满洪. 论环境经济手段 [J]. 经济研究, 1997 (10): 37-39.

　[18] 宋晓梅, 徐剑琦. 对京津冀大气环境的影响产业结构 [J]. 中国统计,
2014 (5): 49-50.

　[19] 孙彩红. 管制"管制者"——政府管制有效性的新视角 [J]. 学术探
索, 2004 (2): 5-9.

　[20] 孙浩康. 欧盟及其他国家规制影响评估制度及经验介绍 [J]. 经济与
管理研究, 2006 (1): 85-87.

　[21] 索勇超. 政府绩效评价指标体系研究 [J]. 沿海企业与科技, 2005
(12): 54-55.

　[22] 涂正革. 工业二氧化硫排放的影子价格: 一个新的分析框架 [J]. 经
济学 (季刊), 2009 (1): 34-36.

　[23] 托马斯·思德纳. 环境与自然资源管理的政策工具 [M]. 上海: 上海
三联书店, 上海人民出版社, 2005: 107-141.

　[24] 王蕾等. 政府监管政策绩效评估分析——以经济合作与发展组织国家
为例 [J]. 甘肃行政学院学报, 2009 (5): 80-86.

　[25] 王丽珂. 基于生态文明的政府环境管理绩效评价 [J]. 北京工业大学
学报 (社会科学版), 2008 (6): 16-19.

　[26] 王萍, 王靖. 中国民航业规制效果的实证分析 [J]. 财经问题研究,
2008 (3): 30-35.

　[27] 王文普. 环境规制竞争对经济增长效率的影响: 基于省级面板数据分
析 [J]. 当代财经, 2011 (9): 54-56.

　[28] 王小鲁, 樊纲, 刘鹏. 中国经济增长方式转换和增长可持续性 [J].
经济研究, 2009 (1): 12-19.

　[29] 王业强, 魏后凯. 产业特征、空间竞争与制造业地理集中: 来自中国
的经验证据 [J]. 管理世界, 2007 (4): 44-66.

[30] 王永钦等. 中国的大国发展道路: 论分权式改革的得失 [J]. 经济研究, 2007 (1): 33-36.

[31] 魏后凯, 吴利学. 中国地区工业竞争力评价 [J]. 中国工业经济, 2002 (11): 34-36.

[32] 薛伟贤, 刘静. 环境规制及其在中国的评估 [J]. 中国人口·资源与环境, 2010 (9): 14-23.

[33] 颜鹏飞, 王兵. 技术效率、技术进步与生产率增长: 基于 DEA 的实证分析 [J]. 经济研究, 2004 (12): 22-33.

[34] 杨丹辉, 李红莉. 基于损害和成本的环境污染损失核算: 以山东省为例 [J]. 中国工业经济, 2010 (7): 26-36.

[35] 杨海生, 贾佳, 周永章. 不确定条件下环境政策的时机选择 [J]. 数量经济技术经济研究, 2006 (1): 34-36.

[36] 于峰, 齐建国, 田晓林. 经济发展对环境质量影响的实证分析: 基于1999~2004 年间各省市的面板数据 [J]. 中国工业经济, 2006 (8): 7-16.

[37] 岳书敬, 刘富华. 环境约束下的经济增长效率及其影响因素 [J]. 数量经济技术经济研究, 2009 (5): 27-31.

[38] 曾贤刚. 环境规制、外商直接投资与污染避难所假设: 基于中国 30 个省份面板数据的实证研究 [J]. 经济理论与经济管理, 2011 (11): 21-29.

[39] 张成, 陆肠等. 环境规制强度与技术进步 [J]. 经济研究, 2011 (2): 17-21.

[40] 张凤红. 制约、双赢到不确定性: 环境规制与企业竞争力相关性研究的演进与借鉴 [J]. 财经研究, 2008 (7): 17-27.

[41] 张宇青, 易中懿, 周应恒. 我国主要城市大气污染与经济增长关联分析——基于静态与动态面板数据的实证 [J]. 江西社会科学, 2013 (6): 56-61.

[42] 赵洪斌. 论产业竞争力: 一个理论综述 [J]. 当代财经, 2004 (12): 19-27.

[43] 赵细康, 李建民. 中国环境保护与产业国际竞争力关系的展望 [J]. 广东社会科学, 2004 (1): 21-26.

[44] 赵玉民, 朱方明, 贺立龙. 环境规制的界定、分类与演进 [J]. 中国人口·资源与环境, 2009 (6): 14-22.

[45] 郑京海, 胡鞍钢. 中国改革时期省际生产率增长变化的实证分析 (1979~2001) [J]. 经济学季刊, 2005 (2): 16-20.

［46］朱平芳，张征宇，姜国麟. FDI 与环境规制：基于地方分权视角的实证研究［J］. 经济研究，2011（6）：51–66.

［47］朱平芳，张征宇. FDI 竞争下的地方政府环境规制"逐底竞赛"存在么？来自中国地级城市的空间计量实证［J］. 数量经济研究，2010（4）：44–56.

［48］Aldy J & W A Pizer. The Competitiveness Impacts of Climate Change Mitigation Policies［J］. Working Paper. PEW Center on Global Climate Change，2009.

［49］Ambec S & P Lanoie. Does It Pay to Be Green? A Systematic Overview ［J］. Academy of Management Perspectives，2008，11：45–62.

［50］Ambec S，N Johnstone，P Lanoie & J Laurent–Lucchetti. Environmental Policy，Innovation and Performance：New Insights on the Porter Hypothesis ［J］. GAEL Working Paper，2007（7）.

［51］Antweiler W，B R Copeland & M S Taylor. Is Free Trade Good for the Environment?［J］. American Economic Review，2001，91（4）：877–908.

［52］Barbera A J，Mcconnel V D. The Impact of Environmental Regulations on Industry Productivity：Direct and Indirect Effects［J］. Journal of Environmental Economics & Management，1990，18（1）：50–65.

［53］Barla P & S Perelman. Sulphur Emissions and Productivity Growth in Industrialized Countries［J］. Annals of Public & Cooperative Economics，2005，76（2）：275–300.

［54］Barro R J & J W Lee. International Data on Educational Attainment，Updates and Implications［J］. Oxford Economic Papers，2001（53）：541–563.

［55］Costantini V & F Crespi. Environmental Regulation and the Export Dynamics of Energy Technologies［J］. Ecological Economics，2008，66：447–460.

［56］Dasgupta S & D Wheeler. Citizen Compliances as Environmental Indicators：Evidence from China［J］. World Bank Working Paper No. 1704，1997.

［57］Dechezlepretre A，M Glachant & T Memere. What Drives the International Transfer of Climate Change Mitigation Tchnologies? Empirical Evidence from Patent Data［J］. CERNA Working Papers，2010（3）.

［58］Diewert E W & D Lawrence. Measuring New Zealand's Productivity［R］. Treasury Working Paper，1999.

［59］Esty D C. Bridging the Trade–environment Divide［J］. Journal of Economic Perspectives，2001，15（3）：113–130.

［60］ Fischer C I, W H Parry & W Pizer. Instrument Choice for Environmental Protection When Technological Innovation is Endogenous ［J］. Journal Environmental Economy and Management, 2003, 45: 523-545.

［61］ Gray W & R Shadbegian. Environmental Regulation, Investment Timing and Technology Choice ［J］. Journal Industrial Economics, 1998, 46: 235-256.

［62］ Grossman G M, Krueger A B. Environmental Impacts of the North American Free Trade Agreement ［J］. NBER, Working Paper, 2007, 129 (7): 12-19.

［63］ Hahn J & J Hausman. Weak Instruments: Diagnosis and Cures in Empirical Econometrics, American Economic Review ［J］. Papers and Proceedings, 2003, 93: 118-125.

［64］ Jaffe A B & K Palmer. Environmental Regulation and Innovation: A panel Data Study ［J］. Review of Economics and Statistics, 1997, 79 (4): 610-619.

［65］ Kao C. Spurious Regression and Residual-based Tests for Cointegration in Panel Data ［J］. Journal of Econometrics, 1999, 65 (1): 9-15.

［66］ Lanoie P, M Patry & R Lajeunesse. Environmental Regulation and Productivity: Testing the Porter hypothesis ［J］. Journal of Productivity Analysis, 2008, 30: 121-128.

［67］ Orlitzky M , F Schmidt & S Rynes. Corporate Social and Financial Performance: A Meta-analysis ［J］. Organization Studies, 2003, 24 (3): 403-441.

［68］ Pedroni P. Social Capital, Barriers to Production and Capital Shares: Implications for the Importance of Parameter Heterogeneity from a No Stationary Panel Approach ［J］. Journal of Applied Econometrics, 2007, 22 (2): 429-451.

［69］ Popp D, T Hafiner & N Johnstone. Policy vs. Consumer Pressure: Innovation and Diffusion of Alternative Bleaching Technologies in the Pulp Industry ［J］. NBER Working Paper No. 13439, 2007.

［70］ Shadbegian R J & W B Gray. Pollution Abatement Expenditures and Plant-level Productivity^ Production Function Approach ［J］. Ecological Economics, 2005, 54: 196-208.

［71］ Snyder L, N Miller & R Stavins. The Effects of Environmental Regulation On Technology Diffusion: The Case of Chlorine Manufacturing ［J］. American Economic Review, 2003, 93 (2): 431-435.